The Introduction of Intellectual Property
in the Digital Age

数字时代
知识产权概论

主　编　黄东东

副主编　郭　亮　赵长江

人民出版社

责任编辑：李媛媛

装帧设计：胡欣欣

图书在版编目（CIP）数据

数字时代知识产权概论 / 黄东东 主编 . —— 北京：人民出版社，2023.10

ISBN 978 - 7 - 01 - 025488 - 3

I. ①数… II. ①黄… III. ①知识产权 - 保护 - 中国 IV. ① D923.4

中国国家版本馆 CIP 数据核字（2023）第 048715 号

数字时代知识产权概论

SHUZI SHIDAI ZHISHICHANQUAN GAILUN

黄东东 主编

郭 亮 赵长江 副主编

人 民 出 版 社 出版发行

（100706 北京市东城区隆福寺街 99 号）

中煤（北京）印务有限公司印刷 新华书店经销

2023 年 10 月第 1 版 2023 年 10 月北京第 1 次印刷

开本：710 毫米 ×1000 毫米 1/16 印张：22

字数：302 千字

ISBN 978 - 7 - 01 - 025488 - 3 定价：78.00 元

邮购地址 100706 北京市东城区隆福寺街 99 号

人民东方图书销售中心 电话（010）65250042 65289539

目 录

CONTENTS

序

2020 年 11 月 30 日，中共中央政治局第二十五次集体学习时，习近平总书记提出："创新是引领发展的第一动力，保护知识产权就是保护创新。""必须从国家战略高度和进入新发展阶段要求出发，全面加强知识产权保护工作，促进建设现代化经济体系，激发全社会创新活力，推动构建新发展格局。"

在大数据、区块链、云计算、人工智能等技术与产业融合的背景下，数据作为一种重要的生产要素不断推动着数字经济的蓬勃发展，不仅重塑了全球经济结构，而且改变了全球竞争格局。知识产权已成为国家创新发展的战略性资源和国际竞争力的核心要素，成为大国博弈的重要工具。2021 年 9 月，中共中央、国务院印发《知识产权强国建设纲要（2021—2035 年）》，提出实施知识产权专项人才培养计划、开发一批知识产权精品课程、开展干部知识产权学习教育、进一步推进中小学知识产权教育等。二十大报告提出"教育、科技和人才是全面建设社会主义现代化国家的基础性、战略性支撑"，强调建设制造强国、质量强国、网络强国以及数字中国。所有这些都离不开知识产权及其相关制度的支撑。

2017 年以来，教育部先后发出"新工科"和"新文科"建设的号角。无论是"新工科"还是"新文科"，无不强调以育人育才为中心，重视价值引领、学科交叉和产教融合。从创新链来看，技术研发、创新管理和成果转化，对应着知识产权的创造、保护、管理、服务和运用；从学科而言，知识产权属于法学、管理学、艺术学、工学和理学等多学科共同研究和关注的领域。因此，知识产权意识教育和知识产权人才培养必然是"新工科"和"新文科"建设的重要内容之一。作为国家布点设立并重点建设的邮电高校之一，重庆邮电大学是工业和信息化部与重庆市共建的一所特色鲜明、优势突出、在信息通信领域具有重要影响的高水平教学研究型大学。学校不仅是重庆市重点建设的"新工科"建设示范高校，而且是教育部首批"新文科改革与实践项目"建设单位。

2012 年以来，《知识产权基础》已作为我校通识教育课程开设，选课学生多为理工科专业大学生。我校网络空间安全与信息法学院于 2018 年在中国人民大学出版社出版了《知识产权基础》，作为一本针对理工科专业大学生的知识产权通识教育教材，该书入选"21 世纪通用法学系列教材"。2019年以来，知识产权基本法律与相关法规相继修改或修订。2021 年，重庆邮电大学决定对《知识产权基础》(第二版) 予以立项建设。《知识产权基础》(第二版) 以《数字时代知识产权概论》为名称，对标"新文科"课程建设要求进行全面修订，不仅按照现行法律法规更新了相关法条，而且根据最新成果修改了相关内容；不仅新增"课程思政"板块突出课程育人要求，而且选择与信息技术相关的典型案例充实实践育人需求。在此，我对本教材的出版表示热烈祝贺！

是为序。

李 林

2023 年 2 月 13 日

第 一 章 ///

知识产权概论

内容提要

　　本章主要阐述科学技术对知识产权制度产生、发展的影响以及知识产权制度的现代性转向趋势，阐发数字时代理工类大学生学习知识产权知识的意义。通过对无形性、专有性、时间性以及地域性等特征的梳理，让读者掌握知识产权概念的内涵与外延，了解知识产权制度体系。

第一节　数字经济与知识产权

关键术语

数字经济；科学技术；智力成果；知识产权

基础知识

一、科学技术带来的社会经济变革

　　环顾四周，身边的一切除了大自然都是人类智慧创造的结果。我们的家就是这样一个充满创造与发明的空间：从一块手编地毯到一个沙发，从一个黏土罐到一张玻璃茶几，从每日使用的器具到让我们愉悦的音乐、图书和绘画，每一样生活、学习和工作用品都是人类发明、创造的成果。它们可以像音乐、沙发一样让我们放松，也可以像闹钟一样烦个不停；它们可以给我们梦想——一部小说、一曲交响乐和一部电影，它们也为我们提供服务——软件、手机和电脑。

沿此思路思考，我们会发现，越是值钱的"物"，其主要价值就越是来自知识、技术和商标。从航天器、飞机、汽车到电视机、电脑、智能手机，以及中国白酒、法国奢侈品、意大利服装……常识告诉我们，那些知识、技术创新能力最强，商标价值最高的国家和地区，也一定是最富有的国家和地区。由此，我们可以发现，人类的经济活动，本质上是由知识、技术决定和主导的物质活动。知识、技术、商标决定"物"的价值，是物质财产价值重要源泉。

科学技术当然会对现代农业经济与现代工业经济的发展产生巨大影响，但其经济创收的决定性因素仍然是能源、原材料以及劳动力等有形物质条件，因此现代农业经济与现代工业经济和知识经济具有显著不同。在数字经济时代，知识、信息和数据成为决定性的生产要素和社会财富增长的强大驱动力，数字化、网络化、智能化则成为其显著标志。

作为数字技术与经济融为一体的经济形态，数字经济重视知识的生产、传播和使用，但这些环节必须通过创新的劳动实践活动，才能联结起来。创新不仅贯穿于知识生产、传播和使用的每一个环节，而且是联结科技与市场的中介和桥梁，已经成为数字经济的灵魂和本质特征。数字经济的兴起是人类社会发展到一定阶段的产物，它不仅引发了社会经济结构的变迁和法律制度的变革，而且深刻地影响着人类的生活方式。

（一）科学技术越来越多地应用于生产实践

在前资本主义时期，科学与技术处于一种相对脱节的状态。技术一般由平民工匠所掌握，通过"父子传承"和"祖传秘方"等手段①传播下来，因生产规模很小，所以具有较好的保密性。科学知识则更为小众，其学习和应用的资源主要掌握在皇室贵族和大地主手中。由于科学知识主要是对农业生产和手工业实践的经验领悟与总结，所涉领域不仅很窄而且更新大大落后于生产实践，因此科学知识的生产化利用只是偶然而为或不自觉的行为。

资本主义初期，自给自足的农业经济（自然经济）逐步向商品经济过渡，由于市场竞争压力的内在推动，支撑社会经济持续发展的核心元素由"体力因素"逐步转变为"体力＋智力"的双重组合体系。资产阶级在其最初发展的 100 年中创造了巨大的生产力，"机器的采用，化学在工业和农业中的应用，轮船的行驶，铁路的通行，电报的使用"②，使社会化生产与科学技术紧密联系起来。这样的结合促使低附加值的劳动密集型产业向高附加值的技术密集型产业更新、升级，极大地提高了社会生产效率。至 20 世纪末期，科学技术的发展水平已经成为一个企业乃至一个国家综合竞争力的核心标志。特别是 21 世纪以来数字技术的发展以惊人的速度改变着人们的工作方式、学习方式、思维方式、交往方式乃至生活方式。譬如，互联网将生活方式与智能终端连接，元宇宙视野下的"人机合一"的关系将更加牢固，我们不仅置身在传统互联网中，而且已经被移动互联网和万物互联的物联网包围。智能终端不再只是一个通讯和信息传递的工具，而且成为一个人们随身携带的娱乐终端和消费终端，人们的消费方式、消费习惯和消费行为都随之改变。

（二）科学技术成果的商品化

在知识产权概念出现之前，运用科学技术生产的具有使用价值的物可以

---

① 参见王景川、胡开忠：《知识产权制度现代化问题研究》，北京大学出版社 2010 年版，第 5 页。

② 《马克思恩格斯选集》第 1 卷，人民出版社 2012 年版，第 405 页。

成为商品，但科学技术成果本身不能成为交易的对象。由于科学技术被长期封闭在一个个具体的狭隘行业和独立的家庭作坊中，主要靠自身的经验积累发展，因而很难进入社会化、规模化的实践应用与市场交易。在这样的生产方式条件下，不仅科学技术缺乏系统性、继承性的发展，而且科技成果亦难以转化为商品。随着近代资本主义的扩张及商品经济的发展，科学技术与社会生产联系愈加紧密。在资本追逐利润的刺激下，科技成果开始获得市场的青睐，这使科学技术从一般技艺和狭隘分工中逐渐脱离出来，实现了商品化的转变。

人类财产的历史与实践说明，科学技术是财产的真正源泉，也是一切财产形态的核心和决定因素，是最终导致矿石成为黄金的"点金术"。但在农业经济时代，"点金术"的价值隐于黄金背后，人们关注的是作为物权对象的物的价值，而忽视或无视"点金术"的价值。工业文明使"点金术"与黄金相分离，成为独立的财产与商品。在知识经济时代，知识与技术跃升为先于、优于、重于物质财产的最重要、最核心的财产形态。20世纪，世界上富可敌国的往往是汽车大王、钢铁大王、铁路大王等以物权客体为标记的企业；如今的苹果、微软、谷歌、三星、阿里巴巴、腾讯和华为等高新技术企业已成为财富显赫的公司。当今世界，知识产权取代物权，成为最重要的商品已是不争的事实。

（三）智力成果被纳入新型财产权利保护体系

在前资本主义时期，立法者往往视科技成果的传播和应用为私人琐事，很少以国家的名义进行规制，所以有限的科技传播和交流缺乏财产法和契约法的保障。尽管出现印刷专有权、专营权和专卖权等权利，但这些权利是一种特许权而不是财产权，其受益者主要是印刷商、企业主以及颁发许可证的统治者，并不是从事智力创造活动的发明者。其背后的主要障碍在于，智力成果中所包含的"知识""思想"或"信息"不能像一般的有形物一样被"占有"或"占用"。虽然如此，由于早期印刷术的技术门槛较高，使盗版成本过于高昂，从而克服了"知识""思想"和"信息"的重复性控制难题。

17、18 世纪以来，资产阶级在生产领域中开始广泛采用科学技术成果。随着印刷技术的普及，智力成果的重复性控制愈发困难，从而在资本主义市场中产生了保障智力成果私有权的法律问题。资产阶级要求法律确认对智力成果的私人占有权，使智力成果同有形产品一样得到法律认可与保障。在这一制度变迁过程中，资产阶级政府逐渐确立了不同于以往财产法的新制度，以作为获取财产权利的新方式，这些法律形式最后被概括为知识产权。①

马克思在论述经济与法律的关系时认为，每当工业和商业的发展创造出新的交往形式，法律应当会"承认它们是获得财产的新方式"②。正是在近代商品经济和科学技术发展的背景下，知识产权作为一种新型权利为各国普遍认可，并逐渐发展为一种独立的法律制度。

二、数字经济背景下知识产权发展趋势

历史变迁不断表明，伟大的发明都会引发法律世界的革命：正是文字的发明与书面记录的诞生才促使原始的习惯法逐渐向成文法过渡。13 世纪复式记账法的创造极大地推动了近代公司法与金融法的发展；时钟的发明则为法律制度的实施（如合同履行以及诉讼时效计算等）提供了准确的计量工具……

21 世纪以来，互联网、大数据、人工智能等一系列数字技术的革命给当代法律体系尤其是知识产权法律制度带来的冲击与影响，是当代知识产权法律制度最为突出的特征。工业革命以来形成的以物质和能量为核心的法律体系正向以数据为中心的法律体系转变。所有与科学技术有关的事物，如机

---

① 参见吴汉东：《科技、经济、法律协调机制中的知识产权法》，《法学研究》2001 年第 6 期。

② 《马克思恩格斯全集》第 3 卷，人民出版社 1960 年版，第 72 页。

器、输油管道、航空器、光电线缆、计算机、二维码、无线射频识别等，甚至包括思想观念的储存、交换、发表、征引，全都进入一个全球循环的网络之中，其基本单元是信息和数据的沟通。[①] 智能手机、物联网以及形形色色的数据传感装备的广泛扩散，导致以往必须通过物质承载的知识产品进一步数字化，促使了知识产权制度的现代转向。

（一）知识产权客体的数字化

传统知识产权调整对象在时间上和空间上都相对固定，随着互联网与数字技术的出现，智力成果在互联网上的数字化传播已然超越了时间和空间维度的束缚，导致传统知识产权保护手段的失效。

以唱片业为例：传统商业模式是建立在磁带、CD 等物质载体之上的产品销售和推广。随着互联网与信息技术的普及，磁带、CD 等音像制品逐渐销声匿迹，取而代之的是音乐的网络传播，其实质是信息化数据的网络传播。在以物质载体为中心向以数据为中心转变的过程中，当代知识产权法的规范对象，不仅仅是传统理解的文学艺术与技术工艺，以及独一无二的智力性创造，也不是简单的商品化知识形态，而是数据和信息本身。这是因为智力成果是人脑思维活动的结果，它以一定的形式存在，是人们认识、思想及情感经验的反映，本质上是一种信息；可以说知识产权所调整的是信息和数据的组合、控制、分化以及交易和确认的问题，处理的是系统化、结构化、网络化的数字产品。[②]

（二）知识产权制度的国际化

数字技术革命、互联网把全球连为一体，凸显了知识产权的地域性与易

---

① 参见［法］让-弗朗索瓦·利奥塔尔：《后现代状况》，车槿山译，南京大学出版社2011 年版，第 12 页。

② 参见余盛峰：《知识产权全球化：现代转向与法理反思》，《政法论坛》2014 年第 6 期。

传播性之间的矛盾与冲突。一方面，本国产生的智力成果在国外不能取得当然保护；另一方面，智力成果非常容易在全球范围内流通。以数字技术为特征的知识经济改变了传统意义上的时间和空间概念，使整个世界都必须遵守相同的规则——在同一个市场配置资源、资本、技术、劳动力和数据等经济要素，知识产权制度的国际化发展反映了科技和经济国际化发展的客观要求。除了涉及知识产权的国际条约的签订，世界各国还着手国内法的调整，通过修订国内知识产权法律，实现与国际条约规范的靠拢。虽然知识产权法依然以国内法的身份存在，并且在相应的执行程序上具有司法独立性，但其法律保护内容与水平逐渐一致乃大势所趋。

从 20 世纪 80 年代到 21 世纪，我国的知识产权制度仅仅用了 30 年时间，就实现了从低水平向高水平的发展，实现了从本土化向国际化的转变，在解决保护标准问题上走完了发达国家一两百年才走完的道路。我国不仅建立健全了符合国际通行规则、门类较为齐全的知识产权法律法规体系、工作体系和执法机制，而且注意与已加入的国际条约相衔接，积极履行国际义务。

（三）知识产权表现形式的重叠化与交融化

从宏观的视角观察，当代科技、经济、政治、法律以及艺术等方方面面都呈现高度封闭且不断耦合的态势，各种技术、观点和信息既自成一体又相互连接。上述特点投射在知识产权上，体现为知识产权表现形式的重叠化与交融化。

以专利权为例，人们对传统专利的认识建立在机器时代"一对一"的预设之上，而当代专利更多地体现为"多重专利的重叠化"或"专利组合"。譬如作为移动互联网终端的智能手机，一部手掌大小的手机可能包含上万种专利，一个微处理器可能包含 5000 种以上的不同专利。而所谓知识产权的交融化，是指传统知识产权制度之间具有较为清晰的界限，彼此之间互不勾连（例如著作权与商标权之间极少发生关联），而现代知识产权之间不断地出现相互交融和彼此模糊的趋势，一个典型的表现是著作权与专利权的交融产生了集成电路布图设计权。

（四）数字技术对知识产权制度造成巨大冲击

随着数字技术的进一步发展，其与信息通信、计算机、互联网、新媒体等产业连接在一起，形成了数字经济产业。在数字经济环境下，价值和财富建立在非传统的、非实体的财产权利之上。如今，知识、思想、代码、图像等非实体财产的大量传播表明，这种非实体财富生产和积累也越来越多。数字经济与传统工业经济不同，不仅创新者的价值获取途径产生了巨大变化，而且数字时代复制信息的边际成本几乎为零，从而给现行知识产权制度带来巨大冲击。

首先，对著作权制度的冲击。数字技术培育了互联网服务和在线内容平台，拉动了视听作品数字版权消费，极大地改变了产业创造价值的方式。创作者需要著作权法保护其作品不被侵权，但是过于严格地强调保护阻碍了合理使用权的行使，使得数字经济发展受到限制。这不仅表现在在线侵权问题突出、侵权方式更隐蔽导致维权困难，而且表现在著作权滥用及垄断可能阻碍数字经济的发展。更为重要的是，著作权法的严格保护与数字经济的共享精神冲突凸显。

其次，对专利制度的冲击。数字技术成为创新领域和专利竞争的热点，全球超过30%的专利申请集中在信息与通信技术领域，数字技术正在成为科技创新领域的新热点。传统科技公司通常采用"发明新技术—申请专利—进行生产或者授权"的价值获取模式，但数字经济的非实体性正不断打破这一传统模式的边界。互联网产品创新、在线服务等一般只提供计算解决方案，不再生产销售实体产品，因此软件、商业模式、服务成为数字经济业务的关键部分。数字经济的发展催生了软件、解决方法和商业模型的新结合，为了应对涉及商业方法部分进行的专利法修改，强调了技术特征可以作为专利。但针对具体软件产品，如何在专利和著作权保护之间抉择，成为相关企业的难题，通过软件专利保护互联网技术创新的力度也颇受质疑。

最后，对数据保护形式的挑战。数据作为一种新型的内容载体，在以往知识生产活动中仅仅充当辅助工具，而数字经济时代则更注重数据动态的形成过程和对数据的运用。现在，数据俨然成为一种具备高价值的资产，是数字经济的关键生产要素，甚至被视作数字经济的底层架构。由于数据构成本身的复杂性，数据保护途径亦存在多种可能。一方面，作为互联网公司的核心要素，数据可以被视为商业秘密加以保护，也可以被视作互联网公司的核心资产进行交易；另一方面，与个人信息相关的数据通常都会涉及个人隐私，个人数据尤其是个人信息的合理保护和有效利用关乎公民的权利保障，也关乎数字经济的健康发展与治理。①

三、理工类大学生与知识产权教育

（一）发达国家高校的知识产权教育

数字时代技术的创新和知识产权的掌握已经成为国家竞争力的核心。因此，致力于培养复合型知识产权人才以及学生对知识产权的应用能力，已经成为西方发达国家高校推动培养和造就世界一流科学家和科技领军人才的共同做法。

美国是当今世界创新能力最强而且最注重知识产权能力建设的国家之一，其知识产权教育和制度在高校不仅法律化、制度化而且全面化。《拜杜法案》对美国大学知识产权教育作了明确规定，知识产权教育除了法学院的专门人才培养之外，还包括在工学院开展知识产权创造教育，在管理学院开展知识产权管理与营运教育，将学生的创新精神和实践能力结合起来是知识

---

① 参见王华、张润哲、阳维：《数字经济对中国知识产权制度的挑战与对策研究》，《科技管理研究》2022 年第 11 期。

产权教育的重要目标。高校知识产权教育为美国保持创新能力的可持续发展奠定了坚实的人才基础。

日本始终将知识产权战略作为立国之本，促进了其在二战后 50 年的经济复苏与繁荣，其中知识产权人才培养是知识产权战略的四大核心内容之一。譬如，对大学知识产权教学研究部门进行评估，促进大学知识产权教学科研活动信息的公开、透明，并提供知识产权教学、科研相关活动经费，改善其研究设施及研究设备。同时，在大学理工类学生教育中，通过在高校理学部和研究所开展知识产权制度的相关讲座，有计划、有组织地培养精通知识产权法律和相关技术的专业复合型人才。知识产权人才培养战略的实施给日本的经济和科技发展注入了崭新活力。

近年来经济和科技实力迅速崛起的韩国、新加坡等国家，同样将知识产权教育作为国家的一项重要工作。除了在全社会范围内普及知识产权知识外，还把知识产权教育作为高等学校通识教育的重要内容，通过广泛和系统地开设知识产权相关课程，培养大学生对知识产权创造、开发、保护、管理的意识和提高其综合素质，培养大批适应经济社会发展需要的高素质创新型人才。①

（二）理工类大学生学习知识产权知识的意义

改革开放以来，我国的知识产权事业取得了举世瞩目的成就。随着国家知识产权战略的实施和创新型国家建设的需要，我国对各类知识产权专业人才的需求日益增加。知识产权专业人才是一种复合型人才，有统计数据表明，大多数知识产权实务型专业人才从事与科技相关的知识产权工作，因此多数知识产权专业人才都有一定的理工科背景，并有扎实的知识产权基础知

---

① 参见王文惠：《加强高校理工专业学生知识产权教育的思考》，《高等教育研究学报》2012 年第 4 期。

识。所以理工类大学生作为未来知识创新的主体，更应该掌握知识产权相关知识。

1. 有利于培养理工类大学生的创新思维

专业思维和创新思维是提升个人及企业竞争力的重要利器，掌握知识产权相关知识能够极大地促进理工类大学生将专业知识运用于发明创造。譬如，学习与理解著作权原创性的要求、专利创造性的要求和判断方法，有利于理解知识产权制度所定义的原创性、创造性的要求和内涵，进而明确创新目标和发展创新思维。

2. 有利于指导理工类大学生从事发明创造

基于理工科专业的特点，不少学生毕业后将进入企事业单位从事技术研发和技术管理工作，掌握知识产权相关知识，可以帮助学生运用现有技术开展创造性研究，探索创新途径的方法，提高创新能力。譬如，学会检索专利文献的方法，学会在科学研究中运用现有工具和现有技术开展前沿查新、课题选择、前景预测等工作，从而提高创新起点，在此基础上采用组合法、移植法、头脑风暴法等方法探索创新路径并实现更高层次的创新。相反，若忽视对科技信息的收集检索，有可能造成重复研究、盲目研究，甚至可能导致潜在的专利侵权或落入竞争对手的专利布局陷阱，为所研发技术的利用埋下侵权隐患。

3. 有利于理工类大学生就业、创业

目前中国知识产权专业人才培养严重不足，多数企事业单位无知识产权专业人才，与国外大型企业和科研机构存在巨大差距。从就业来看，很多单位特别需要有经验的知识产权工程师。只有具有理工科的专业背景，加上相关知识产权法律事务与知识产权管理专业训练，方能与不同研发人员联络、讨论，以期完全了解其技术内容，再综合地将其表达出来。可见，科技与法律交叉的复合型人才对于指导研发工作具有重要意义。

通过学习知识产权法律知识，结合自身的专业背景进行发明创造，甚至能激发学生运用科技创新进行创业的信心与能力。譬如：1998 年中星微电子有限公司成立时海归博士邓中翰以两个专利入股，占 35% 的股权，如今邓中翰身价已过亿美元。而另一位河南中原工学院的大四学生蒋群，凭借一项自动变光的护目镜专利技术获得 50 万元投资，还被任命为公司的技术总监。

📖 案例分析

请结合以下数据，谈谈"创新发展"对理工类大学生就业的影响与作用。

2022 年 4 月 7 日，世界知识产权组织（WIPO）在日内瓦总部发布《2022 年世界知识产权报告》。报告主要包括以下结论：创新活动每隔一定年限就出现一次重大推进，总体增长 25 倍，相当于每年约 3%；数字化是新的重大创新变革，它正在通过改变创新的对象、类型和过程，改变着当今的各个产业；在东亚，日本、韩国和中国各自利用其科学能力、技术资本和熟练劳动力，全面融入全球经济，成为信息技术全球价值链的核心和积极参与者。同时，报告还总结到，全球对新型冠状病毒肺炎（COVID-19）大流行病暴发作出的快速反应表明了创新活动如何能够分清轻重缓急，迅速适应。

【答案要点】 创新发展主要影响的是理工类大学生就业市场的变化及对人才素质背景的需求：首先，人类的创新不可避免，但创新的方向是企业家、研究人员、消费者和决策者多方面行动的结果，社会的需求可能迅速改变，创新的重点领域随之发生变化，这也催生了相应的人才缺口；其次，按照既有发展规律和未来发展趋势，交通运输、医学研究、信息通信技术等依旧是各国积极投入创新的重点领域；最后，数字化创新迫使传统产业需及时作出调整，具备交叉学科背景的复合型人才将成为竞争核心资源。

问题与思考

1.简述知识经济与社会经济变革的关系。

【答案要点】第一，科学技术被越来越多地应用于生产实践，这既是经济发展到一定阶段的必然产物，也是实践科学发展观的内在要求。第二，科学技术成果与普通商品一样成为可以自由交易的对象。第三，将智力成果纳入新型财产权利保护体系，对社会经济发展及产业结构变革产生了重大影响。

2.简述知识产权的时代特征。

【答案要点】首先，知识产权客体的信息化。其次，知识产权制度的国际化趋向日益明朗。最后，当代知识产权表现形式呈现出重叠化与交融化的特点。

课程思政

阅读材料：中共中央、国务院印发知识产权强国建设纲要（2021—2035 年）发展目标

到 2025 年，知识产权强国建设取得明显成效，知识产权保护更加严格，社会满意度达到并保持较高水平，知识产权市场价值进一步凸显，品牌竞争力大幅提升，专利密集型产业增加值占 GDP 比重达到 13％，版权产业增加值占 GDP 比重达到 7.5％，知识产权使用费年进出口总额达到 3500 亿元，每万人口高价值发明专利拥有量达到 12 件（上述指标均为预期性指标）。

到 2035 年，我国知识产权综合竞争力跻身世界前列，知识产权制度系统完备，知识产权促进创新创业蓬勃发展，全社会知识产权文化自觉基本形成，全方位、多层次参与知识产权全球治理的国际合作格局基本形成，中国特色、世界水平的知识产权强国基本建成。

第二节　知识产权的概念、特征与体系

☑ **关键术语**

知识产权；法律特征；制度体系

▤ **基础知识**

一、知识产权的概念

从通俗意义上理解，知识产权是一种与知识相关的财产权。然而，并非所有知识都能产生财产性权利，例如历史知识、地理知识等。关于知识产权概念的表达，主要有两种方式：一是列举式定义，一是概括式定义。

列举式定义为国内外知识产权学术著作和相关立法文件惯用的表达方式。例如"知识产权传统上包括专利权、商标权以及版权三个领域"，"专利权、商标权与著作权统称为知识产权"[①] 等。国际条约或国内立法大多采取更为具体的列举方式。例如，《成立世界知识产权组织公约》第 2 条第 8 款规定：知识产权包括以下有关项目的权利：（1）文学、艺术和科学作品；（2）表演艺术家的表演以及唱片和广播节目；（3）人类一切活动领域内的发明；（4）科学发现；（5）工业品外观设计；（6）商标、服务标记、商号名称与标志；（7）制止不正当竞争；（8）在工业、科学、文学或艺术领域内由于智力活动而产生的一切其他权利。根据 2021 年开始实施的我国《民法典》第一百二十三条规定，民事主体对作品、发明、实用新型、外观设计、商标、地理标志、商业秘密、集成电路布图设计、植物新品种及法律规定的其他客体依法享有知识产权。

[①]　[美] 阿瑟·R.米勒：《知识产权法概要》，中国社会科学出版社 1997 年版，第 4 页。

概括式定义主要为众多知识产权教科书所采用。譬如世界知识产权组织编写的《知识产权教程》认为："知识产权的对象是指人的脑力、智力的创造物。"[①]郑成思先生主编的《知识产权法教程》则表述为："知识产权是人们就其智力创造的成果依法享有的专有权利。"[②]本书认为，所谓知识产权是根据法律所确认的，权利人基于创造性智力成果和工商业标记所享有的专有民事权利。

二、知识产权的特征

关于知识产权特征的描述，目的在于进一步阐释知识产权本身的法律意义，以便更加准确地把握知识产权的内涵与外延。一方面，知识产权的特征是相对于有形财产权（特别是所有权）而言的；另一方面，知识产权的特征也是专利权、著作权、商标权等所有知识产权共同的法律性质。

（一）知识产权客体的无形性

客体的无形性是知识产权最主要的特征，是知识产权与有形财产权的根本区别。知识产权的其他特征都源于知识产权客体的无形性。知识产权的客体是智力成果（或称为"知识产品"），是一种没有形体的精神财富。例如，专利权的客体是发明创造，著作权的客体是作品，商标权的客体是商业标志及商誉。需要注意的是，知识产权的客体不同于知识产权的载体。例如，一本300页的小说，其中书作为一种物质存在，承载了小说的所有内容（文字作品），构成知识产权的载体。换言之，300页纸张上的小说内容是一种智力成果，构成知识产权的客体，具有无形性。正因为知识产权的客体具有无形性，知识产权才不能像物权一样进行占有和公示，它具有不同的存在、利

① 世界知识产权组织编：《知识产权教程》，高卢麟等译，专利文献出版社1990年版，第2页。

② 郑成思：《知识产权法教程》，法律出版社1993年版，第1页。

用和消灭形态。①

首先，不发生有形控制与占有。智力成果不具有物质形态，不占有一定的空间，人们对它的占有不是一种实在而具体的占据，而是表现为对某种知识、经验的认识与感受。显示或展示智力成果的物质载体仅仅是知识产权客体的载体，譬如一项发明创造，可以通过技术图纸、技术资料以及专利申请文件等书面化载体表现出来，也可以通过磁盘、闪存盘等信息化载体表现出来。

其次，不发生有形损耗的使用。知识产权的公开性是知识产权产生的前提条件，人们可以从中获得有关知识并使用，而且在一定时空条件下，知识产权可以被若干主体共同使用。但是，这样的使用并不会像有形物一样发生损耗，即使无权使用人擅自利用了他人的知识产权，也不会发生有形物侵权所产生的恢复原状的法律责任。

最后，不发生智力成果的事实处分。智力成果不会发生因为实物形态的消耗而导致其本身消灭的情形。换言之，期限届满以后，智力成果并不会消灭，而是成为社会公共财富。

（二）知识产权权属的专有性

知识产权是一种专有性的民事权利，这也被称为知识产权的独占性、排他性或垄断性，是指知识产权专为权利人所享有，非经法律特别规定或权利人同意，任何人不得占有、使用和处分。

知识产权的专有性直接来自法律规定或国家授予，这是知识产权人利用智力成果的法律前提。智力成果的商品属性和社会属性决定了它总是要进入市场流通的，而智力成果本身没有形体，占有它不是具体的控制，而是认识和利用，故智力成果容易脱离所有人的占有而被不同的主体同时占有和利

---

① 参见吴汉东：《知识产权总论》（第3版），中国人民大学出版社2013年版，第26页。

用。加之智力成果的传播十分容易，权利人很难进行控制，因而不能用传统有形财产保护制度予以保护，而必须采取特殊的法律制度。①

总结起来，知识产权的专有性主要包含三层含义：其一，权利主体对知识产权的独占。权利人垄断这种专有权利并受到法律保护，没有法律规定或未经权利人授权许可，任何人不得使用权利人的知识产品。其二，对同一项智力成果，知识产权主体只能存在一个。例如，一本书的著作权只能属于一个作者，而共同作者只是共享一个著作权；又如，对于两个或两个以上的申请人就同一发明创造申请专利的，专利权授予最先申请的人。其三，专有性是知识产权的法律特征，但就各类具体的知识产权而言，其表现形式各有不同。著作权的专有性表现为权利人对其作品的专有使用权，包括采用复制、发行、展览、表演、广播、摄制、演绎等各种形式独占使用作品的权利；专利权的专有性则是对发明创造的专有实施权，包括使用、制造、销售、进口专利产品的权利；商标权的专有性亦称为商标专用权，其专有性表现为权利人的独占使用权和排除他人使用的禁止权。②

（三）知识产权期限的时间性

知识产权的时间性是指知识产权仅在法律规定的时间期限内受法律保护，一旦超出规定期限，这一权利便自动消灭，其所对应的智力成果便成为整个社会的共有财富，人人皆可使用。

知识产权在时间上的有限性与所有权在时间上的永续性是二者的重要区别之一。一般而言，有形物的所有权不受时间长短限制，只要该物没有毁损、灭失，所有权人便不会因为时间的流逝而丧失对物的权利。相比较而言，法律对知识产权的保护则是将其限定在一定的期限内，例如，我国《著

---

① 参见冯晓青：《论知识产权的专有性》，《知识产权》2006 年第 5 期。

② 参见吴汉东：《知识产权总论》（第 3 版），中国人民大学出版社 2013 年版，第 27—28 页。

作权法》规定著作权保护期限为作者终生及其死亡后 50 年;《专利法》规定发明专利权的期限为 20 年,实用新型专利权的期限为 10 年,外观设计专利权的期限为 15 年。

知识产权在时间上的有限性是世界各国为了促进科学、文化发展和鼓励智力成果公开所普遍采用的原则。建立知识产权制度并非仅仅为了授予权利人专有权,采用特别的法律保护手段是为了调整因为智力成果的创造与使用而产生的社会关系。知识产权制度一方面需要通过保护智力成果创造者的权利来激发人们进行发明创造的积极性,另一方面又要通过公开智力成果的方式促进科学、技术和文化的广泛传播,因此知识产权制度需要协调智力成果的专有性与智力成果的社会性之间的矛盾。换言之,知识产权权利人通过公开其智力成果来换取一定时间期限内法律特别保护的专有权。这反映了知识产权制度对私有权利保护和公共利益保护之间的一种平衡与调和。从这个意义而言,平衡原则是知识产权制度自近代法到现代法的基本精神。①

当然,根据各类知识产权的性质、特征及各国国情,各国法律对于专利权、著作权和商标权等都规定有长短不一的保护期限。

(四) 知识产权权源的地域性

知识产权不仅具有时间上的限定性,还具有地域上的严格限制。这是其区别于所有权的另一重要特征。所谓知识产权的地域性,是指知识产权的效力只及于本国境内,超出本国领土、领空以及领海则不发生本国法律所规定的法律效果。

一般而言,所有权的保护原则上不受地域性限制,无论是自然人从一国带入另一国的财产,还是法人通过跨国投资转入他国的财产,都发生同样的所有权效力,并不因为所在国家的不同而有所改变。所有权之所以不受地域

---

① 参见冯晓青:《论知识产权的专有性》,《知识产权》2006 年第 5 期。

性的限制，是因为国际上通常奉行"涉外物权平权原则"①，即通过占有的权利外观推定权利人为合法所有权人并加以保护。换言之，对于一国保护的有形物，如果这些有形物转移到其他国家，一般不必办理任何手续，相关国家的法律就会给予保护。

然而，知识产权具有无形性，其权利人无法通过类似动产所有权的占有对其实施控制，因而也无法进行知识产权推定，进而获得域外保护。以著作权为例，占有包含文字作品的书本的出境人，并不能被推定为文字作品的著作权人，仅能够判断他可能是作为文字作品载体的书的所有权人。除此之外，知识产权之所以具有地域性，根本原因在于知识产权是一种具有政策属性的法定权利。由于不同国家政策上的差异，各国关于知识产权的取得和保护各不相同，所以一国的知识产权在其他国家一般不能自动获得承认和保护。

但是，随着世界经济一体化的深入发展，知识产权的地域性特征受到巨大挑战。例如，1968 年《比荷卢统一商标法》规定，商标申请人可以申请注册获得比利时、荷兰以及卢森堡三国同时承认的商标。20 世纪 80 年代通过的《欧洲专利条约》规定，申请人可以申请"欧洲专利"，即该专利一旦被授予，可以在欧共体所有成员国受到保护。从形式上看，与知识产权有关的全球性或地区性知识产权国际公约、多边条约或双边条约，虽然积极推行"国民待遇"以及突破知识产权地域性的某些限制，但这些约定依然是建立在知识产权地域性基础之上的。几乎所有的国际公约、多边条约或双边条约无一例外地宣称，尊重各国知识产权独立原则，所以知识产权的地域性特征并没有改变。

三、知识产权制度体系

知识产权法是指调整在知识产权的归属、行使、管理和保护等活动中产

---

① 参见吴汉东：《知识产权法》，法律出版社 2014 年版，第 13 页。

生的社会关系的法律规范的总称。可以从狭义与广义的角度来理解知识产权制度体系及其变迁，不仅因为科学技术的发展孕育了知识产权制度，而且知识产权的基本范畴随着新技术的革新与突破而不断变化。如今的知识产权制度早已超越了专利权、著作权以及商标权的传统领域，成为涉及多种智力成果权与经营性标记权的统称。①

（一）狭义的知识产权制度体系

狭义的知识产权制度体系，即传统意义上的知识产权，主要涉及与专利权、著作权以及商标权相关的制度体系。在狭义的知识产权范畴中，根据所在领域的不同，可进一步划分为文学产权与工业产权。其中，文学产权主要包括著作权以及与著作权相关的邻接权，而工业产权主要是指专利权与商标权。随着科学技术的日新月异，具有经济价值的创造性智力成果已远不限于此。

（二）广义的知识产权制度体系

广义的知识产权制度体系除包括上述狭义的知识产权内容外，还将地理标志权、商业秘密权、植物新品种权以及集成电路布图设计权等各种权利囊括其中。例如，1994 年《与贸易有关的知识产权协定》（以下简称"TRIPs 协定"）将知识产权的种类列举为"著作权及相关权利、商标权、地理标志权、外观设计权、专利权、集成电路布图设计权和商业秘密权"；我国《民法典》第一百二十三条规定，民事主体对作品、发明、实用新型、外观设计、商标、地理标志、商业秘密、集成电路布图设计、植物新品种及法律规定的其他客体依法享有知识产权。

随着全球知识、经济与法律形成相互催化、共同演进的多维关系，知识

---

① 参见冯晓青：《论知识产权的专有性》，《知识产权》2006 年第 5 期。

产权制度体系成为一个典型的动态与开放的系统。基于知识产权客体的非物质性与无形性，可以将知识产权的客体划分为两大类：其一，创造性成果。创造性成果包括作品及其传播媒介和工业技术成果。作品及其传播媒介与创作者的创作活动及传播活动有关，表现为文字、符号、图形、形象、影像等。工业技术成果是指工业、农业、商业等产业领域中能够物化在物质载体上的创造性成果。其二，经营性标记。经营性标记是指在生产流通中能够标示产品来源于厂家特定人格的区别性标记。创造性成果权和经营性标记权，是被现代各国普遍保护的知识产权。因此，广义的知识产权制度体系由以下权利框架构成。

1. 文学产权

一般而言，文学产权是指文学、艺术作品的著作权及其邻接权。在文学产权中，值得特别关注的是数据库的著作权保护问题。根据《世界知识产权组织版权条约》的规定，数据或其他资料的汇编，只要其在内容选择或编排上具有独创性，就应当受到著作权保护。我国《著作权法》第十五条同样承认汇编作品权利人享有著作权。21 世纪以来，一方面国际社会在努力推行数据库的著作权保护，另一方面各国也在积极探索数据库特殊权利保护的途径，这是一种类似于著作权但又独立于著作权的专门保护制度。在不久的将来，文学产权保护领域或许将出现包括著作权以及与著作权有关的邻接权、数据库保护权等在内的多种权利形式共存的局面。

2. 工业产权

根据《保护工业产权巴黎公约》及其他公约的规定，工业产权的范畴由专利权、商标商号权、地理标志权以及反不正当竞争权组成。由于工业产权并不限于工商业，因此，称之为"产业产权"或许更为准确，① 只不过工业产权是延续至今的习惯称谓。

---

① 参见吴汉东：《知识产权法》，法律出版社 2014 年版，第 25 页。

3.知识财产专有权

知识财产专有权既不属于文学产权范畴，也不属于工业产权范畴，一般以专有权的形式加以确认和保护。知识财产专有权主要表现为以下三种类型。

第一，植物新品种权。植物新品种包括人工培育的新品种和对野生植物进行开发后形成的新品种，是具有新颖性、特异性、一致性和稳定性并被适当命名的植物品种。对植物新品种的保护既有采取专有权形式的，也有采取专利权形式的，但多数国家选择对植物新品种采取专有权的保护方式。

第二，集成电路布图设计权。由于集成电路的特殊性，采用专利权和著作权对其进行保护都存在不足，因为它既不属于著作权法上的图形作品，也不属于专利法上的外观设计，但同时兼具二者的某些共同特征，因此，国际社会采取专有权的形式，吸收了著作权与工业产权的部分内容对其予以专门保护。

第三，商业秘密权。商业秘密相当于所谓"家传秘方""家传绝技"等，是指不为公众所知悉、能为权利人带来经济利益、具有实用性并经权利人采取保密措施的技术信息与经营信息。与工业产权不同，商业秘密权在现实生活中的排他性是建立在权利人对其商业秘密严格保密的基础之上，因此商业秘密权不受时间性和地域性的限制。

📖 案例分析

1.如果你是一名"吃货"，打开你家的冰箱，想想这是怎样一个知识产权的世界。

【答案要点】品牌食品都有商标；某种食品独特的包装、储存食品的塑料盒可能受外观设计专利保护；冰箱的制冷机可能受发明专利保护；冰箱的操作手册受到著作权的保护……

2. 全国首款 AR 探索类网游"外挂"诉前禁令案——腾讯公司与谌洪涛等不正当竞争纠纷行为保全案

重庆腾讯公司系涉案网络游戏《一起来捉妖》的著作权人，并授权深圳腾讯公司独家运营该游戏。该游戏利用手机即时定位系统，通过 AR 功能抓捕身边的妖灵并对他们进行培养，在游戏中完成对战、展示、交易等诸多功能。该游戏自 2019 年 4 月 11 日上线以来，注册用户已超过两千万，上线当日即登顶 App Store 免费榜榜首，并获得 OPPO 至美奖等奖项，具有较高的知名度和市场美誉度。谌洪涛通过微信、淘宝等渠道销售虚拟定位插件，该插件通过改变手机操作环境，欺骗涉案网络游戏《一起来捉妖》的定位系统，使得游戏玩家无须实际位移，即可通过虚拟定位插件迅速变换地理位置抓取妖灵。而且，被申请人谌洪涛通过直播、录播、打广告等形式向不特定的公众传播利用虚拟定位插件获取不正当利益的游戏视频。据此，腾讯公司提出行为保全申请。

【答案要点】本案获评 2019 年度中国法院 50 件典型知识产权案件、2019 年度上海法院加强知识产权保护力度典型案件，人民法院报、中国知识产权报、法制网、知产力、知产宝、知识产权那点事等十余家知名媒体对该案进行了深度报道。相较于有体物而言，知识产权具有无形性，其受到侵害后难以恢复原状，即便知识产权权利人最终赢得诉讼，却可能早已丧失市场竞争优势，或者商业秘密已经泄露。因此，人民法院对知识产权诉前行为保全应采取相对积极的态度。对于可能存在申请人的商业秘密即将被非法披露，申请人的发表权、隐私权等人身权利即将受到侵害，讼争的知识产权即将被非法处分，申请人的知识产权在展销会等时效性较强的场合正在或者即将受到侵害，时效性较强的热播节目正在或者即将受到侵害等紧急情形的，人民法院应当及时作出裁定。裁定采取保全措施的，应当立即开始执行，以及时制止那些可能给申请人带来难以弥补的损失的侵权行为。

问题与思考

1.简述知识产权的概念及特征。

【答案要点】知识产权是根据法律所确认的，权利人基于创造性智力成果和工商业标记所享有的专有民事权利。知识产权的特征包括知识产权客体的无形性、知识产权权属的专有性、知识产权期限的时间性、知识产权权源的地域性。

2.简述知识产权制度的结构体系。

【答案要点】我国知识产权制度体系可由文学产权、工业产权以及知识财产专有权构成。

课程思政

阅读材料：全面加强知识产权保护工作，习近平总书记从六个方面部署①

第一，加强知识产权保护工作顶层设计。

要准确判断国内外形势新特点，谋划好知识产权保护工作。保护知识产权的目的是激励创新，服务和推动高质量发展，满足人民美好生活需要。要抓紧制定建设知识产权强国战略，研究制定"十四五"时期国家知识产权保护和运用规划，明确目标、任务、举措和实施蓝图。要坚持以我为主、人民利益至上、公正合理保护，既严格保护知识产权，又防范个人和企业权利过度扩张，确保公共利益和激励创新兼得。要加强关键领域自主知识产权创造和储备，部署一批重大改革举措、重要政策、重点工程。

---

① 参见习近平：《全面加强知识产权保护工作　激发创新活动推动构建新发展格局》，《求是》2021年第3期。

第二，提高知识产权保护工作法治化水平。

完备的知识产权法律法规体系、高效的执法司法体系，是强化知识产权保护的重要保障。要在严格执行民法典相关规定的同时，加快完善相关法律法规，统筹推进专利法、商标法、著作权法、反垄断法、科学技术进步法等修订工作，增强法律之间的一致性。要加强地理标志、商业秘密等领域立法。要强化民事司法保护，研究制定符合知识产权案件规律的诉讼规范。要提高知识产权审判质量和效率，提升公信力。要促进知识产权行政执法标准和司法裁判标准统一，完善行政执法和司法衔接机制。要完善刑事法律和司法解释，加大刑事打击力度。要加大行政执法力度，对群众反映强烈、社会舆论关注、侵权假冒多发的重点领域和区域，要重拳出击、整治到底、震慑到位。

第三，强化知识产权全链条保护。

知识产权保护是一个系统工程，覆盖领域广、涉及方面多，要综合运用法律、行政、经济、技术、社会治理等多种手段，从审查授权、行政执法、司法保护、仲裁调解、行业自律、公民诚信等环节完善保护体系，加强协同配合，构建大保护工作格局。要打通知识产权创造、运用、保护、管理、服务全链条，健全知识产权综合管理体制，增强系统保护能力。要统筹做好知识产权保护、反垄断、公平竞争审查等工作，促进创新要素自主有序流动、高效配置。要形成便民利民的知识产权公共服务体系，构建国家知识产权大数据中心和公共服务平台，及时传播知识产权信息，让创新成果更好惠及人民。要加强知识产权信息化、智能化基础设施建设，强化人工智能、大数据等信息技术在知识产权审查和保护领域的应用，推动知识产权保护线上线下融合发展。要鼓励建立知识产权保护自律机制，推动诚信体系建设。要加强知识产权保护宣传教育，增强全社会尊重和保护知识产权的意识。

第四，深化知识产权保护工作体制机制改革。

党的十八大以来，我们在知识产权领域部署推动了一系列改革，要继续抓好落实，做到系统集成、协同推进。要研究实行差别化的产业和区域知识产权政策，完善知识产权审查制度。要健全大数据、人工智能、基因技术等新领域新业态知识产权保护制度，及时研究制定传统文化、传统知识等领域保护办法。要深化知识产权审判领域改革创新，健全知识产权诉讼制度，完善技术类知识产权审判，抓紧落实知识产权侵权惩罚性赔偿制度。要健全知识产权评估体系，改进知识产权归属制度，研究制定防止知识产权滥用相关制度。

第五，统筹推进知识产权领域国际合作和竞争。

知识产权是国际竞争力的核心要素，也是国际争端的焦点。我们要敢于斗争、善于斗争，决不放弃正当权益，决不牺牲国家核心利益。要秉持人类命运共同体理念，坚持开放包容、平衡普惠的原则，深度参与世界知识产权组织框架下的全球知识产权治理，推动完善知识产权及相关国际贸易、国际投资等国际规则和标准，推动全球知识产权治理体制向着更加公正合理方向发展。要拓展影响知识产权国际舆论的渠道和方式，讲好中国知识产权故事，展示文明大国、负责任大国形象。要深化同共建"一带一路"沿线国家和地区知识产权合作，倡导知识共享。

第六，维护知识产权领域国家安全。

知识产权对外转让要坚持总体国家安全观。要加强事关国家安全的关键核心技术的自主研发和保护，依法管理涉及国家安全的知识产权对外转让行为。要完善知识产权反垄断、公平竞争相关法律法规和政策措施，形成正当有力的制约手段。要推进我国知识产权有关法律规定域外适用，完善跨境司法协作安排。要形成高效的国际知识产权风险预警和应急机制，建设知识产权涉外风险防控体系，加大对我国企业海外知识产权维权援助。

第 二 章

专利权法律制度

内容提要

专利制度是一种利用法律和经济的手段保护和鼓励发明创造，推动技术进步的管理制度。本章通过对专利权的概念、客体、主体、内容的介绍，阐明了专利权的基本理论框架和法律制度。在此基础上，本章从实务的角度，简要介绍了专利权的授予条件和审批程序，并对专利权的不同法律保护程序与专利侵权责任进行了阐明。

第一节　专利权制度概述

关键术语

专利；专利法；专利制度

基础知识

一、专利概述

（一）专利的概念

"专利"一词最初的意思是指由国王亲自签署的带有玉玺印签的独占权

利证书，源于英文中 patent 一词的翻译。在没有成文法的时代，国王的命令就是法令，只有国王才能授予独占权，所以这种特殊的权利证书带有法律色彩。该证书的发布虽通过信件传递，但不像普通信件那样密封，而是一种"敞开封口的证书"，所经之路上的任何人都可以打开看，其意义是希望所有看到这一证书的人都知道所授予独占权利的技术内容。也就是说，这种证书的内容是公开的，享有的权利是垄断的。因此，patent 的本意即有公开和垄断双重含义。

在现代法律意义下，"专利"一词指专利权，它是国家依法授予发明创造人享有的一种独占权。在实践中，"专利"一词被广泛使用。当讲到专利实施时，是指一种技术方案；当讲到专利检索时，是指专利文献；有时还可以是专利证书的简称。但是专利最基本的含义是指法律授予的专利权，它同时具备"垄断"和"公开"两大基本特征[1]。

(二) 专利权的概念

专利权是指国家专利主管部门依据专利法授予发明人、创造人及其他合法申请人对某项发明创造在法定期间内所享有的一种独占权或排他权，在专利制度中处于核心地位。未经专利权人许可，他人不得使用该专利技术。在实践中，发明和实用新型专利被授权后，任何单位和个人未经专利权人许可，都不得实施该专利，即不能以生产经营为目的制造、使用、销售、许诺销售、进口该专利产品，或者使用该专利方法以及使用、销售、许诺销售、进口依照该专利方法直接获得的产品。外观设计专利被授权后，任何单位和个人未经专利权人许可，都不得实施其专利，即不能以生产经营为目的制造、销售、许诺销售、进口其外观设计专利产品。

---

① 参见吴汉东：《知识产权法学》，北京大学出版社 2014 年版，第 112 页。

（三）专利权的特征

专利权具有知识产权最基本的特征，也有区别于其他知识产权的特点，具体表现在以下几点。

1. 独占性

也称专有性，排他性，垄断性。众所周知，专利权是一种专有权，或者称为垄断权。专利一经授权，他人不得就同一发明创造再次申请专利；且未经专利权人许可，他人不得进行商业使用。例如，两人在偶然的情况下各自独立地完成了同样的发明创造，其中一人在先申请并获得了专利权，另一人则不能就该发明申请专利，而且如果在他人申请日之前没有制造相关产品、使用相关技术或者做好生产或使用准备的，则在他人获得专利权之后不能以生产经营为目的实施该发明创造。

2. 地域性

专利权的效力受到地域范围的限制，一个国家或地区授予的专利权仅在该国家或地区范围内有效，在其他国家或地区没有法律效力。专利权的地域性是由专利权的取得方式决定的，不同于著作权的自动获取，专利权需要经过国家专利主管部门审查之后才能授权。各个国家的专利法关于专利权授予条件的规定存在较大的差异，因此，仅在一个国家或地区获得的专利权在其他国家并不能受到承认和保护。

3. 时间性

专利权人在法定的保护期限内独占专利权。法律对专利权的期限进行限制，是为了平衡专利权人与社会公众之间的利益。在专利保护期内，专利权人能够最大限度地使用专利获得利益，从而保证专利权人对发明创造的投入能够得到较大回报。专利保护期限届满或者因其他原因提前终结，该技术进入公共领域，任何单位和个人都可以使用。专利的时间性在某种程度上也促进了社会的发展和进步。

4.公开性

专利权的获得需以向社会公开技术为条件，发明创造人若想获得专利权，必须向社会公开其技术方案。《专利法》第三十四条规定，国务院专利行政部门收到发明专利申请后，经初步审查认为符合本法要求的，自申请日起满 18 个月，即行公布。国务院专利行政部门可以根据申请人的请求早日公布其申请。专利法将公布技术方案作为专利权授予的前置条件，是为了在保护专利权人的同时使他人能够在公开的技术方案中获得技术信息和启迪，以促进研究和技术的发展进步。

二、专利法制度概述

（一）专利制度概念

专利制度是随着商品生产的发展而产生、发展起来的一种管理科学技术的制度。[①] 关于专利制度的概念，国内外有不同的理解和表述。日本学者吉藤幸朔提出，专利制度是使发明人公开其发明，必须给付一定报酬，即在一定时期内给发明以垄断权的制度。我国 1983 年的《中华人民共和国专利法（草案）说明》对专利制度作了定义："专利制度是国际上通行的一种利用法律和经济的手段推进技术进步的管理制度。这个制度的基本内容是依照专利法，对申请专利的发明，经过审查和批准授予专利权，同时把申请专利的发明内容公之于世，以便进行发明创造信息交流和有偿技术转让。"

一般认为，专利制度起源于 12、13 世纪的西欧国家。[②] 威尼斯在 15 世纪颁布了第一部专利法，规定在威尼斯制造的新种类的足够精巧并且能使用和操作的机械装置，经过登记之后，他人在 10 年之内不得制造生产相同的设备。英国也在 17 世纪颁布了垄断法，对新发明授予了 14 年的保护期限。

---

① 参见冯晓青、刘友华：《专利法》，法律出版社 2010 年版，第 10 页。

② 参见汤宗舜：《专利法教程》，法律出版社 2003 年版，第 7 页。

此后美国和欧洲其他国家也相继颁布了专利法。我国专利制度产生较晚，但发展速度很快。1898 年清政府颁布了《振兴工艺给奖章程》，但并未得到实施。1912 年辛亥革命后政府颁布了《奖励工艺品暂行章程》，1944 年国民政府颁布了《专利法》。新中国成立后，1984 年颁布了《专利法》，并于 1992 年、2000 年、2008 年、2020 年经历四次修订，形成了现行专利制度。

（二）专利制度的特点

1. 法律保护

专利制度的首要特点就是专利保护。专利制度以专利法为核心，包含专利管理制度、专利实施制度等内容，其最根本的特点就是它是一种法律制度。法律确认和保护发明创造的独占权或排他权是专利制度的核心问题，也是它与发明奖励制度相区别的首要标志。① 因此，专利法和专利制度的关系非常紧密，专利法是专利制度建立的基础和前提，是专利制度实施和专利工作展开的保障。所以，各个国家和地区在建立自己的专利制度时应首先建立相应的专利法律体系。

2. 科学审查

发明创造人要获得专利权，必须经过国家专利主管部门对申请专利的发明创造依法进行审查，这也是专利制度现代化的标志。这种审查作为专利申请的法定程序，应以对现有技术的充分检索为基础，这既满足了科学技术发展的要求，也保证了专利的质量。

3. 技术公开

技术公开是指发明创造以专利申请公布或者专利颁布的形式将技术内容向社会公开，不同于传统的以秘密方式来保护发明创造，是专利制度进步的标志。从社会的角度看，将有关技术细节公开是非常必要的，这可以在很大

---

① 参见冯晓青、刘友华编：《专利法》，法律出版社 2010 年版，第 10 页。

程度上避免社会财富的浪费。① 任何从事技术开发的人员在项目开发之前，通过对专利文献的检索了解到相关技术领域的最新研究成果，避免重复开发。

三、申请专利和行使专利权应当遵循的原则

诚实信用原则和权利不得滥用原则，是民商事法律的基本原则。《民法典》第七条规定："民事主体从事民事活动，应当遵循诚信原则，秉持诚实，恪守承诺。"第一百三十二条规定："民事主体不得滥用民事权利损害国家利益、社会公共利益或者他人合法权益。"《反垄断法》第六十八条对知识产权的权利滥用作了明确规定："经营者依照有关知识产权的法律、行政法规规定行使知识产权的行为，不适用本法；但是，经营者滥用知识产权，排除、限制竞争的行为，适用本法。"

实践中，在申请专利、使用专利过程中出现了一些不诚信现象。例如，编造技术方案、虚构实验数据骗取专利授权，甚至骗取政府补贴、单位奖励、减刑假释等；又如，利用实用新型、外观设计专利授权无须经过实质性审查的特点，故意将他人使用的现有技术、现有设计注册为专利，或者在专利申请文件中提出表述模糊的权利要求，在取得专利权后，向他人发送侵权律师函要求支付许可使用费，或者先提起侵权诉讼后要求对方支付和解金。针对实践中存在的问题，强调诚实信用，规制权利滥用，与民法典和反垄断法有关规定相衔接，2020 年修改专利法专门增加了关于诚信原则和禁止权利滥用的规定。

（一）诚实信用原则

诚实信用原则是各国民法公认的基本原则，要求民事主体在从事任何民事活动时，包括行使民事权利、履行民事义务、承担民事责任，都应当诚

---

① 参见吴汉东：《知识产权法》，法律出版社 2014 年版，第 144 页。

实、守信，正当行使权利和履行义务。

专利权作为一种基本的民事权利，在其申请和行使阶段，也应当遵循诚实信用原则，不能通过抄袭、伪造等手段获得专利权，不得违反诚信原则行使专利权。从国际实践看，许多国家的专利法中都对专利领域的诚信原则作了规定。例如，《美国专利法》第 115 条要求申请人提出专利申请时宣誓或者声明申请人是所申请专利的原始且最早的发明人。《日本专利法》（2008年修改）在法律责任部分（第 198 条）引用其《民事诉讼法》的规定，专利申请人或者专利权人有义务向特许厅提交文件或者陈述的，如果其中有虚假陈述，判 3 年以下徒刑或者处 300 万日元以下罚金。

（二）权利不得滥用原则

权利不得滥用是民事活动的基本原则。首先，滥用专利权是一个广泛的概念，并不限于反垄断方面滥用专利权排除、限制竞争的行为，还包括其他类型的滥用专利权的情形，实践中专利领域存在的恶意诉讼、"放水养鱼"等，也都可能构成专利权的滥用。其次，加强对专利权的保护仍然是我国专利领域面临的一项重要任务。规制专利权的滥用与加强对专利权的保护之间并不矛盾。在加强专利权保护的同时，需要引导专利权人正当行使其权利；在规制专利权滥用的同时，也需要注意对专利权人合法权益的保护。

滥用专利权排除、限制竞争，是一种比较典型的专利权滥用行为。专利权具有专有性和排他性，即专利权人可以在法律授权的范围内排他性地享有或者行使其权利。基于此，权利人可以在一定时间和一定领域内就某种产品的生产或者销售取得市场优势地位，甚至是市场支配地位，这对竞争会造成一定的影响。同时，专利权人还有权许可他人使用其专利。如果专利权人在许可协议中附加一定的限制性条件，也会在一定程度上排除和限制竞争。但是，行使专利权对竞争的限制，是法律对各种利益关系进行利弊权衡后所允许的，即为了促进技术创新而不得不对竞争产生一定的限制。因专利权而形成的天然垄断地位以及因专利权的行使而对竞争的限制，是基于法律的授权，是合法的。但是，如果专利权人超出法律对其专有权规定的范围滥用权利排除、限制竞争，以谋取或加强其垄断地位，这种对专利权的滥用是不受保护的，应当受反垄断法的调整。

📖 案例分析

1. 苹果 VS 三星专利大战

2011 年 4 月，美国苹果公司和韩国三星电子围绕智能手机和平板终端的知识产权侵权案展开了激烈的诉讼战。首先，苹果公司以三星的手机"Galaxy S"和平板终端"Galaxy Tab"侵害了苹果公司的知识产权为由，向美国加利福尼亚州北部地区联邦地方法院提起了诉讼。在接下来的一年中，由该诉讼引发的一系列纠纷已经扩展到了世界各地。苹果和三星在多个国家分别起诉对方侵害了自己的专利权。双方在专利诉讼中互有胜负，但大部分案件以和解告终。

专利制度是企业在全球化市场中占领市场、保持竞争力的重要保障。竞争的实质是技术的竞争，而技术竞争的一项重要手段就是专利权。因为技术再好，如果没有专利权，那么在市场竞争中同样得不到优势。因此，企业保持竞争力，不仅仅要拥有好的技术，同时也要拥有该技术的专利权，通过垄断市场，争取主动。

市场经济是法治经济，产权明确是市场经济中的核心一环。专利制度是依据专利法，通过专利权的授予来保护和鼓励发明创造，从而推动技术进步和经济发展的法律制度。对于这项制度，企业谁先利用，谁就在竞争中掌握了主动权。

2. 小米与 Sisvel 专利战

2021 年 4 月 26 日，英国高等法院（UK High Court of Justice）针对

Sisvel 与小米及 OPPO 的专利侵权及 FRAND 费率案中第二件涉诉专利 EP1925142B1（涉及无线电链路控制的非确认模式信头优化技术）作出判决，认定小米、OPPO 不侵犯 Sisvel 所声称的 LTE 无线通信专利技术。

此前，在 Sisvel 于荷兰发起的两件临时禁令诉讼及一件专利侵权之诉中，小米均获得胜诉。截至该案，Sisvel 在针对小米和 OPPO 发起的全球诉讼中，无一胜诉，反而多件专利相继被小米和 OPPO 无效掉，导致其在手机领域的专利许可之路更加艰难。

上述判决是小米与 Sisvel 在英国诉讼中的第一个重要判决，由于唯一剩余的涉案专利属于 MCP 专利池成员三菱公司所有，Sisvel 自身拥有的专利无一例外均未幸存。这使得 Sisvel 在英国诉讼中的劣势愈发明显，也为其是否能够继续要求整池许可费率判决埋下隐患。

问题与思考

1.如何看待具有垄断色彩的专利权在经济发展中的作用？

【答案要点】知识产权是法律赋予的权利，为的是保护权利人的智力成果。专利权的垄断色彩要结合专利制度的特点来思考，它是为激励发明创造人进一步的研发而给予的法律保护。同时，享有专利权又必须要公开专利技术细节，让更多的人了解专利技术，增加了整个社会的科学知识，这又会促进新问题的研究，推动科技的进步。

2.专利技术为什么要公开？

【答案要点】专利公开一方面是专利审查制度的需要，同时更重要的是实现专利制度的目的——促进技术的进步，让更多的人可以学习专利技术，并在此基础上进行技术创新。

课程思政

1996 年以后，由于消费类电子产品尤其是影碟机产业迅速增长，中国逐渐成为全球最大的 DVD 组装和制造基地，有着"世界产品加工厂"的美誉。1999 年，中国 DVD 打入国际市场，因为价格低廉，在国际市场的占有率达到 39%，对那些国际知名品牌构成很大的冲击和威胁。但是，由于一直没有形成自主知识产权的技术研发规模，中国 DVD 企业只能使用国外的技术标准来进行生产。此次封杀中国 DVD 产品的，是以荷兰飞利浦公司为首的被分别称为 1C、3C 和 6C 的（6C 分别是日立、松下、东芝、JVC、三菱和时代华纳）专利技术保护联盟。根据 1999 年 6C 发布的"DVD 专利联合许可协议"，中国 DVD 生产企业需要向专利联盟支付高达每台 DVD 机 20 美元的使用费。在激烈竞争的国际市场上，缺少核心竞争力是企业最致命的弱点。虽然中国制造的 DVD 产品已经在全球市场拥有了相当高的市场占有率，但是因为缺少自主知识产权的核心技术，中国 DVD 在欧盟遭受了有史以来最大的挑战。①

第二节　专利权客体与主体

☑ 关键术语

专利权客体；专利权主体

🗐 基础知识

一、专利权客体

专利权客体，即专利法保护的对象，是指依据专利法取得专利权的发明创造。我国《专利法》第二条规定，发明创造是指发明、实用新型和外

---

① 《中国 DVD 直面挑战》，央视网，http://www.cctv.com/lm/55/21/23919.html。

观设计。因此，就我国法律而言，专利权的客体包括发明、实用新型和外观设计。

（一）发明

1. 发明的概念

国际上对发明没有统一的定义。一般而言，发明是指创造或设计出之前不存在的东西。但专利法意义上的"发明"与一般意义上的"发明"含义不同，我国《专利法》第二条第二款规定，发明，是指对产品、方法或者其改进所提出的新的技术方案；同时在第五条与第二十五条中还采取反向定义的方法，确定了不予保护的发明的范围与界限。从法律规定上看，专利法所指的发明是指为了解决重大技术问题而提出的新的技术方案，只有符合专利法律规定的技术方案才是专利法意义上的发明。由此可见，发明须是一种技术方案。自然定律的发现、抽象的智力活动等都不能算作发明，九九乘法表等数学公式、数学定理以及不可能实现的永动机等都不能申请专利，因为它们都不是一种技术方案。技术方案是对要解决的技术问题所采取的利用了自然规律的技术手段的集合，技术手段通常是由技术特征来体现的。气味或者诸如声、光、电、磁、波等信号或能量不属于专利法所说的发明，但利用其性质解决技术问题的，则属于发明。[1]

2. 发明的种类

根据发明的定义，可以将它分为两类：产品发明和方法发明。

（1）产品发明

产品发明是指人工制造的具有一定性质的有形物体，如机械、仪器、物质等发明。未经人为加工，纯粹自然状态的东西不能作为产品发明，如天然煤炭、矿石等。产品发明被授予专利权后称为产品专利。产品专利只保护产

---

[1]　参见曲三强：《现代知识产权法概论》，北京大学出版社 2014 年版，第 53 页。

品本身，不保护该产品的制造方法。但是产品专利可以排斥他人用不同方法生产同样的产品。

（2）方法发明

方法发明是指把一种物品变为另一种物品或制造一种具有特性的产品的方法和手段。所说的方法可以是化学方法、机械方法、通讯方法及通过工艺规定的顺序来描述的方法。方法发明取得专利后，称为方法专利。我国1984年《专利法》对方法专利的保护只涉及其方法本身，不延及用该方法制造的产品。1992年修改的《专利法》把方法专利的保护延及用该专利方法直接获得的产品，即未经专利权人许可，他人不得使用其专利方法以及使用、许诺销售、销售、进口依照该专利方法直接获得的产品。

（二）实用新型

1.实用新型的概念

实用新型是指对产品的形状、构造或其结合所提出的适于实用的新的技术方案。实用新型仅指产品，并且其创造性比发明要低，因此实用新型俗称"小发明"。方法不能申请实用新型专利。

2.实用新型的特点

首先，实用新型必须是产品。实用新型保护的产品是经过工业制造的有确定形状、构造的实体，如机器、仪表、日用品或其他器具。这种产品可以是物品也可以是其中的一部分，只要这种物品能够在工业上使用。制造这种产品的工艺不能受实用新型专利保护。

其次，它必须是具有一定形状和构造的产品。产品的形状是指产品具有的可以从外部观察到的空间形状。没有固定形态的物质，像气体、液体、面粉、砂糖等都不视为具有形状。产品的构造是指产品的各个组成部分的安排、组织和相互关系。

3.实用新型与发明的区别

实用新型与发明的主要区别如下。

（1）实用新型创造性要求较低

我国《专利法》第二十二条第三款规定，发明要有"突出的实质性特点和显著的进步"，而实用新型只要求"有实质性特点和进步"。多数保护实用新型的国家或地区都有类似规定，一般都会降低对新颖性或创造性的要求。

（2）实用新型的保护范围较小

实用新型只适用于产品，不适用于工艺方法，而且它限于有确定构造的产品。对发明而言，保护范围更广，除专利法特别规定外，任何发明都可被授予专利权。

（3）实用新型的审批程序较简单

发明专利的授权要经过严格的实质审查，而实用新型只需初步审查符合要求即可授权，不必经过实质性审查，这极大地减少了实用新型专利授权的时间。其原因在于实用新型大多是一些较为简单的创新且容易替代的技术，其市场寿命不长，如通过实质审查后再授权，该技术可能已丧失竞争力或已无市场价值。

（三）外观设计

1.外观设计的概念

外观设计是指对产品的整体或者局部的形状、图案或者其结合以及色彩与形状、图案的结合所作出的富有美感并适于工业应用的新设计。实用新型和外观设计的概念中都提到了产品的形状，其不同在于实用新型所涉及的形状是从产品的技术效果和功能的角度出发的，而外观设计所涉及的形状是从产品美感的角度出发的。

2.外观设计的特点

第一，外观设计必须以物品为载体，与物品结合来应用。外观设计必须与物品有关，并与使用该外观设计的产品结为一体。

第二，外观设计是关于产品形状、图案、色彩或者其结合的设计。要求在外观上有一个具体的形状或者形态作为对象。

第三，外观设计具有一定的美感。外观设计专利的目的主要是促进商品外观的改进，既增加了产品的竞争力，又能丰富人们的生活，陶冶人们的性情。

第四，外观设计保护的是美术而非技术思想。外观设计专利条件更加着重于外观。外观设计强调外观的美感，而不管产生产品外型、图案或色彩的方法，或者这种外型、图案或色彩所具有的功能。

第五，外观设计须是能够在工业上应用的新设计。能够在工业上应用是指使用外观设计的产品能够通过工业大量地制造、生产，也包括通过手工业批量生产。这使得外观设计与艺术创作相区别。新设计要求该外观设计具有新颖性，即在现有设计中没有与之相同或相近的外观设计。

3.外观设计与实用新型的区别

外观设计是一个美学设计，它是技术和艺术、自然科学和美学创作与生产、制造等综合起来的一种新设计，因此外观设计专利保护范围在于产品外观形状、美感效果。实用新型专利保护范围则在于产品功能和技术效果。外观设计和实用新型都可能涉及产品的外部形状，但外观设计仅涉及产品的外部形状，涉及产品外部形状的图案、色彩或者它们的结合的设计。实用新型则不仅涉及产品的外形和外部结构，还可能涉及产品的内部形状和构造，具有一定的功能目的。可以说，外观设计是物的美化上的创作，实用新型是物的功能上的创作。当然，也有一部分产品设计既有美感效果又有技术效果，则应分析哪一种效果是主要的。如果两种效果不可分开，而技术效果只能通过特定造型才能体现出来，就不宜申请外观设计专利；如果产品外形设计具有明显美感效果，对产品形状、构造有较强的制约作用，而该产品外表具有明显外部效果的，则应申请外观设计专利。

二、专利权的主体

(一) 发明人与设计人

我国《专利法实施细则》第十三条规定，专利法所称发明人或者设计人，是指对发明创造的实质性特点作出创造性贡献的人。之所以对发明创造人有不同的称谓（发明人或者设计人），是根据专利的不同类型而进行的区分。对于发明专利，这类人被称为发明人；而对于实用新型专利和外观设计专利，则被称为设计人。在完成发明创造过程中，只负责组织工作的人、为物质技术条件的利用提供方便的人或者从事其他辅助工作的人，不是发明人或者设计人。

发明人或设计人只能是自然人，不能是法人或非法人机构。不能在专利的请求书的发明人一栏中填写"某公司""某单位"等。

发明人、设计人享有署名权、获得奖励权和获得报酬权。署名权属于人身权的一种，不能转让、继承，只能由发明人或设计人行使。发明人或设计人也可以请求专利主管部门不公布其姓名。

如果发明创造是由多人共同完成的，那么他们就互为共同发明人或设计人。判断共同发明人或共同设计人的标准是看其是否对发明创造作出了创造性的贡献。共同发明人或共同设计人的权利和义务是相同的，排名前后没有实质上的差别。

作为发明创造这一无形资产的创造者，发明人或设计人理应有权申请专利并获得专利权。但是，如果发明人或设计人的创造活动是为履行单位或其他组织的职务而完成的，则没有专利申请人资格。并非所有的发明人或设计人都可以作为申请人，仅非职务发明创造的发明人或设计人才能作为专利申请人。

(二) 专利申请人与专利权人

专利申请人是根据法律的规定，有专利申请资格的自然人、法人或非法人组织。专利权人是对专利主管部门依法授予专利权的发明创造享有独占权的自然人、法人或非法人组织。专利申请权人在专利申请、审查阶段等享有权利并承担义务，专利主管部门依法审批，将专利权授予申请人后，专利申请人即取得专利权人的法律地位。一般情况下，专利申请人和专利权人是相同的，专利权归属于专利申请人。同一个主体在专利申请阶段是专利申请人，在专利权授予后则成为专利权人。

但是，毕竟专利申请权与专利权是两个不同的概念，不能将专利申请人与专利权人完全等同。一项发明创造完成后，会原始地产生技术成果使用权、转让权、获得奖励权、专利申请权及相关的工程技术作品发表权等多项权利。其中专利申请权是解决专利申请阶段申请权的归属问题，即申请人的资格问题。而获得专利的权利则是要解决专利权授予阶段专利权的归属问题，即专利权人的资格问题。在某些情况下，享有、行使专利申请权并不意味着最终可以获得专利权。享有专利申请权并非是取得专利权的充分条件，取得专利权并非行使专利申请权的唯一结果。

(三) 职务发明创造专利权主体

职务发明创造是指为履行本单位的职务或者主要是利用本单位的物质技术条件所完成的发明创造。这里所称本单位，包含临时的工作单位。从单位的组织形式上讲，既包括法人单位，也包括非法人单位。《专利法》第六条规定，执行本单位的任务或者主要是利用本单位的物质技术条件所完成的发明创造为职务发明创造。职务发明创造的专利申请权属于该单位，专利权被授予后，该单位为专利权人。该单位可以依法处置其职务发明创造申请专利的权利和专利权，促进相关发明创造的实施和运用。《专利法实施细则》第十二条明确指出职务发明的范围：(1) 在本职工作中作出的发明创造；(2) 履行本单位交付的本职工作之外的任务所作出的发明创造；(3) 退休、调离原单位后或者劳动、人事关系终止后 1 年内作出的，与其在原单位承担的本职工作或者原单位分配的任务有关的发明创造。

主要是利用本单位的物质技术条件所完成的发明创造也属于职务发明创造。本单位的物质技术条件，是指本单位的资金、设备、零部件、原材料或者不对外公开的技术资料等。

《专利法》对职务发明创造的发明人或者设计人给予奖励、报酬和激励进行了规定。根据《专利法》第十五条的规定，被授予专利权的单位，无论其被授予专利权的发明创造有没有实施，有没有创造出经济效益，都应当给予发明人或者设计人以奖励。在发明创造专利实施以后，被授予专利权的单位还应根据该发明创造推广应用的范围和取得经济效益的大小，给予发明人或者设计人合理的报酬。这里所说的"经济效益"，既包括被授予专利权的单位自己实施专利所取得的经济效益，也包括许可他人实施或者转让专利权所取得的经济效益。国家鼓励被授予专利权的单位实行产权激励，采取股权、期权、分红等方式，使发明人或者设计人合理分享创新收益。但是否进行产权激励，采取什么方式激励，属于单位自主决定的事项。

📖 案例分析

1.支付宝的操作方法是否侵犯了日本电通公司的发明专利？

2007 年，日本电通公司应用股份有限公司在中国获得发明专利"管理交易和清算的方法，通知关于消费动向的信息的方法"（专利号：200310118825.5)，该专利涉及对互联网第三方支付操作模式的保护。2011 年上半年，日本电通以其上述专利被侵权为由，对支付宝（中国）网络技术有限公司（阿里巴巴淘宝网支付系统）和深圳市财付通科技有限公司（腾讯拍拍网支付系统）向北京市第一中级人民法院提起诉讼，并向第三方支付领域的其他6家公司发出侵权警告函。

支付宝等公司认为，网络上的结算专利大多涉及一种方法，而各国法律对方法专利的授权各有规定。已经达成共识的是，"抽象思想或智力活动的规则"无法受到专利保护，而财务结算、报表的排列等方法是典型的智力活动规则。日本电通主张权利的专利实质上是一项商业方法，不应被授予专利权。据此，支付宝向国家知识产权局专利复审委员会提出专利权无效宣告请求。经审理，2014年，专利复审委员会作出审查决定，宣告日本电通上述发明专利全部无效。

在本案中，涉及的是日本电通公司的专利客体是否属于法律规定的专利权的客体。我国《专利法》第二条规定："本法所称的发明创造是指发明、实用新型和外观设计。发明，是指对产品、方法或者其改进提出的新的技术方案。"故2007年日本电通公司应用股份有限公司在我国获得方法专利。但支付宝等公司认为，根据我国《专利法》第二十五条规定，智力活动的规则和方法不授予专利权。而日本电通公司所拥有的此项专利是一种商业方法，系典型的智力活动规则，不应授予专利权。故专利复审委员会经过审查，对日本电通的上述专利作出了无效宣告。

2. 从《我不是药神》中理解药品专利制度。

2018年大火的《我不是药神》这部电影在戳中人们泪点的同时，也让"药品专利"得到了最为密集的一次科普和讨论。高药价背后是高研发成本，"10年10亿美元甚至更高"让药品平价变得遥不可及。电影由真实案例"陆勇案"改编。2002年，陆勇被检查出患有慢性粒白血病。2014年7月，陆勇为了自己治病开始从印度购买相对便宜的仿制药格列卫，进而为其他病友进行代买，后被湖南省沅江检察院以"销售假药罪"起诉。2015年2月，沅江检察院作出了"不起诉"的决定，因其帮助其他病友代买仿制药的过程中并没有进行牟利，没有刑法意义上的"营利销售"。

专利药，是在药品领域的创造发明和创新技术，包括新开发的原料药材、制剂或配方、制备工艺或其改进手段，有着新颖性、创造性和实用性，因而申请专利权来得到国家的强有力保护。在我国实行的药品专利权保护，采用严苛的专利强制许可，在专利保护期限，任何厂商不得生产仿制药，否则就触犯法律。在专利药的专利保护期限届满后，非专利权人可以对仿制药进行生产和销售。

📋 问题与思考

1.同一专利的发明人与专利申请人是相同的吗？

【答案要点】简单来说，发明人就是作出发明的人，申请人就是申请专利的人，申请人和发明人可以非同一人。我国《专利法实施细则》第十三条规定，专利法所称发明人或者设计人，是指对发明创造的实质性特点作出创造性贡献的人。在完成发明创造过程中，只负责组织工作的人、为物质技术条件的利用提供方便的人或者从事其他辅助工作的人，不是发明人或者设计人。专利申请人，是就一项发明创造向专利局申请专利的人。一般情况下，同一专利的发明人与专利申请人为同一人。但在以下几种情况下，专利申请人则为发明人、设计人以外的其他人：（1）我国《专利法》第十条规定专利申请权可以转让，发明人转让了其专利申请权的；（2）发明创造的继承人通过继承取得发明创造的专利申请权的；（3）法律直接将专利申请权赋予发明人、设计人以外的其他人的，如职务发明创造的申请人为发明人、设计人所在的单位。

2.如何区别职务发明与非职务发明？

【答案要点】我国《专利法》第六条规定："执行本单位的任务或者主要是利用本单位的物质技术条件所完成的发明创造为职务发明创造。"执行本单位任务所完成的发明创造是指：（1）在本职工作中作出的发明创造；（2）

履行本单位交付的本职工作之外的任务所作出的发明创造；（3）退职、退休或者调动工作 1 年内作出的与其在原单位承担的本职工作或者原单位分配的任务有关的发明创造。

🔲 课程思政

阅读材料：国家知识产权局：国内发明专利授权 36.1 万件，职务发明占 95.4% [①]

2020 年 1 月 14 日，国家知识产权局就 2019 年主要工作统计数据及有关情况举行新闻发布会。国家知识产权局办公室主任、新闻发言人胡文辉介绍，2019 年我国发明专利申请量为 140.1 万件，共授权发明专利 45.3 万件。其中，国内发明专利授权 36.1 万件。在国内发明专利授权中，职务发明为 34.4 万件，占 95.4%。

另据介绍，2019 年，我国发明专利授权量排名前 3 位的国内（不含港澳台）企业依次为华为技术有限公司（4510 件）、中国石油化工股份有限公司（2883 件）和 OPPO 广东移动通信有限公司（2614 件）。

胡文辉表示，最新数据显示，我国规模以上工业企业中有专利申请的企业比重达 22.3%，2019 年国内发明专利申请中企业比重达到 65.0%，较上年提高 0.6 个百分点；市场主体平均有效商标拥有量稳步提升。"这些都充分表明知识产权创造与市场更加贴合，知识产权政策有效地激发了市场主体活力，并释放了创新创业的内生动力。"

---

① 参见《国家知识产权局：国内发明专利授权 36.1 万件　职务发明占 95.4%》，2020 年 1 月 14 日，中国经济网，http://www.ce.cn/cysc/newmain/yc/jsxw/202001/14/t20200114_34122666.shtml。

第三节　专利权授予条件

☑ 关键术语

专利权授予条件；不授予专利权客体

📄 基础知识

一、发明专利和实用新型专利的授予条件

《专利法》第二十二条规定："授予专利权的发明和实用新型，应当具备新颖性、创造性和实用性。"

（一）新颖性

发明和实用新型想要获得专利的保护，首先就要具有新颖性。一项发明创造之所以能取得专利权，首先因为它是一种新的技术方案。只有对全新出现的发明创造授予专利权，给予保护，才符合专利法保护和促进发明创造的立法目的。可以说，新颖性是发明创造获得专利权最基本的条件，各个国家和地区的专利法对此都作了规定。

新颖性是一个法律上的概念，它是指发明创造应当具有前所未有的技术特征。它是一个不以专利申请人的意志为转移的客观事实。各国的专利法中都规定了新颖性的标准，一般规定为，如果某项技术在"现有技术"中没有出现过，那么它就具有新颖性。世界知识产权组织（WIPO）制定的《发展中国家发明示范法》规定："如果一项发明没有现有技术与之相同，该发明就是新的。所谓现有技术，又称为已知技术、先行技术，指已被人们所得到的技术，即已公开的技术。"

《专利法》第二十二条第二款规定："新颖性，是指该发明或者实用新型

不属于现有技术；也没有任何单位或者个人就同样的发明或者实用新型在申请日以前向国务院专利行政部门提出过申请，并记载在申请日以后公布的专利申请文件或者公告的专利文件中。"该法第二十二条第五款将"现有技术"解释为申请日以前在国内外为公众所知的技术。

（二）创造性

发明专利与实用新型专利相比，其区别就在于发明专利的创造性程度更高，因此专利法对发明和实用新型的创造性作了不同的规定。《专利法》第二十二条第三款规定，"与现有技术相比，发明应具有突出的实质性特点和显著的进步，实用新型应具有实质性特点和进步"。二者的区别就在于"实质性特点"是否突出以及"进步"是否显著。

"突出的实质性特点"是指与现有技术相比发明应具有实质性的区别，对于其所属技术领域的普通技术人员来说不是显而易见的，不能从现有技术中直接得出构成该发明全部的必要技术特征，也不能够通过对现有技术进行分析、推理或者试验而得到。"显著的进步"则是指与现有技术相比发明应具有明显的进步，这是从该发明的实施效果上来比较的。它主要表现为该发明解决了人们一直渴望解决但始终没有攻克的技术难题，或者说该发明提出了一种新的研究方法。

与发明专利相比，对于实用新型专利的创造性标准要低，只要与现有技术相比有所改变并具有一定程度进步，就可认为具备创造性，即实用新型专利只需具备实质性的特点。

（三）实用性

实用性，是指该发明或者实用新型在工业生产中能够被使用、生产或制造，并产生一定的积极效果，也被称为工业实用性或产业实用性，是发明和实用新型专利的技术属性。只有能够应用并解决技术问题的发明或者实用新型才能被授予专利权。如果申请专利的是一种产品，那么该产品必须能够在产业中被批量制造，并且能够解决相应的技术问题；如果申请专利的是一种方法（仅限于发明），那么该方法必须能够在产业中被应用，并且能够解决技术问题。只有满足上述条件的产品或者方法专利申请才可能被授予专利权。所谓产业，包括工农业、文化、医疗、体育等各种行业。

在产业上能够制造或者使用的技术方案，是指符合自然规律、具有技术特征的任何可以实施的技术方案。这些方案并不意味着一定要使用机器设备或造出特定的产品，还包括例如去除雾霾的方法或者能量转化的方法。

发明和实用新型专利能够产生积极的效果，是指在专利申请提出之日，其产生的经济、技术和社会的效果是所属技术领域的技术人员能够预见到的，并且这些效果应当是积极的和有益的。

二、外观设计专利的授予条件

专利法意义上的外观设计，是指对产品整体或者局部的形状、图案或者其结合以及色彩与形状、图案的结合作出的富有美感并适于工业应用的新设计。外观设计授予专利权的条件不同于发明和实用新型，《专利法》第二十三条第一款规定："授予专利权的外观设计，应当不属于现有设计；也没有任何单位或者个人就同样的外观设计在申请日之前向国务院专利行政部门提出过申请，并记载在申请日以后公告的专利文件中。"其权利授予要求可以总结为以下三点。

（一）新颖性

授予专利权的外观设计，应当不属于现有设计，也没有任何单位或者个人就同样的外观设计在申请日之前向国务院专利行政部门提出过申请并记载在申请日以后公告的专利文件中。这里所说的现有设计，是指申请日以前在国内外为公众所知的设计。

在外观设计新颖性的判断中，应考虑优先权的有关规定。《专利法》第二十九条规定："申请人自发明或者实用新型在外国第一次提出专利申请之日起十二个月内，或者自外观设计在外国第一次提出专利申请之日起六个月内，又在中国就相同主题提出专利申请的，依照该外国同中国签订的协议或者共同参加的国际条约，或者依照相互承认优先权的原则，可以享有优先权。申请人自发明或者实用新型在中国第一次提出专利申请之日起十二个月内，或者自外观设计在中国第一次提出专利申请之日起六个月内，又向国务院专利行政部门就相同主题提出专利申请的，可以享有优先权。"

（二）显著性

外观设计的专利授权条件，除了新颖性的标准外，《专利法》还引进了与注册商标相似的"显著性"标准。《专利法》第二十三条第二款规定："授予专利权的外观设计与现有设计或者现有设计特征的组合相比，应当具有明显区别。"这一规定提高了外观设计专利授权的要求，在某种程度上被认为是明确了"显著性"标准。

外观设计创新在提高企业产品的附加值的同时，也通过独特、新颖的造型燃起了消费者的购买欲望。从某种意义上说，企业通过产品设计创新获得市场优势的能力并不弱于技术创新，因为就获得市场优势来说，技术创新和产品设计创新都是为了争取到更多的消费者。对于外观设计的定位，国内企业长时间局限于工艺美术或作为工程技术的装饰，没有上升到为产品增添美感的销售效应上。

（三）不得与他人在先权利相冲突

不得与他人在先权利相冲突，是指申请专利权的外观设计不得与他人在申请日之前已经合法取得的权利相冲突。这里所讲的"合法取得的权利"是指依照我国法律享有并在专利申请之日仍在保护期的权利，这里的权利不局限于外观设计专利，包括商标权、著作权、企业名称权、肖像权、知名商品特有包装或者装潢使用权等。[①] 与他人权利相冲突是指未经他人许可，在外观设计中使用了他人的权利客体，从而导致专利权的实施损害他人的在先合法权利。

三、不授予专利权的客体

（一）违反法律、社会公德或者妨碍公共利益的发明创造

我国《专利法》基于我国的社会性质和国情，对不授予专利权的客体作了明确的规定。《专利法》第五条第一款规定："对违反法律、社会公德或者妨害社会公共利益的发明创造，不授予专利权。"违反法律、社会公德或者妨碍公共利益在法律上被称为有害"公共秩序"。世界上实行专利制度的国家和地区，几乎全都对有害于公共秩序的发明作出了专利权保护的例外规定。例如，波兰《专利法》第12条规定，其利用与现行法律或社会秩序相违背的发明不授予专利权。瑞典《专利法》第1条规定，其利用与道德或公共秩序相抵触的发明不授予专利权。另外，印度1970年《专利法》第3条、巴西1971年《工业产权法》第9条也都有类似规定。其原因在于这些发明创造不能促进社会的进步，甚至可能对社会安全造成重大威胁，违反了专利法的立法宗旨。

1. 违反法律的发明创造

这里的法律是指由全国人大或者全国人大常委会制定的法律，不包括行政法规和规章。这种发明创造直接破坏社会法律秩序，与法治社会的思想背道而驰，例如吸毒工具、赌博工具、炸弹、枪支、盗窃工具等，都是法律所禁止的发明，不能被纳入专利法的保护范围。另外，某些发明创造本身并不违法，但是当其技术特征决定了它也能成为犯罪的手段时，就应

---

① 参见曲三强：《现代知识产权法概论》，北京大学出版社2014年版，第59页。

根据具体情况进行分析，如硝酸钾是重要的化工原料，但是也能成为制造炸药的原料。

2.违反社会公德的发明创造

社会公德是社会公众普遍接受认可的伦理道德观念和行为准则，可以通俗地理解为社会公众普遍认为是正确的并被广泛接受的观念和准则。社会公德不是一成不变的，它的内涵以特定的社会文化背景为基础，随着时间的推移和社会的进步而变化，而且地域之间也存在差异。我国《专利法》中所称的社会公德仅限于中国境内。

3.妨碍公共利益的发明创造

妨碍公共利益是指发明创造的实施或使用会给社会公众造成危害，或者会影响国家和社会的正常秩序。这类发明创造不能促进社会的进步，弊大于利，甚至百害而无一利。例如，某种废旧电路板焚烧装置的发明，将造成环境的严重污染；鉴别胎儿性别的仪器的发明，会影响社会人口性别比例，从而影响社会稳定，这些发明都不能授予专利权。

（二）违反法律、行政法规的规定获取或者利用遗传资源并依赖该遗传资源完成的发明创造

遗传资源，是指取自人、动物、植物或微生物的含有遗传功能单位并具有实际或者潜在价值的材料；发明创造的完成依赖于遗传资源，是指发明创造的完成利用了遗传资源自身的遗传功能。

国际上与遗传资源保护相关的公约是《生物多样性公约》，该公约于1992 年 5 月 22 日在内罗毕讨论通过，中国已加入该公约。该公约第一次对生物多样性进行了全面阐述，第一次将遗传多样性保护纳入国际条约，该公约抛弃了"遗传资源是人类的共同财富"的提法，明确各国对其自然资源的遗传资源主权，平衡了遗传资源提供国和获取国之间的利益，最终获得了多数国家的认同。

与上述《公约》相配套,《专利法》第五条第二款规定:"对违反法律、行政法规的规定获取或者利用遗传资源,并依赖该遗传资源完成的发明创造,不授予专利权。"第二十六条第五款规定:"依赖遗传资源完成的发明创造,申请人应当在专利申请文件中说明该遗传资源的直接来源和原始来源;申请人无法说明原始来源的,应当陈述理由。"

(三) 非发明创造成果

1.科学发现

科学发现是指对自然界中客观存在的未知物质、现象、变化过程及其特性和规律的揭示。虽然这也是一种智力劳动成果,但它是人们对物质世界的认知,不具有技术性,并没有对客观世界的改造提出新的技术方案。例如,新星体的发现,物理、化学定理的发现等。

2.智力活动的规则和方法

智力活动的规则和方法是人的大脑进行精神活动的规则和方法,没有利用自然规律,更没有提出技术解决方案。例如,乘法表、游戏攻略、企业管理方法、比赛规则、元素周期表等都不能获得专利权。但是,进行这类智力活动的新的设备、工具,如果符合专利条件,是可以获得专利权的。计算机程序是一种为了得到某种结果而由计算机执行的代码,它所体现的是一种智力活动的规则,因而纯粹的计算机软件属于智力活动不能授予专利权。但是,如果把计算机程序输入计算机,将其软件和硬件结合运行之后,形成新的技术方案,能够实现某种技术目的,达到某种技术效果,就可以授予专利权。

3.疾病的诊断和治疗方法

疾病的诊断和治疗方法是以有生命的人体或动物作为直接实施对象进行识别、确定或治疗疾病的方法,不能在工业上进行制造或使用,不具备专利法所说的实用性条件。如西医的手术方法,中医的望闻问切、推拿和针灸等方法都不属于专利法所说的发明创造,但是诊断和治疗疾病的医疗器械可以申请专利。

(四) 属于发明创造, 但不予专利保护

1.动物和植物品种

我国对于动物和植物新品种不授予专利权, 但对于动物和植物品种的生产方法, 可以授予专利权。这里所说的生产方法是指非生物学的方法, 不包括生产动物和植物主要是生物学的方法。一种方法是否属于"主要是生物学的方法", 取决于在该方法中人的技术介入程度。如果人的技术介入对该方法所要达到的目的或者效果起了主要的控制作用或者决定性作用, 则这种方法不属于"主要是生物学的方法"。

2.原子核变换方法以及用原子核变换方法获得的物质

原子核变换方法以及用原子核变换方法所获得的物质, 主要是指使用粒子加速器、反应堆以及其他装置生产、制造的各种放射性同位素。对这类物质包括我国在内的世界各国专利法一般都不给予保护。理由主要有以下两点: 一是如果变换原子核方法缺乏安全生产手段, 会给社会公共利益带来危害, 而且也不具备专利法所要求的实用性; 二是核物质可能用于制造核武器, 危及社会安全, 不宜给予专利保护。但是, 为实现核变换方法的粒子加速方法、各种仪器设备及其零部件等, 可以被授予专利权。

3.平面印刷品的图案、色彩或者二者的结合作出的主要起标识作用的设计

近些年来, 我国外观设计专利申请和授权数量增长迅速, 其中有很多仅涉及主要起标识作用的图案设计, 属于对平面印刷品的图案、色彩或者二者的结合作出的主要起标识作用的设计。这类设计具有一定程度的新颖性和显著性, 但与外观设计专利保护的本质不够协调, 需要通过修改立法来引导外观设计的创造者重视对产品本身外观的创新活动。另外, 现实中上述现象引发了另一个法律问题, 即将起标识作用的图案设计申请专利, 容易使外观设计专利权与他人的注册商标权、著作权相冲突。基于这些考虑,《专利法》

将平面印刷的图案、色彩或者二者的结合作出的主要起识别作用的设计排除在了专利法保护范围之外。

📖 案例分析

1.专利新颖性的判断标准有哪些?

第三人曾就湖南新汇制药有限公司所享有的"治疗乙肝的中药及其制备方法"的发明专利向专利复审委员会提起专利无效审查,专利复审委员会审查后认为该专利在专利申请日前六个月内已经刊发在国家药品监督管理局编印的药品标准汇编本上,丧失新颖性,遂作出专利无效宣告。新汇公司向北京市一中院提起诉讼,北京市一中院作出专利无效判决,新汇公司不服该判决,上诉至北京市高院。上诉理由为:原审判决对证据是否构成公开出版物或申请日前的公开出版物认定错误,新汇公司向原审法院提交的证据应被采纳,原审法院未审理新汇公司在诉讼中提出的不丧失新颖性的理由属于适用法律错误。北京市高院审查后撤销北京市一中院判决及专利复审委员会的15154号无效宣告请求审查决定。

【答案要点】专利法规定了新颖性的例外,对丧失新颖性的判断有极其重要的作用。《专利法》第二十四条规定:"申请专利的发明创造在申请日以前六个月内,有下列情形之一的,不丧失新颖性:(一)在国家出现紧急状态或者非常情况时,为公共利益目的首次公开的;(二)在中国政府主办或者承认的国际展览会上首次展出的;(三)在规定的学术会议或者技术会议上首次发表的;(四)他人未经申请人同意而泄露其内容的。"

2.交通行车规则为什么不能获得专利?

孙某提出了一项名为"可以提高安全性和效率的交通管制系统"的发明专利申请,其独立权利要求为:"一种可以提高安全性和效率的交通管制系统,由信号转换程序和相应的设施、交通规则组成,其特征是:该产品采用了新的灯信号转换程序软件以及相应的灯信号产生和转换控制装置,并有改进后的相关规定和新增的交通标志与其配套。"该系统包含信号转换程序和相应的设施、交通规则、交通标志、灯信号转换程序、灯信号产生和转换装置、相关规定、新增加的交通标志、三色四种灯以及三色多种灯等内容。专利局、专利复审委员会和法院均认为申请人要求保护的方案不属于专利法所规定的技术方案，驳回了当事人的专利申请。

在本案中，申请人要求保护的系统尽管包含了各种软硬件设施，但是该系统的本质是设定一种新的交通规则，其所涉及的是人类的社会活动的规律，没有针对技术问题，也没有利用自然规律并取得技术效果。

问题与思考

1.如何理解专利的实用性?

【答案要点】专利的实用性应从可实施性、可再现性、有益性三个方面分析，即能否在工业上制造或使用、技术方案能否重复制造和重复使用、能否产生积极的社会效果。

2.如何理解专利制度中的现有技术?

【答案要点】现有技术应当在申请日之前处于能够为公众获得状态，并含有能够使公众从中得知实质性技术知识的内容。处于保密状态的技术内容不属于现有技术。

课程思政

凝心聚力建强国　笃行不息向未来——写在《知识产权强国建设纲要（2021—2035 年)》发布一年之际①

踔厉奋发启新程，笃行不息向未来。《知识产权强国建设纲要（2021—

---

① 参见知识产权报:《凝心聚力建强国　笃行不息向未来——写在〈知识产权强国建设纲要（2021—2035 年)〉发布一年之际》，2022 年 9 月 23 日，https://www.cnipa.gov.cn/art/2022/9/23/art_53_178956.html。

2035 年)》（以下简称《纲要》）发布一年来，相关监测结果显示，《纲要》各项任务全面启动、有序推进，整体实施情况符合预期、进展良好。

知识产权乘风破浪，离不开思想灯塔定向领航。建设中国特色、世界水平的知识产权强国，是以习近平同志为核心的党中央作出的重大部署，是做好新时代知识产权工作的总抓手。党的十八大以来，在以习近平同志为核心的党中央坚强领导下，我国知识产权事业发展取得历史性成就，走出了一条中国特色知识产权发展之路，有力支撑了创新型国家建设和全面建成小康社会目标的实现。一年来的各项进展充分表明，随着《纲要》确定的各项目标任务逐步从"设计图"转为"施工图"，知识产权强国建设实现良好开局。

建设知识产权强国是开启全面建设社会主义现代化国家新征程，推进国家治理体系和治理能力现代化，推动构建新发展格局、实现高质量发展的必然要求。到 2025 年，知识产权强国建设取得明显成效，知识产权保护更加严格，社会满意度达到并保持较高水平，知识产权市场价值进一步凸显，品牌竞争力大幅提升。到 2035 年，我国知识产权综合竞争力跻身世界前列，中国特色、世界水平的知识产权强国基本建成……《纲要》明确提出分阶段发展目标，对在新发展阶段不断推进知识产权强国建设具有重大意义。各地区各部门对标对表，压实责任、狠抓落实，把知识产权强国建设放在党和国家事业发展全局中统筹谋划，有效地确保了党中央、国务院关于知识产权强国建设的决策部署落到实处。

第四节　专利权内容与限制

☑ 关键术语

专利权内容；专利权限制

📑 **基础知识**

一、专利权内容

专利权的内容是指专利权人根据专利法所享有的各项权利。《专利法》第十一条规定："发明和实用新型被授予后，除本法另有规定的以外，任何单位或个人未经专利权人许可，都不得实施其专利，即不得为生产经营的目的制造、使用、许诺销售、销售、进口其专利产品，或者使用其专利方法以及使用、许诺销售、销售、进口依照该专利方法直接获得的产品；外观设计专利权被授予后，任何单位或者个人未经专利权人许可，都不得实施其专利，即不得为生产经营目的制造、许诺销售、销售、进口其外观设计专利产品。"根据专利法的相关规定，专利权包括如下内容。

（一）制造权

专利权人拥有自己生产制造专利文件中记载的专利产品的权利。他人只要未经专利权人许可而生产制造与专利产品相同的产品即构成侵权，不论其是否使用相同的设备或方法，也不管其是否进行大规模生产。对于制造类似的产品，如果其技术特征落入权利要求书中划定的保护范围，即使产品不完全一样，也有可能构成侵权。

（二）使用权

使用权包括对专利产品的使用权和专利方法的使用权。非经专利权人许可，任何人不得使用其专利产品或专利方法。但是，使用权有两种例外，第一种是权利人自己制造或许可他人制造的产品，这种产品一经售出即丧失使用权，也就是"权利用尽"；第二种是善意使用，即不知道是未经许可制造的专利产品，且其使用并非为生产经营目的的，不属于侵犯专利权人的使用权。

（三）许诺销售权

许诺销售是指为销售这些产品，以做广告、在商店橱窗中陈列或者在展销会上展出等方式作出的销售商品的意思表示。我国《专利法》根据《与贸易有关的知识产权协定》（TRIPs 协定）第二十八条第一款的规定作出补充修改，赋予了发明专利和实用新型专利的权利人独占的许诺销售权。

（四）销售权

销售是指售卖专利产品的行为，它与一般意义上的买卖一样，是将产品的所有权按市场价格转移给另一个单位或个人。专利法上的销售包括专利权人自己销售和许可他人销售，但是不管哪种销售，专利法都只保护其第一次销售的行为。产品一旦售出，则销售权用尽，专利权人不得再干涉商品的后续流通。

（五）进口权

进口权是指专利权人享有的自己进口，或者禁止他人未经允许为生产经营目的进口由该专利技术构成的产品或进口包含该专利技术的产品或进口由专利方法直接生产的产品的权利。

（六）禁止未经许可的实施

发明和实用新型专利权被授予后，除《专利法》另有规定的以外，任何单位或者个人未经专利权人许可，都不得实施其专利，即不得为生产经营目的制造、使用、许诺销售、销售、进口其专利产品。

方法发明专利权被授予后，除《专利法》另有规定的以外，任何单位或者个人未经专利权人许可，都不得实施其专利，即不得为生产经营目的使用其专利方法以及使用、许诺销售、销售、进口依照该专利方法直接获得的产品。外观设计专利权被授予后，任何单位或者个人未经专利权人许可，都不得实施其专利，即不得为生产经营目的制造、许诺销售、销售、进口其外观设计专利产品。

（七）许可实施

任何单位或者个人实施他人专利的，应当与专利权人订立实施许可合同，向专利权人支付专利使用费。被许可人无权允许合同规定以外的其他单位或者个人实施该专利。

（八）转让

专利申请权和专利权可以转让。中国单位或者个人向外国人、外国企业或者外国其他组织转让专利申请权或者专利权的，应当依照有关法律、行政法规的规定办理手续。转让专利申请权或者专利权的，当事人应当订立书面合同，并向国务院专利行政部门登记，由国务院专利行政部门予以公告。专利申请权或者专利权的转让自登记之日起生效。

（九）标记权

专利权人有权在其专利产品或者该产品的包装上标明专利标识。

二、专利权限制

（一）专利实施的特别许可

专利是知识产权的重要内容，从国际层面上看，专利是各国大中小企业提升核心竞争力、构筑技术壁垒、参与国际竞争的战略性资源。从国内层面来看，专利是促进我国技术创新、加速经济发展方式转变、推动建设创新型国家和经济可持续发展的有力支撑。提供有效便捷的专利服务，是促进专利有效实施的重要措施，也是转变政府职能、建设服务型政府的客观要求。

因此，《专利法》（2020 年）新增了第四十八条，要求国务院专利行政部门、地方人民政府管理专利工作的部门，与本级有关部门共同采取措施，加强专利领域的公共服务，以实现促进专利实施和运用的目的。这是对专利行政机关提出的原则性要求。

1. 指定许可

指定许可，是我国专利法中的一个特有的制度，具有鲜明的中国特色。《专利法》第四十九条规定："国有企业事业单位的发明专利，对国家利益或者公共利益具有重大意义的，国务院有关主管部门和省、自治区、直辖市人民政府报经国务院批准，可以决定在批准的范围内推广应用，允许指定的单位实施，由实施单位按照国家规定向专利权人支付使用费。"本条关于专利实施的"指定许可"的规定，包含以下几层意思。

（1）指定许可的客体

指定许可专利的客体只限于发明专利，不包括实用新型专利和外观设计专利。发明专利是专利法所保护的三种发明创造客体中技术进步意义最大、技术难度最大的，往往也是社会价值、经济价值最大的。与实用新型专利和外观设计专利相比，通常只有发明专利可能会对国家利益或公共利益产生较大影响，具有重大意义，因而有必要通过指定许可来推广实施。同时，专利制度尊重专利权人的专有权，而指定许可是对专有权的法定限制，除非确有必要，尽量不采用这种方式。

（2）指定许可的专利权人和实施主体

指定许可专利权人，只限于国有企业事业单位。国家对国有企业的资本享有所有权或者控制权，国有企业的行为在一定程度上体现政府的意志和利益。事业单位是政府以国有资产设立的从事教育、科技、文化、卫生等活动的社会服务机构，接受政府的领导。指定许可的专利权人限定在国有企业、事业单位，目的主要是兼顾国家利益、社会公共利益和鼓励发明创新、保护专利权人最大限度享有专利权。

指定许可的实施主体是国务院有关主管部门和省、自治区、直辖市人民政府指定的单位，不包括个人。这样规定的主要考虑是，依照本条规定需要推广应用的发明是"对国家利益或者公共利益具有重大意义"的发明，推广应用的结果应当对维护国家利益或者公共利益产生显著作用，这些都是个人实施所难以达到的。

（3）指定许可的条件

对国有企业事业单位发明专利的指定许可，是对国有企业事业单位作为专利权人应当享有的自愿许可权利的一种例外。因此，这种指定许可必须具有明确的合理性，考虑作为专利权人的国有企业、事业单位的自身利益，并且必须履行严格的法定程序。

被指定的实施单位享有的专利实施权不是无偿取得的，必须按照国家规定向专利权人支付相应的使用费。这表明，即使在本条规定的情形下由国务院批准决定对发明专利予以推广应用，也不能无视专利权人的权益，这符合专利制度创设的目的，也符合 TRIPs 协定的有关要求。

2. 开放许可

专利开放许可制度为英国、德国、俄罗斯和巴西等国家所采用，在英德两国具有较好的制度效果。发明创造成果供需双方信息不对称，是专利转化率低的一个重要原因。在实践中，我国专利的转化运用存在两方面的问题：一是专利转化实施率不高，特别是高校和科研院所专利"沉睡"与"流失"现象并存。二是专利市场供需信息不对称，企业引进专利技术成本高。《专利法》（2020 年）专门增加了关于专利开放许可制度的规定。

（1）开放许可制度

①专利开放许可。又称为专利当然许可，一般是指专利权人自愿向国家专利行政部门提出开放许可申请并经批准后，由国家专利行政部门进行公告，在专利开放许可期内，任何人均可在支付相应的许可使用费后，按照该开放许可的条件实施专利，专利权人不得以其他任何理由拒绝许可。

专利开放许可制度有利于专利的实施和运用。专利开放许可制度的运行将使许可所需的搜索和信息成本、谈判和决策成本显著降低，从而提升许可达成的效率。

同时，专利开放许可制度由专利权人自行提出，而非他人申请或者由专利行政部门强制。

②开放许可的申请和撤回程序。许多国家都对专利开放许可的申请和撤回制度作了规定。我国《专利法》第五十条规定："专利权人自愿以书面方式向国务院专利行政部门声明愿意许可任何单位或者个人实施其专利，并明确许可使用费支付方式、标准的，由国务院专利行政部门予以公告，实行开放许可。就实用新型、外观设计专利提出开放许可声明的，应当提供专利权评价报告。专利权人撤回开放许可声明的，应当以书面方式提出，并由国务院专利行政部门予以公告。开放许可声明被公告撤回的，不影响在先给予的开放许可的效力。"

其中第一款对专利权人申请开放许可的程序作了原则性规定。首先，开放许可由专利权人自愿作出；其次，专利权人需要以书面方式向国务院专利行政部门提出声明，表明愿意许可任何单位或者个人实施其专利，同时明确专利使用费的支付方式和标准；最后，国务院专利行政部门根据专利权人提出的声明，公告该专利实行开放许可。如果是对实用新型专利、外观设计专利提出开放许可声明，专利权人在申请时还需要提供专利权评价报告，以免由于专利效率不稳定而影响被许可人的利益。第二款对开放许可的撤回程序作了规定。开放许可制度充分尊重专利权人的意愿，如果专利权人因为某些原因，希望撤回开放许可声明，则需要以书面方式向国务院专利行政部门提出，国务院专利行政部门依专利权人的申请予以公告。

（2）专利开放许可的获得方式及年费优惠

各国的开放专利制度，均对专利获得方式、专利年费减免作出规定。我国《专利法》也对开放许可制度进行了较为全面的规定。

①专利开放许可的获得方式。各国专利法对于获得开放许可的方式的规定大同小异，根据我国《专利法》第五十一条第一款的规定，如果任何单位或者个人有意愿实施某项开放许可的专利，那么，需要以书面方式通知该专利权人，同时需要依照公告的许可使用费支付方式、标准支付许可使用费，即可获得专利实施许可。

②专利开放许可的年费优惠。根据《专利法》第五十一条第二款的规定，开放许可实施期间，专利权人享受相应的专利年费减免。首先，开放许可专利的年费优惠是各国通行做法。其次，开放许可专利的年费优惠能够减轻企业负担，释放专利活力。最后，开放许可专利的年费优惠强调"开放许可实施期间"。考虑到专利开放许可制度属于新设制度，法律对年费减免问题只作了原则性规定，年费减免的具体内容、方式等可由国务院及其相关部门在具体制度实施中根据具体情况作出详细规定。

③专利权人也可以实施普通许可。实施开放许可，并没有限制专利权人通过其他方式给予专利普通许可的权利。《专利法》第五十一条第三款规定，实行开放许可的专利权人，也可以在开放许可之外，与被许可人就许可使用费进行协商后给予专利许可。但考虑到开放许可的存在，这种许可只能是普通许可，不能给予独占或者排他许可。

（3）开放许可的纠纷解决方式

根据《专利法》第五十二条规定，实施专利开放许可发生纠纷的，当事人有三种解决方式：一是当事人之间协商解决，这是纠纷解决最简单有效的方式，解决的方案是双方协商的结果，双方遵守的意愿高，纠纷解决的速度快、成本低。二是请求国务院专利行政部门进行调解，即通过行政救济途径解决纠纷，这种方式的优势在于有行政机关的参与，而且专利行政部门具备的专业和行业背景，能增强当事人对其纠纷处理方式的尊重，具有一定的权威性。同时，与司法途径相比，效率更高、纠纷解决的速度更快、成本也更低。三是直接向人民法院起诉，即通过司法救济途径解决纠纷。司法是社会公平正义的最后一道防线，司法保护也是专利保护的最终救济途径。这种纠纷解决方式的优势在于具有强制执行力，具有终局性，但司法程序比较严格，举证责任相对较重，纠纷解决耗时长、成本高。

3.强制许可

专利实施的强制许可是指国务院专利行政部门按照专利法规定，不经专利权人同意，直接允许其他单位或个人实施其发明创造的一种许可方式，又称非自愿许可。

（1）强制许可的种类

①不实施或未充分实施导致的强制许可。专利权人自专利权被授予之日起满 3 年，且自提出专利申请之日起满 4 年，无正当理由未实施或未充分实施其专利，国务院专利行政部门根据具备实施条件的单位或者个人的申请，可以给予实施该专利的强制许可。未充分实施其专利，是指专利权人及其被许可人实施其专利的方式或者规模不能满足国内对专利产品或者专利方法的需求。

②实施垄断导致的强制许可。专利权人行使专利权的行为被依法认定为垄断行为，为消除或者减少该行为对竞争产生的不利影响，国务院专利行政部门可以给予强制许可。

③为实现公共利益的强制许可。在国家出现紧急状态或者非常情况时，或者为了公共利益的目的，国务院专利行政部门可以给予实施发明专利或者实用新型专利的强制许可。

④基于公共健康的强制许可。《专利法》第五十五条规定："为了公共健康目的，对取得专利权的药品，国务院专利行政部门可以给予制造并将其出口到符合中华人民共和国参加的有关国际条约规定的国家或者地区的强制许可。"取得专利权的药品，是指为解决公共健康问题所需要的任何专利产品或者依照专利方法直接获得的产品。

⑤基础性专利的强制许可。一项取得专利权的发明或者实用新型比之前

已经取得专利权的发明或者实用新型具有显著经济意义的重大技术进步，其实施又有赖于前一发明或者实用新型的实施的，国务院专利行政部门根据后一专利权人的申请，可以给予实施前一发明或者实用新型的强制许可。在依照前述规定给予实施强制许可的情形下，国务院专利行政部门根据前一专利权人的申请，也可以给予实施后一发明或者实用新型的强制许可。

（2）强制许可的特征

①非独占性。取得实施强制许可的单位或者个人不享有独占的实施权，并且无权允许他人实施。

②有偿性。取得实施强制许可的单位或者个人应当付给专利权人合理的使用费，或者依照中国参加的有关国际条约的规定处理使用费问题。付给使用费的，其数额由双方协商；双方不能达成协议的，由国务院专利行政部门裁决。

③可诉性。专利权人对国务院专利行政部门关于实施强制许可的决定不服的，专利权人和取得实施强制许可的单位或者个人对国务院专利行政部门关于实施强制许可的使用费的裁决不服的，可以自收到通知之日起 3 个月内向人民法院起诉。

④强制许可应当主要为了供应国内市场，但垄断导致的强制许可和基于公共健康导致的专利权强制许可除外。

（二）不视为侵犯专利权的情形

1.权利用尽

专利产品或者依照专利方法直接获得的产品，由专利权人或者经其许可的单位、个人售出后，使用、许诺销售、销售、进口该产品的。

2.先用权

在专利申请日前已经制造相同产品、使用相同方法或者已经做好制造、使用的必要准备，并且仅在原有范围内继续制造、使用的。

3.临时过境

临时通过中国领陆、领水、领空的外国运输工具，依照其所属国同中国签订的协议或者共同参加的国际条约，或者依照互惠原则，为运输工具自身需要而在其装置和设备中使用有关专利的。

4.科学研究和实验而使用有关专利的

以研究为目的，在科学研究和实验过程中未经他人许可使用他人专利的。

5.为提供行政审批所需要的信息

为提供行政审批所需要的信息，制造、使用、进口专利药品或者专利医疗器械的，以及专门为其制造、进口专利药品或者专利医疗器械的。

（三）强制推广应用

国有企业、事业单位的发明专利，对国家利益或者公共利益具有重大意义的，国务院有关主管部门和省、自治区、直辖市人民政府报经国务院批准，可以决定在批准的范围内推广应用，允许指定的单位实施，由实施单位按照国家规定向专利权人支付使用费。

📖 案例分析

1."PTC加热器"实用新型专利侵权纠纷案①

蒋国屏是名称为"一种PTC发热器的导热铝管及PTC发热器"实用新型专利（即本案专利）的专利权人。无锡国威陶瓷电器有限公司（简称"国威公司"）为本案专利的独占实施被许可人。国威公司、蒋国屏以常熟市林芝电热器件有限公司（简称"林芝公司"）生产、销售的空调PTC加热器侵

---

① 无锡国威陶瓷电器有限公司、蒋国屏与常熟市林芝电热器件有限公司、苏宁易购集团股份有限公司侵害实用新型专利权纠纷案〔最高人民法院（2018）最高法民再111号民事判决书〕。

害其专利权为由，提起诉讼，要求停止侵权行为，赔偿其经济损失及合理支出共计1500万元。江苏省南京市中级人民法院一审认为，被诉侵权产品落入本案专利权利要求2的保护范围，判决林芝公司等停止侵权行为，酌定林芝公司赔偿国威公司、蒋国屏经济损失和合理开支共计100万元。国威公司、蒋国屏和林芝公司均不服，分别提起上诉。江苏省高级人民法院二审认为，被诉侵权产品缺少本案专利权利要求2的隐含技术特征，不落入专利权利要求2的保护范围。遂判决撤销一审判决，驳回国威公司、蒋国屏的诉讼请求。国威公司、蒋国屏不服，向最高人民法院申请再审。最高人民法院裁定提审本案。最高人民法院再审认为，二审判决关于本案专利权利要求2保护范围的解释有所不当，被诉侵权产品落入本案专利权利要求2的保护范围。遂判决撤销二审判决，变更经济损失数额共计937万余元。

本案再审判决创新侵权损害赔偿认定机制，在损害赔偿认定方面具有典型性和指导性。对于可以体现出被诉侵权产品销售金额的证据，通过侵权产品销售总金额、利润率、贡献度计算出被诉侵权产品因侵权获得的利润；对于不能体现出被诉侵权产品具体销售金额的证据，依照法定赔偿确定损害赔偿数额。本案通过合理运用证据规则、经济分析方法等手段，特别是充分考虑了涉案专利对被诉侵权产品利润的贡献度等因素，终审改判赔偿权利人经济损失及合理开支近950万元，通过司法裁判努力实现侵权损害赔偿与知识产权市场价值的协调性和相称性，充分体现了严格保护知识产权的司法政策，切实保障了权利人获得充分赔偿。

2."远程软件服务系统"发明专利侵权纠纷案 ①

速帮公司指控同方公司、零时空公司生产销售的零时空远程服务软件及其提供的服务侵害其"远程软件服务系统"的发明专利权，并索赔

---

① 北京速帮网络技术有限公司与天津零时空信息技术有限公司、同方股份有限公司侵害发明专利权纠纷案〔北京市高级人民法院（2017）京民终206号民事判决书〕。

600 万元。零时空网站对外宣称涉案软件线上销售记录为：分享版服务套装 99 元 ×31233 套；无忧版 149 元 ×54326 套。一审法院认定同方公司、零时空公司构成侵权，但零时空网站显示的销售记录并非其真实的财务数据，判决同方公司、零时空公司停止侵权并赔偿 50 万元。速帮公司提起上诉。

二审审理过程中，同方公司、零时空公司称网站显示的销售记录仅为"静态数据"，并对零时空网站的服务器内容进行公证，以证明涉案软件的线上销售数量为零。经速帮公司申请，二审法院向苏宁云商集团股份有限公司调取证据。调取的证据显示，涉案软件通过苏宁线下渠道销售额为 310 万余元。

二审法院认为，公证书记载的数据产生于零时空公司的网站服务器，不能排除修改、删除的可能性，且线上销售为零的数据不合常理，故零时空网站显示的销售记录可以成为酌定赔偿数额的一项参考因素。此外，涉案软件除在线上销售外，还通过国美、苏宁进行线下销售，仅通过苏宁线下销售所得即达 310 余万元。因此，现有证据足以认定同方公司、零时空公司侵权获利明显超出 100 万元的法定赔偿上限。为有效保护专利权，实现公平正义，应当在法定赔偿限额之上确定赔偿数额。被控侵权产品是远程服务软件，同方公司、零时空公司还需要雇佣工程师提供人工服务，故不宜将涉案软件的销售收入全部视为因侵权行为获得的利益。综合考虑涉案专利权的价值，涉案专利对被控侵权产品的贡献度，同方公司、零时空公司的侵权情节等因素，二审法院改判同方公司、零时空公司赔偿速帮公司 300 万元。

在专利侵权案件中，专利权人往往难以获得被告侵权获利的直接证据。专利侵权案件的赔额认定，一直是司法实践中的热点和难点。被告网站宣传的销售数据，如无相反证据且不存在明显不合理的情形，可以成为认定赔额的一项参考因素。被告以"静态数据""合理吹嘘""实际销售为零"等为由否认上述数据的，如无证据，一般不予采信。为查明案件事实，实现实质公正，法院可以根据专利权人提供的证据线索向案外人调查取证。如果现有证据足以证明被告获利明显超出法定赔偿的上限，法院可以根据案情，在法定赔偿标准之上确定赔偿数额。二审法院的调查取证和最终改判充分体现了加大知识产权司法保护力度的政策导向，二审判决详细分析了被告宣传数据的审查考虑因素，比较全面地阐述了专利侵权赔偿数额的认定规则，对于类似案件具有借鉴意义。

问题与思考

1.专利强制许可需要满足哪些条件？

【答案要点】专利强制许可与专利独占权相冲突，因此只有在特殊情况下，才可以提出强制许可申请。《专利法》对强制许可作出了具体规定：专利权人不履行实施义务或者构成限制竞争情况；国家出现紧急情况或者非常情况时或者为了公共利益的目的；药品专利的强制许可；依存专利的强制许可；基于公共利益的考虑，防止排除、限制竞争行为的强制许可。

2.如何理解专利权的权利用尽原则？

【答案要点】权利用尽原则是指专利产品或者依照专利方法直接获得的产品，由专利权人或者经其许可的单位、个人售出后，使用、许诺销售、销售、进口该产品的，专利权人无权主张侵犯专利权。权利用尽原则在保护专利权人合法利益的同时，起到了维护市场秩序、保护消费者权益、防止对市场流通造成阻碍的作用。

3.专利法中对先用权人的限制有哪些？

【答案要点】在专利申请日前已经制造相同产品、使用相同方法或者已经做好制造、使用的必要准备，并且仅在原有范围内继续制造、使用的不视为侵犯专利权。在这种情况下，先用权人的使用不能超过其原有的使用范围，也不能许可他人使用。

课程思政

阅读材料：官方解读专利开放许可制度三大作用　已收到 608 件声明 [①]

我国新修订的《专利法》规定的专利开放许可制度颇受关注。国家知识产权局副局长兼办公室主任、新闻发言人胡文辉 12 日在国务院新闻办公室举行的 2021 年知识产权相关工作统计数据发布会上解读指出，新修订的专利法基于中国国情，也借鉴国外经验，增设开放许可制度，推动专利的实施和运用。这个制度的作用主要有三点：第一，促进专利许可信息的对接。国家知识产权局的许可信息公告，为许可人和被许可人搭建信息沟通的桥梁，有利于供需双方对接。第二，提升专利许可的谈判效率。供需双方可以通过简便的方式来达成许可，免去复杂的谈判环节，降低许可的成本。第三，降低专利许可的交易风险。开放许可制度建立许可信息披露和纠纷调解机制，被许可人能够事先全面了解许可的条件等相关情况。

胡文辉表示，为配合专利许可制度的有效实施，国家知识产权局当前已经在许可使用费统计数据发布、评估标准研制等方面开展一系列工作，为支撑制度的有效运行打下坚实的基础。下一步，国家知识产权局将进一步推动专利的实施和运用，继续做好三个方面工作：一是便利服务。提升许可声明提交、信息公开、备案办理等环节的便利化水平。二是有效促进。完善使用费定价、许可对接等配套服务，结合专利转化专项计划实施，推动更多的人用好制度、盘活专利。三是规范管理。加强规范引导和监测监管，依法依规打击通过虚构许可来达到减免年费目的等行为，同时按职责做好纠纷调解，营造良好环境。

胡文辉表示，国家知识产权局近日印发《知识产权公共服务"十四五"

---

　① 参见《官方解读专利开放许可制度三大作用　已收到 608 件声明》，2022 年 1 月 12 日，中国新闻网，http://www.chinanews.com.cn/sh/2022/01-12/9650447.shtml。

规划》，这也是中国知识产权公共服务领域的第一个"五年规划"，将进一步有力提升知识产权公共服务供给的可及性和便利化，全面支撑和高效服务知识产权强国建设。

第五节　专利权申请、审批、终止与无效

☑ 关键术语

专利权申请；专利权终止；专利权无效

▤ 基础知识

一、专利权的申请

（一）专利权申请的原则

专利权申请的原则是专利申请中带有指导性的准则，主要有书面原则、先申请原则、单一性原则、优先权原则等。

1.书面原则

书面原则是指一项发明创造要申请专利或办理各种手续，应当以书面形式办理。书面申请是各国普遍使用的一项原则。

我国《专利法实施细则》第二条规定，专利法和本细则规定的各种手续，应当以书面形式或者国务院专利行政部门规定的其他形式办理。根据书面原则，其主要要求如下：一是申请人向国务院专利行政部门提交的各种文件不仅是申请，还包括整个审批程序中的所有手续都必须以书面形式办理，申请人不能以口头说明、电话、电报、电传复印或提交实物等手段代替书面申请，而且提交的申请文件必须按照法律规定和专利局要求的格式书写。二是专利申请文件应以法定要求的书面形式进行，如撰写的顺序、采用的技术术

语与计量单位等都应符合《专利法》和《专利法实施细则》的要求。

进而言之，专利事务中书面形式的必要性体现在：一是专利申请是产生专利权的前提，同时也会产生排除他人在后申请的效力。专利申请不仅影响到申请人本人，也会对整个社会产生影响。二是专利的申请是一项既涉及技术又涉及法律的复杂工作，需要通过书面形式来固定技术问题与法律问题的证据。因此，专利申请过程中的每一个具有法律意义的步骤都需采用书面方式进行，同时以书面公开的文件作为获得授权的前提，也是产生权属争议时的重要证据，更是专利审查过程中的重要专利文件，从而建立全面、准确、科学的专利文献体系。三是专利申请获准后，通过书面方式授予专利权，以书面形式公开专利权的范围，来保证公众行为的规范有序。

2.先申请原则

我国《专利法》第九条规定，同样的发明创造只能授予一项专利权。两个以上的申请人分别就同样的发明创造申请专利的，专利权授予最先申请的人。《专利法实施细则》第四十一条又规定，两个以上的申请人同日（指申请日；有优先权的，指优先权日）分别就同样的发明创造申请专利的，应当在收到国务院专利行政部门的通知后自行协商确定申请人。

申请日是从专利申请文件递交到国务院专利行政部门之日算起。专利申请文件如果是邮寄的，以寄出的邮戳日为申请日。专利申请一旦被受理，国务院专利行政部门立即分配给该申请一个申请号，此号在专利授权后即作为专利号。"先申请原则"对于专利审查来说，可以节约时间和成本，但对商业竞争却是一个很残酷的竞争制度。它只保护先申请人的利益，在公平和效率的天平上，专利法更多地倾向后者，由于没有及时申请丧失获得专利的机会，企业可能为此付出很大的代价。

3.单一性原则

单一性是绝大多数国家专利法对专利申请的要求。根据我国《专利法》第九条规定，单一性原则是指同样的发明创造只能授予一项专利权。如果是两项或两项以上的发明创造要取得专利，就应分别提出专利申请，不能将其放到一个申请案中办理申请手续。某一专利申请如果不符合单一性原则，就应进行分案处理。

单一性原则主要出于两方面的考虑：一是技术上的考虑，即为了便于专利申请的分类、检索、审查和进行现代化的信息处理，在专利权授予后也便于专利权的转让和许可贸易，这也是最主要的考虑因素；二是经济上考虑，即为了防止申请人只支付一件专利的费用而获得几项不同发明或者实用新型专利的保护，从而达到少缴专利申请费、审查费和专利维持费的目的。

需要注意的是，单一性并不是对专利提出的实质性要求，缺乏单一性并不影响专利的有效性。因此，缺乏单一性不应作为专利权无效的理由。

4.优先权原则

根据我国《专利法》第二十九条规定，优先权包括国际优先权和国内优先权。国际优先权是指申请人自发明或者实用新型在外国第一次提出专利申请之日起 12 个月内，或者自外观设计在外国第一次提出专利申请之日起 6 个月内，又在中国就相同主题提出专利申请的，依照该外国同中国签订的协议或者共同参加的国际条约，或者依照相互承认优先权的原则，可以享有优先权。国内优先权是指申请人自发明或者实用新型在中国第一次提出专利申请之日起 12 个月内，或者自外观设计在中国第一次提出专利申请之日起 6 个月内，又向国务院专利行政部门就相同主题提出专利申请的，可以享有优先权。

优先权是一种请求权，《专利法》第三十条规定申请人要求发明专利、实用新型专利优先权的，应当在申请的时候提出书面声明，并且在第一次提出发明、实用新型专利申请之日起 16 个月内，提交第一次提出的专利申请文件的副本。申请人要求外观设计专利优先权的，应当在申请的时候提出书面声明，并且在 3 个月内提交第一次提出的专利申请文件的副本。申请人未提出书面声明或者逾期未提交专利申请文件副本的，视为未要求优先权。

优先权的意义在于，以第一次提出专利申请日为判断新颖性的时间标准。第一次提出申请的日期，称为优先权日；上述特定的期限，称为优先权期限。优先权可以随专利申请权一起转让。另外，为了方便我国申请人向国外申请专利以及外国人向我国申请专利，中国国家知识产权局与其他国家或者地区的专利局协商签订彼此通过电子方式传输优先权在线申请文件副本的协议，简化了申请优先权的手续。

（二）专利权申请前的论证与决策

1.专利申请前的必要性分析

发明创造完成之后，发明创造人可以根据自身的特点、需求以及专利的技术价值、经济价值来选择申请专利或作为技术秘密自行保密。专利保护和作为技术秘密进行保护有各自的优缺点，因此，在选择保护方式时就要综合经济效益和社会效益两个方面分析发明创造的价值。如果对一项发明创造进行分析之后，认为其实施后将具有很好的市场前景，可以取得丰厚的经济利益，那么就应该选择申请专利的方式进行保护，并尽快实施申请；反之，如果一项具有可专利性的发明创造使用价值不大，很难创造经济利益，就可以暂时选择以技术秘密的方式进行保护。

对于一些发明创造，发明人也可以选择申请专利与技术秘密相结合的方式进行保护，也就是在专利申请时，在"充分公开"的前提下保留一些关键技术特征以技术秘密的形式进行保护。此外，除申请专利和以商业秘密的形式保护发明以外，发明人还可以选择将技术方案进行公开。在社会承认发明人的贡献，且发明人自己也需要获得精神利益时，主动公开其技术方案，可能对发明创造的所有权人更有利。

2.专利申请的可行性分析

所谓专利申请的可行性分析，就是判断该技术方案是否具有可专利性。这需要在对专利文献和科技期刊等非专利文献充分检索的基础上，结合专利法的相关规定，分析发明创造是否属于授予专利权的范围，是否具备授予专利权的实质条件。

3.专利保护形式的选择

根据我国《专利法》规定，专利有发明专利、实用新型、外观设计三种形式。如果发明人认为自己的技术方案属于创新程度很高、具有突出的实质性特点和显著的进步，则可以申请发明专利。虽然发明专利有审批时间长、申请费用高、审查严格等问题，但是一经授权，其法律状态会比较稳定，保护期限也比实用新型专利长。如果发明人认为自己的技术方案只是在现有技术之上的小的改进，则可以申请实用新型专利。实用新型专利审批时间短、费用低，更容易获得授权，但授权后也有很高的可能被撤销或被宣告无效，法律状态不够稳定，期限也较短。如果是对产品的外观作出的富有美感的新设计，则可以申请外观设计专利，或者同时申请实用新型专利和注册商标，对一些具有重大经济价值的实用美术作品，还可以采取著作权的保护方式。对技术秘密则可采用合同约定的形式进行保护。

4.取得专利权的初步判断

首先，应当判断所作的发明创造是否符合法律规定、是否属于专利法的保护范围，否则，即使提出申请也不会被授予专利权。其次，应当对技术方案是否符合专利的"三性"标准进行初步的判断。比如，发明专利是否符合新颖性、创造性、实用性。发明创造人可以在对相关领域专利文献和科技期刊进行充分检索的基础上，了解该技术领域的发展状况，防止重复申请，并且制定出对自己最有利的专利申请策略。

5. 市场预测

如果发明人想要利用专利实现经济效益最大化，他就应该在完成技术开发后，进行市场分析。一件专利从申请到保护期满要缴纳一定的费用，这对发明人来说已是一笔经济负担，在技术方案没有经济效益或者经济效益很小的情况下，应当慎重考虑是否选择申请专利。同时，应当综合考虑专利国的市场前景来决定是否在一国申请专利。专利申请如果能够提前 3 年左右，在专利授权后就可以在专利国市场销售专利产品，达到占领市场的目的。以我国市场为例，在我国加入 WTO 谈判期间，很多准备开拓中国市场的跨国企业就已经开始进行专利布局。在中国入世后的 2—3 年后，这些专利开始慢慢地浮出水面，在中国市场上显示出竞争力。

（三）专利申请文件的种类

1. 发明和实用新型专利的申请文件

《专利法》第二十六条第一款规定："申请发明或者实用新型专利的，应当提交请求书、说明书及其摘要和权利要求书等文件。"

（1）请求书

请求书是申请人向专利主管部门表示请求启动受理专利申请法律程序、授予专利权的基本法律文件。申请人在请求书中要写明发明和实用新型的名称、发明人的姓名，申请人的姓名、地址、代理人及代理机构的情况及其他事项。

《专利审查指南》对请求书的格式作出了明确的要求：发明创造名称应当简短、准确地表明发明的技术主题。发明名称中不应含有非技术词语，如人名、公司名称、商标、代号、型号等；也不应有含糊的词语，如"及其他""及其类似物"等；也不应使用笼统的词语，致使未给出任何发明信息。发明创造名称不得超过 25 个字；特殊情况下，如化学领域的某些发明，经审查员同意后可以增加到 40 个字。

发明人应当是对发明创造的实质性特点作出创造性贡献的个人。有共同发明人的，应当自左向右顺序填写。发明人可以请求专利局不公布其姓名，请求不公布姓名的应当由发明人本人书面提出。

当申请人是单位时，可以推定申请专利的发明是职务发明，并且该申请人有权提出申请。除非该单位明显不具备法人地位或者对其法人地位有疑问时，应当通知该单位提供法人地位的证明文件。应正确使用全称，不得使用缩写或者简称，申请文件中指明的名称应与使用的公章上的名称相一致。

申请人是个人时，应当使用本人真实姓名，不得使用笔名或者假名。

请求书中涉及的地址（包括申请、专利代理机构、共同代表人的地址）应当符合邮件能迅速、准确投递的要求。

（2）说明书

说明书是阐明发明或实用新型技术实质、公开发明或实用新型内容的文件。说明书应当对发明或实用新型作出清楚、完整的说明，以所属技术领域的技术人员能够实现为准，必要的时候，应当有附图。摘要应当简要说明发明或者实用新型的技术要点。

《专利法实施细则》第十七条对说明书的内容作出了明确的规定，发明或者实用新型专利申请的说明书应当写明发明或者实用新型的名称，该名称应当与请求书中的名称一致。说明书应当包括以下内容：

①技术领域：写明要求保护的技术方案所属的技术领域；

②背景技术：写明对发明或者实用新型的理解、检索、审查有用的背景技术，有可能的，并引证反映这些背景技术的文件；

③发明内容：写明发明或者实用新型所要解决的技术问题以及解决其技术问题采用的技术方案，并对照现有技术写明发明或者实用新型的有益效果；

④附图说明：说明书有附图的，对各幅附图作简略说明；

⑤具体实施方式：详细写明申请人认为实现发明或者实用新型的优选方式；必要时，举例说明；有附图的，对照附图。

(3) 摘要

这里所说的摘要即说明书摘要。说明书摘要应当写明发明或者实用新型专利申请所公开内容的概要，即写明发明或者实用新型的名称和所属技术领域，并清楚地反映所要解决的技术问题、解决该问题的技术方案的要点以及主要用途。说明书摘要可以包含最能说明发明的化学式，有附图的专利申请还应当提供一幅最能说明该发明或者实用新型技术特征的附图。摘要中不得使用商业性宣传用语。

(4) 权利要求书

权利要求书是专利申请文件中最重要、最基本的文件，主要是为了指出发明创造中最为关键的技术特征，是确定专利保护范围的依据。权利要求书应当以说明书为依据，清楚、简要地限定要求专利保护的范围。

权利要求书应当反映技术方案，记载技术特征，不得使用与技术无关的词语。一份权利要求书中至少应包括一项独立权利要求，还可以包括从属权利要求，权利要求在两项以上时，应当使用阿拉伯数字顺序编号。独立权利要求从整体上反映技术方案，记载必要技术特征。从属权利要求是对引用的另一项权利要求的进一步限定，指出要求保护的附加技术特征。

2. 外观设计专利的申请文件

《专利法》第二十七条规定："申请外观专利的，应当提交请求书、该外观设计的图片或者照片以及对该外观设计的简要说明等文件。"

(1) 请求书

使用该外观设计的产品的名称应当在请求书中写明。该名称应当简短、准确地表明请求给予保护的产品。名称以 2—7 个字为宜，最多不得超过 15 个字。

产品名称应符合下述要求：

①产品的名称符合外观设计分类表中的产品名称。

②产品的名称与该外观设计的内容相符合。

③避免使用人名、地名、公司名、商标、代号、型号或以历史时代命名的产品名称；避免使用概括不当、过于抽象的名称，如文具、炊具、乐器等；避免使用描述技术效果、内部构造的名称，如节油发动机等；避免使用附有产品规格、数量单位的名称；避免使用以产品的形状、色彩及材料命名的名称。

其他的要求同发明和实用新型专利的请求书相同。

（2）图片或照片

《专利法》第二十七条第二款规定："申请人提交的有关图片或者照片应当清楚地显示要求专利保护的产品的外观设计。"就立体外观设计产品而言，应当递交正投影六面视图和立体图（或照片）；就平面外观设计而言，应当是两面视图。正投影六面视图的名称是：主视图、后视图、左视图、右视图、俯视图和仰视图。各视图的名称应当标注在相应视图下面。

（3）简要说明

简要说明是外观设计专利申请文件的必要部分，并可以用于解释图片或者照片所表示的专利产品。外观设计的简要说明应当包括下列内容：

①外观设计产品的名称；

②外观设计产品的用途；

③外观设计产品的设计要点。

简要说明不得使用商业性宣传用语，也不能用来说明产品的性能和用途。

二、专利申请的审批

（一）发明专利申请的审批

我国发明专利的审批流程如下：

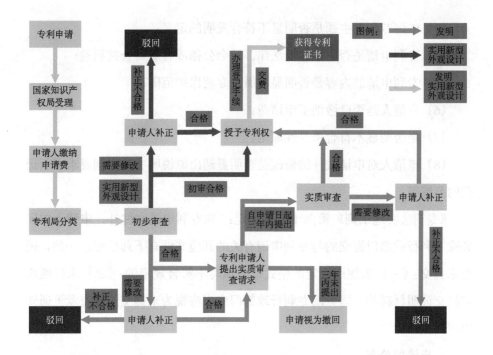

1. 受理申请

《专利法实施细则》第十五条规定:"以书面形式申请专利的,应当向国务院专利行政部门提交申请文件一式两份。"这里所说的申请文件包括请求书、说明书(有附图的应包括附图)和权利要求书。国务院专利行政部门收到申请文件后,向申请人发出受理通知书,确定专利申请日,给予专利申请号。对于缺少文件或者有其他违反法律要求的,国务院专利行政部门要求申请人在指定期限内补交或补正或作出不予受理决定。

2. 初步审查

初步审查程序中,应当遵循保密原则、书面审查原则、听证原则、程序节约原则等原则。根据《专利法实施细则》及其他有关规定,初步审查主要内容有:

(1)申请手续是否完备,文件是否齐全,表格的填写是否符合规定;

(2)申请专利各种必备的证件是否完备;

（3）申请专利的主题是否明显不符合发明的定义；

（4）专利申请是否明显违反法律、社会公德或者妨碍公共利益；

（5）专利申请的内容是否明显不属于专利保护范围；

（6）申请人是否已缴纳了申请费；

（7）是否明显不符合单一性原则；

（8）申请人对申请文件的修改是否明显超出原说明书和权利要求书所记载的范围等。

《专利法实施细则》第四十五条规定："除专利申请文件外，申请人向国务院专利行政部门提交的与专利申请有关的其他文件有下列情形之一的，视为未提交：（一）未使用规定的格式或者填写不符合规定的；（二）未按照规定提交证明材料的。国务院专利行政部门应当将视为未提交的审查意见通知申请人。"

3. 申请的公布

《专利法》第三十四条规定："国务院专利行政部门收到发明专利申请后，经初步审查认为符合本法要求的，自申请日起满十八个月，即行公布。国务院专利行政部门可以根据申请人的请求早日公布其申请。"这里的公布是指在《发明专利公报》上公布。专利申请一旦公布就意味着专利信息向全社会公开并产生相应的法律效果：第一，表明该发明已成为公开技术，在我国范围内他人不能就同样的发明取得专利权；第二，申请公布后，发明即获得了一定程度的临时保护，防止他人在申请公布后任意实施其发明。

4. 实质审查

《专利法》第三十五条规定："发明专利申请自申请日起三年内，国务院专利行政部门可以根据申请人随时提出的请求，对其申请进行实质审查；申请人无正当理由逾期不请求实质审查的，该申请视为被撤回。"申请人完全掌握了启动实质性审查的主动权，可以根据专利申请的市场价值、经济效益等多方面的因素综合考虑在何时提出实质审查或者放弃该专利申请。

实质审查的主要内容有：

第一，对发明的"三性"进行审查。不符合新颖性、创造性、实用性要求的，书面通知申请人或其代理人，在规定的期限内陈述意见，进行修改。

第二，单一性审查。单一性审查是指一件申请只允许涉及一项发明。仅在几项发明之间存在一个总的发明构思且相互关联的情况下才允许合并申请。对于不符合单一性要求的，应通知申请人或代理人分案处理。

第三，对说明书和权利要求书的审查。说明书应当主题明确、用词准确、内容完整。能够使所属技术领域的技术人员确切地理解该发明的主题，并能够实施。同时，还要对权利要求给予支持。权利要求应当符合法律规定的撰写要求。递交修改后的文本，不得超出原始申请文件公开的范围，否则，应陈述意见，进行补正。

申请人无正当理由，在 3 年之内没有提出实质审查请求的，该申请被视为撤回。但由于不可抗力或其他正当理由没有及时提出实审请求的，可以出具证明，进行补救。

5.授权公告

发明专利申请经实质审查没有发现驳回理由的，由国务院专利行政部门作出授予发明专利权的决定，发放发明专利证书，同时予以登记和公告。发明专利权自公告之日起生效。

（二）实用新型和外观设计专利申请的审批

我国实用新型和外观设计专利的审批流程如下：受理申请→初步审查→授权公告。

对于实用新型和外观设计专利申请，绝大多数国家采用形式审查制，即只对申请进行初步审查，不进行实质审查。我国也是这样规定，专利行政部门对这两种专利申请的初步审查的内容与对发明专利申请初步审查大体相同，包括形式审查、明显实质性缺陷审查、合法性审查等。审查的基本原则也包括保密原则、书面原则、听证原则和程序节约原则等。

三、专利权的终止

专利权的终止是指专利权在保护期届满或者在保护期届满前因法律规定的某种原因而失去效力。专利权因保护期限届满而终止是一种自然终止。在实践中，大多数专利是由于其他原因而终止的。《专利法》第四十四条规定："有下列情形之一的，专利权在期限届满前终止：（一）没有按照规定缴纳年费的；（二）专利权人以书面声明放弃其专利权的。"

（一）因专利保护期满而终止

《专利法》规定发明专利权的期限为 20 年，实用新型专利权的期限为 10 年，外观设计专利权的期限为 15 年，均自申请日起计算。专利保护期满专利权即行终止，不再受专利法保护，此时该专利技术进入公有领域，任何人都可以无偿使用。现代技术更新速度较快，许多发明创造的经济寿命短于专利保护期限，因此，并非所有专利都是因为期限届满而终止。大部分专利在期满前就已被放弃，特别是那些防御性的专利。

（二）因没有按期缴纳年费而终止

根据《专利法》第四十四条规定，专利可能因为没有按照规定缴纳年费而提前终止。专利权在期限届满前终止的，由国务院专利行政部门登记和公告，终止的起算时间应从未交年费的当年起算。就我国而言，还应当注意以下几点：（1）专利权人在宽限期内补缴，专利权仍然有效；（2）专利权人缴纳年费有困难，可以申请缓缴或减缴；（3）如前所述，专利权人因不可抗拒的事由而耽误缴纳年费导致专利权丧失的，可以请求恢复其专利权。

（三）因专利权人以书面声明放弃专利权而终止

放弃专利权是专利权人的一项权利，但放弃专利权必须有书面声明。对于已经与他人签订专利许可合同的专利权人，在放弃专利权时应与被许可方协商，原则上，在这种情况下专利权人不能放弃专利权。

四、专利权的无效

（一）无效宣告请求的审查原则

自国务院专利行政部门公告授予专利权之日起，任何单位和个人认为该专利权的授予不符合专利法规定的，可以请求国务院专利行政部门宣告该专利权无效。在申请专利权无效宣告时应当遵循以下原则。

1. 一事不再理原则

对已经作出审查决定的无效宣告案件所涉及的专利权，第三人以相同的理由和证据再次提出无效宣告请求的，不予受理。但是，如果再次提出无效宣告请求的理由或者证据是因为时限等原因而没有在之前的无效宣告程序中被考虑，则该请求不属于上述不予受理和审理的情形。

2. 当事人处置原则

请求人有权放弃部分或者全部无效宣告的理由或证据。对于请求人放弃的无效宣告理由和证据，国务院专利行政部门一般不再查证。在无效宣告程序中，当事人可以与对方和解。对于双方均向国务院专利行政部门提出和解愿望的，国务院专利行政部门应当给予双方当事人一定的期限进行和解，并暂缓作出审查决定，直至其中任何一方当事人要求国务院专利行政部门作出审查决定，指定的期限届满。

在无效宣告程序中，针对请求人提出的无效宣告请求，专利权人主动缩小专利权保护范围，作出相应的修改并已被专利复审委员会接受的，视为专利权人承认超出该保护范围的权利要求自始不符合《专利法》规定，承认了请求人对该权利要求的无效宣告请求。这种情况下免除请求人对其主张的举证责任。

在无效宣告程序中，专利权人声明放弃从属权利要求的，视为专利权人承认该权利要求自始不符合《专利法》有关规定，承认了请求人对该权利要求的无效宣告请求，这种情况下免除请求人对其主张的举证责任。

3.保密原则

在作出审查决定之前，合议组的成员不得私自将自己、其他合议组成员、负责审批的主任委员或者副主任委员对该案件的观点明示或者暗示给任何一方当事人。为了保证公正执法和保密，合议组成员原则上不得与一方当事人会晤。

（二）无效宣告请求的程序

自国务院专利行政部门公告授予专利权之日起，任何单位或者个人认为该专利权的授予不符合专利法有关规定的，可以请求国务院专利行政部门宣告该专利权无效。提出无效宣告请求的时间是自国务院专利行政部门公告授予专利权之日起的任何时间，也就是说，即使在专利权终止以后，也可以对该专利提出无效宣告请求。

法律没有对无效宣告请求人的资格进行限制，任何个人和单位都可以提起无效宣告请求。在无效宣告的审理过程中可能会有调解，而不同请求人接受调解的条件会有不同。因此，在一份无效宣告请求中一般只能有一个请求人；而且在专利复审委员会作出无效决定后，可能会出现行政诉讼，申请人就是否提出诉讼的考虑也可能不同。因此，对同一专利提出一份无效请求时，请求书中不能有多个请求人。

提出无效请求，应当以书面形式提出，并填写无效请求书，缴纳相关费用。

（三）无效宣告请求的理由

无效宣告请求的理由，具体包括以下方面。

1.违反专利条件的新颖性、创造性、实用性标准的；

2.说明书公开不充分，权利要求书得不到说明书支持的；

3.权利要求书没有说明发明创造的技术特征，独立权利要求没有从整体上反映发明或者实用新型的技术方案，没有记载解决技术问题的必要技术特征；

4.申请文件的修改超出原说明书和权利要求书记载的范围或原图片、照片表示范围的；

5.不属于专利法所称的发明创造的；

6.违反先申请原则的；

7.违反单一性原则的；

8.属于《专利法》规定的其他不授予专利权的范围的。

（四）无效决定的效力

国务院专利行政部门对宣告专利权无效的请求应当及时审查和作出决定，并通知请求人和专利权人。宣告专利权无效的决定，对在宣告专利权无效前人民法院作出并已执行的专利侵权的判决、调解书，已经履行或者强制执行的专利侵权纠纷处理决定，以及已经履行的专利实施许可合同和专利权转让合同，不具有追溯力。然而，因专利权人的恶意给他人造成的损失，应当给予赔偿。依照上述规定不返还专利侵权赔偿金、专利使用费、专利权转让费，明显违反公平原则的，应当全部或者部分返还。

（五）无效宣告请求的撤回

请求人在无效宣告请求的审查程序中撤回其请求的，国务院专利行政部门应当终止审查程序，但现有的证据表明专利权无效或部分无效的，国务院专利行政部门可以继续审查。这符合设立无效宣告程序的立法本意，也维护了公众的合法利益。

📖 案例分析

1. "小 i 机器人"发明专利权无效宣告请求行政纠纷案 ①

上海智臻智能网络科技股份有限公司（以下简称"智臻公司"）是名称为"一种聊天机器人系统"的发明专利（以下简称"本专利"）的权利人。本专利是实现用户通过即时通讯平台或短信平台与聊天机器人对话，使用格式化的命令语句与机器人做互动游戏的专利。苹果电脑贸易（上海）有限公司（以下简称"苹果公司"）请求宣告本专利无效。国家知识产权局及一审法院均认为本领域技术人员根据其普通技术知识能够实现本专利利用聊天机器人系统的游戏服务器进行互动的游戏功能，符合专利法对充分公开的要求，故维持本专利有效。二审法院认为，根据本专利授权历史档案，智臻公司认可游戏服务器功能是本专利具备创造性的重要原因，本专利说明书对于游戏服务器与聊天机器人的其他部件如何连接完全没有记载，未充分公开如何实现本专利限定的游戏功能，据此判决撤销一审判决和被诉行政决定。智臻公司不服，向最高人民法院申请再审。最高人民法院认为，本专利中的游戏服务器特征不是本专利与现有技术的区别技术特征，对于涉及游戏服务器的技术方案可以不作详细描述。本领域普通技术人员根据本专利说明书的记载就可以实现相关技术内容，因此，本专利涉及游戏服务器的技术方案符合专利法关于充分公开的要求。最高人民法院遂撤销二审判决，维持一审判决。

———————

① 苹果电脑贸易（上海）有限公司与国家知识产权局、上海智臻智能网络科技股份有限公司发明专利权无效宣告请求行政纠纷案〔最高人民法院（2017）最高法行再34号行政判决书〕。

本案涉及我国计算机人工智能领域的基础专利。"以公开换保护"是专利制度的基本原则，判断作为专利申请的技术方案是否已经充分公开，不仅是人工智能领域专利审查和诉讼中的疑难问题，也直接决定了专利申请人能否对有关技术方案享有独占权。本案再审判决明确了涉及计算机程序的专利说明书充分公开的判断标准，充分保护了企业的自主创新成果，在确保公共利益和激励创新兼得的同时，助力加强关键领域自主知识产权的创造和储备。

2."陆风越野车"外观设计专利权无效行政纠纷案 ①

涉案专利系名称为"越野车（陆风 E32 车型）"、专利号为 201330528226.5 的外观设计专利，专利权人是江铃控股有限公司（以下简称"江铃公司"）。捷豹路虎有限公司（以下简称"路虎公司"）、杰拉德·加布里埃尔·麦戈文（以下简称"麦戈文"）以涉案专利不符合 2008 年修正的《中华人民共和国专利法》（以下简称"2008 年《专利法》"）第二十三条第一款、第二款为由分别提出无效宣告请求。国家知识产权局专利复审委员会（以下简称"专利复审委员会"）认为，涉案专利与对比设计在整体视觉效果上没有明显区别，不符合 2008 年《专利法》第二十三条第二款的规定，作出第 29146 号无效宣告请求审查决定，宣告涉案专利权全部无效。江铃公司不服，提起行政诉讼。北京知识产权法院一审认为，涉案专利与对比设计在前车灯、进气格栅、细长进气口、雾灯、贯通槽、辅助进气口、倒 U 形护板、后车灯、装饰板、车牌区域及棱边等部位存在不同的设计特征，其组合后形成的视觉差异对 SUV 类型汽车的整体外观产生了显著的影响，足以使一般消费者将涉案专利与对比设计的整体视觉效果相区分。相比于相同点，上述不同点对于涉案专利与对比设计的整体视觉效果更具有显著影响，故涉案专利与对比设计具有明显区别。据

----

① 江铃控股有限公司与国家知识产权局专利复审委员会、捷豹路虎有限公司、杰拉德·加布里埃尔·麦戈文外观设计专利权无效行政纠纷案〔北京市高级人民法院（2018）京行终 4169 号行政判决书〕。

此，判决撤销被诉决定，并判令专利复审委员会重新作出无效宣告请求审查决定。专利复审委员会、路虎公司和麦戈文均不服一审判决，提起上诉。北京市高级人民法院二审认为，从整体上观察，涉案专利与对比设计在车身前面和后面形成的视觉效果差异在整体视觉效果中所占的权重要明显低于两者之间相同点所产生的趋同性视觉效果的权重。涉案专利与对比设计相比，二者之间的差异未达到"具有明显区别"的程度，涉案专利不符合 2008 年《专利法》第二十三条第二款规定的授权条件，应当予以宣告无效。判决撤销一审判决，并驳回江铃公司的诉讼请求。

本案是一起社会关注度高、案情疑难复杂的汽车外观设计专利无效行政案件，受到了国内外及社会各界的广泛关注。二审法院依法宣告涉案专利权无效，体现了中国法院对于中外权利人合法利益的平等保护，彰显了中国加强知识产权保护、塑造良好营商环境的决心。同时，本案也是一起充分体现知识产权司法保护，明晰规则、引导和激励创新作用的典型案例。二审判决指出，判断具体设计特征对整体视觉效果的影响权重，应当基于一般消费者的知识水平和认知能力，从外观设计的整体出发，对其全部设计特征进行整体观察，在考察各设计特征对外观设计整体视觉效果影响程度的基础上，对能够影响整体视觉效果的所有因素进行综合考量。在判断具体特征对整体视觉效果的影响权重时，不能仅根据直观的视觉感知或者根据该特征在外观设计整体中所占比例的大小贸然得出结论，而应当以一般消费者对设计空间的认知为基础，结合相应设计特征在外观设计整体中所处的位置、是否容易为一般消费者观察到，并结合该设计特征在现有设计中出现的频率以及该设计特征是否受到功能、美感或技术方面的限制等因素，确定各个设计特征在整体视觉效果中的权重。该案的裁判结果，对中国汽车产业汽车外观设计领域的发展具有重要的引导作用。

问题与思考

1.如何理解专利无效宣告的效力？

【答案要点】宣告无效的专利权视为自始不存在，对在无效宣告前人民法院作出并已执行的专利侵权判决、裁定，管理专利工作的部门作出并执行的专利侵权处理决定，已经履行或者强制执行的专利侵权纠纷处理决定，以及已履行的专利实施许可合同和专利权转让合同，不具有追溯力，一般情况下不返还费用。但是，明显违反公平原则的，应当全部或部分返还。因专利权人恶意给他人造成损失的，应当给予赔偿。

2.什么是先申请原则？

【答案要点】同样内容的发明创造，只能授予一项专利权。所以，两个以上的申请人分别就同样的发明创造申请专利时，专利权只能授予最先申请的人。如果是同一天申请的，申请人应当在收到国务院专利行政部门通知后自行协商确定申请人。

课程思政

阅读材料：国家知识产权局研究部署全面打赢专利审查提质增效攻坚战[①]

2022年2月22日上午，国家知识产权局党组书记、局长申长雨深入专利审查业务部门，调研专利审查提质增效工作，并召开座谈会。强调要认真贯彻落实习近平总书记重要指示和党中央、国务院决策部署，坚决打赢专利审查提质增效攻坚战，更好服务创新驱动发展和高水平对外开放，以优异成绩迎接党的二十大胜利召开。

申长雨指出，审查工作是国家知识产权局的一项核心职能。专利审查是

①　参见《国家知识产权局研究部署全面打赢专利审查提质增效攻坚战》，2022年2月27日，中国政府网，http://www.gov.cn/xinwen/2022-02/27/content_5675923.htm。

专利获权的基础和专利保护的源头，党中央、国务院高度重视。习近平总书记多次强调，要提高知识产权审查质量和审查效率。去年，党中央、国务院先后印发知识产权强国建设纲要和"十四五"国家知识产权保护和运用规划，对审查工作作出新的重要部署。

申长雨强调，2022年是全面完成审查提质增效五年目标任务的决胜之年，任务十分艰巨。全局上下要深入学习贯彻习近平新时代中国特色社会主义思想，认真落实党中央、国务院决策部署，准确把握当前专利审查工作面临的形势、任务和挑战，坚决完成审查提质增效各项目标任务。要在保持高价值发明专利审查周期稳定的基础上，进一步压减发明专利平均审查周期，积极推进实用新型制度改革，做好我国加入《工业品外观设计国际注册海牙协定》的业务衔接，保持和强化复审无效工作的权威性，严把初审流程关，坚决打击非正常专利申请，守牢意识形态安全底线。要强化对审查工作的综合保障，加强审查员队伍建设，加强智能化技术运用，提高审查工作效能。要进一步发挥基层党组织的战斗堡垒作用和共产党员的先锋模范作用，强化全审查流程廉洁风险防控，营造风清气正的工作环境。

第六节　专利权保护

☑ 关键术语

专利权的期限；专利权保护范围；专利侵权责任

🗐 基础知识

一、专利权的期限

专利权的期限是专利权能够得到法律保护的期限，专指被授予的专利权从发生法律效力到专利失效之间的这段时间。在专利权的期限内，专利权人有权对专利实施一系列合法的处分行为，他人不得干涉。专利保护期限也意味着专利技术在专利期限届满以后不再受到专利法律保护，自动进入公共领域，任何单位和个人均可以无偿使用该技术而无须得到专利权人的许可。

专利权期限的确定需考虑多方面问题，需要进行个人利益与社会利益的平衡。一方面要保障发明人的利益，规定一定的保护期限，确保发明人能够收回投资，并取得一定的利益，提高发明人的创新积极性；另一方面也要考虑社会和公共利益，专利权保护期限不能过长，专利权人对专利技术长期的垄断将会限制技术的发展，阻碍社会的进步。总的来说，一个国家专利权期限的长短主要受到以下三个方面的影响：一是该国当前科技发展状况、社会经济状况及社会发展对科技的依赖程度。二是专利权的对象。一般来说，发明专利的期限较长，而实用新型和外观设计专利期限较短，也就是说专利的创造性越高，专利权的期限越长。三是专利保护的国际环境的变化。国际上专利保护的趋势变化对各国的专利期限也将产生一定的影响。

关于专利权期限的计算方式，各国没有统一标准。如专利权期限的起点，当今全球大多数国家规定专利权期限自专利申请日起计算，中国、英国、法国等均采用此法。当然也有一些国家规定自专利的授权之日或者公开之日起计算专利权保护期限。我国专利法虽然规定专利权期限从申请日开始计算，但是并不意味着对专利权的保护自申请之日开始。自申请日到授权日的期间内，专利权仅可获得临时性保护。

我国现行《专利法》规定，发明专利权的期限为 20 年，实用新型专利权的期限为 10 年，外观设计专利权的期限为 15 年，均自申请日起计算。但是从实际情况看，专利权只有一小部分能维持到保护期限届满。专利权人可以通过不缴纳专利费或者放弃专利权的形式自行决定专利权保护期限的长短。

我国《专利法》(2020年)在修改中加入了对发明专利权期限补偿的规定，第四十二条第二款规定："自发明专利申请日起满四年，且自实质审查请求之日起满三年后授予发明专利权的，国务院专利行政部门应专利权人的请求，就发明专利在授权过程中的不合理延迟给予专利权期限补偿，但由申请人引起的不合理延迟除外。"该条款主要考虑到实践中有一些发明专利的审查授权的时间过长，导致专利权人在发明专利授权后实际获得保护的时间大幅减少，不利于对专利权人的保护。特别是在审查授权期限的延长是由于申请人以外原因造成的情况下，专利权人因非可归责于己的原因而承受保护期减少的损失，不符合公平的原则。其中需要把握两点：第一，该延迟是因为申请人以外的原因，对于因申请人的原因造成的延迟，不给予专利权期限补偿；第二，该延迟属于"不合理"的延迟，即没有正当理由，具体情形可根据实际情况予以判断。

第四十二条第三款规定："为补偿新药上市审评审批占用的时间，对在中国获得上市许可的新药相关发明专利，国务院专利行政部门应专利权人的请求给予专利权期限补偿。补偿期限不超过五年，新药批准上市后总有效专利权期限不超过十四年。"此条款是《专利法》(2020年)修改的重要内容之一。药品涉及公众的身体健康和生命安全，其上市需要经过药品监督管理部门的严格审批。药品上市审批包括非临床安全性评价和临床试验等环节，时间往往很长。一种药品即使获得了专利授权，在获批上市前的很长时间内依然无法实施其专利，客观上缩短了药品专利的保护期。药品专利保护期补偿，是指为补偿因原研药上市审批周期过长导致的专利保护期"损失"，而相应补偿其核心专利保护期的制度。药品专利保护期补偿制度起源于美国，此后日本、韩国、欧盟、加拿大等国家和地区先后建立了这一制度。

二、专利权保护范围

（一）专利权保护范围的概念及确定依据

专利权的保护范围，是专利权人行使专利权的边界，是专利法上的重要内容。我国《专利法》规定，专利权的保护范围以其权利要求内容为准。说明书和附图的内容可以用于解释权利要求书的内容，专利权人不能仅凭借说明书或者附图主张专利保护。

根据《专利法》第六十四条以及《最高人民法院关于审理侵犯专利权纠纷案件应用法律若干问题的解释》第七条及第八条之规定，发明或者实用新型专利权的保护范围以其权利要求的内容为准，说明书及附图可以用于解释权利要求的内容。外观设计专利权的保护范围以表示在图片或者照片中的该产品的外观设计为准，简要说明可以用于解释图片或者照片所表示的该产品的外观设计。

（二）专利权保护范围的确定方法

在确定某一项专利权的保护范围时会受到多种因素的影响，站在不同的立场、依据不同的方法，专利权保护范围的大小往往也不同。在《专利法》的实施过程中，存在以下三种确定专利权保护范围的方法。

1. 中心限定法

依据中心限定法，权利要求书是确定专利权保护范围的依据，在解释权利要求书时，以权利要求书表达的内容为中心，兼顾考虑发明创造的目的、性质以及说明书和附图，不必拘泥于权利要求书的文字内容。发明创造所表达的技术方案的边界主要依靠同领域的普通技术人员的判断标准。中心限定法为专利权人提供了充分的保护，某些技术特征在权利要求书中没有明确指明，但是在说明书中提及或者根据本领域普通技术人员可以联想得到的也可以落在该专利保护范围之中。对于第三人而言，该专利的保护范围处于不确定状态，存在对专利保护范围进行扩大解释的可能，使公众不易辨识专利权的保护范围。

2.周边限定法

周边限定法是指专利权的保护范围完全由权利要求书的文字内容来确定。该方法要求严格按照权利要求书的内容进行解释，说明书和附图不能成为确定专利权保护范围的根据，只有在权利要求书不准确、不清楚的情况下，上述文件才可能用来对专利权保护范围进行限制性解释。严格的字面解释，明确限制了专利权的范围，有助于保护专利权范围的稳定性，但也对权利要求书的撰写提出了更高的要求，第三人只要对技术方案稍作变动就能避开专利权的保护范围，不利于为专利权人提供灵活有效的法律保护。

3.折中法

中心限定法和周边限定法都有偏颇之处，折中法兼顾了专利权人和第三人的利益。依据折中法，应当通过权利要求书所表述的实质内容来确定专利权保护范围，说明书及附图可以用于解释权利要求的内容。我国目前在确定专利权保护范围时采用的是折中法。外观设计专利权的保护范围以表示在图片或者照片中的该专利产品的外观设计为准，简要说明可以用于解释图片所表达的该产品的外观设计。

三、专利侵权及其认定

(一) 专利侵权的概念及构成

专利侵权是指在专利有效期内，行为人未经专利权人许可，实施他人专利的行为。具体包括制造、使用、销售、许诺销售或者使用、销售、许诺销售依据该专利方法直接获得的产品。侵权行为的构成应当具备以下条件：一是要求侵害的对象为有效的专利。实施被宣告无效、被放弃或者专利保护期限届满的专利的，不构成侵权。二是侵权人应当具有生产经营的目的。我国专利法规定的侵犯专利权的行为都应当具有生产经营的目的。三是必须有侵害行为的发生。"未经专利权人许可实施其专利的行为……"说明侵害结果伴随着侵害行为而发生。但是许诺销售虽没有损害结果的发生，仍然构成侵权。

（二）侵权行为的种类

专利侵权可以分为两大类：直接侵权与间接侵权。

直接侵权行为主要有下面两种表现形式：第一是未经专利权人许可实施其专利的侵权行为。在直接侵权中还包含有"善意侵权"，指的是第三人以生产经营为目的使用或者销售不知道属于侵犯他人专利权的产品的行为。第三人若能证明自己属于善意使用，并且支付了合理对价的，可以免除赔偿责任，但该行为仍属于侵权行为。第二是假冒专利，即在没有被授予专利权的产品或者其包装上标注专利标识，在专利失效后仍继续使用该标识，销售前述产品及其他使公众混淆将未被授予专利的技术或者设计误认为是专利技术或者专利设计的行为。

我国《专利法》虽然没有对间接侵权加以规定，但在司法实务中已经出现了认定间接侵权成立的判决。间接侵权主要有以下两种形式：一是未经专利权人许可，以生产经营为目的制造、出售专门用于专利产品的关键部件或者专门用于实施专利方法的设备或材料；二是未经专利权人授权或者委托，擅自许可他人或者委托他人实施专利。

（三）专利侵权认定的原则

1.全面覆盖原则

全面覆盖原则是指在认定侵犯专利权时，被控侵权产品包含权利要求书里的每一项技术特征时，侵权行为成立。法院在进行侵权判定时使用全面覆盖原则进行判断，即将权利要求书中记载的技术方案的全部必要技术特征与被控侵权物的技术特征逐一进行比较，若被控侵权物的技术特征少于权利要求的必要技术特征，侵权行为不成立。

2. 等同原则

等同原则是指被控侵权的技术构成与专利权利要求书记载的技术特征相比较，并不存在实质性的不同，即该领域的普通技术人员，不经过创造性的思考即可通过等同替换或零件移动、合并、分解的手段实现专利的目的，并且与专利技术相比效果相同或者基本相同的，应当认为侵权行为成立。

3. 禁止反悔原则

禁止反悔原则也是对专利保护范围的一种限定，是指在专利审批、撤销或者无效宣告的过程中，专利权人为保障其专利的新颖性和独创性，通过书面声明或者修改专利文件的方式对专利权保护范围作出限制承诺或者放弃部分权利要求，在后期的专利诉讼中，专利权人不得将其已被限制排除或者已经放弃的权利要求再次纳入专利保护范围。

4. 现有技术抗辩原则

现有技术抗辩原则是使用现有技术抗辩的方法来对抗专利侵权指控。在专利纠纷中，被控侵权人能够证明其采用的技术或者设计属于现有技术的，不构成侵犯专利权。被诉侵权产品与现有产品或者设计的技术特征相同或者无实质性差异的，不属于侵权。

四、专利侵权的责任

专利侵权的责任类型有民事责任、行政责任、刑事责任。

（一）专利侵权的民事责任

专利权是一种财产权，专利侵权主要追究侵权人的民事责任。① 在司法

---

① 参见冯晓青、刘友华主编：《专利法》，法律出版社 2010 年版，第 274 页。

实践中，人民法院在处理专利侵权案件时，主要是采取责令停止侵权和赔偿损失等措施。

1.停止侵权

停止侵权是保护专利权最有效的措施。一般情况下，停止侵权是在认定侵权行为以后采取的。专利权人为防止侵权行为给自己造成更大的损失，可以向法院申请责令停止侵权，人民法院也可以依职权作出责令停止侵权的决定。专利权人向法院申请采取查封、扣押、冻结或其他停止侵权措施时，应当提供担保。《专利法》第七十七条规定，为生产经营目的使用、许诺销售或者销售不知道是未经专利权人许可而制造并售出的专利侵权产品，能证明该产品合法来源的，不承担赔偿责任。从该条款可以推断出，直接侵权者在没有主观过错时可以不承担赔偿责任，但是仍应当停止侵权。

2.赔偿损失

这里的赔偿损失是指侵权人应赔偿因其侵权行为而致使专利权人所遭受的损失。在专利侵权责任中，赔偿损失对专利权人来说非常重要，它关系到专利权人的损失能否得到补偿。专利侵权中的损失赔偿需要三个构成要件：(1)存在损害事实；(2)侵权行为与损害结果之间有因果关系；(3)侵权行为人存在主观过错。《专利法》第七十一条规定："侵犯专利权的赔偿数额按照权利人因被侵权所受到的实际损失或者侵权人因侵权所获得的利益确定；权利人的损失或者侵权人获得的利益难以确定的，参照该专利许可使用费的倍数合理确定。对故意侵犯专利权，情节严重的，可以在按照上述方法确定数额的一倍以上五倍以下确定赔偿数额。权利人的损失、侵权人获得的利益和专利许可使用费均难以确定的，人民法院可以根据专利权的类型、侵权行为的性质和情节等因素，确定给予三万元以上五百万元以下的赔偿。赔偿数额还应当包括权利人为制止侵权行为所支付的合理开支。人民法院为确定赔偿数额，在权利人已经尽力举证，而与侵权行为相关的账簿、资料主要由侵权人掌握的情况下，可以责令侵权人提供与侵权行为相关的账簿、资料；侵权人不提供或者提供虚假的账簿、资料的，人民法院可以参考权利人的主张和提供的证据判定赔偿数额。"第七十七条规定，侵权行为人主观没有过错的不承担赔偿责任。

（二）专利侵权的行政责任

专利侵权的行政处罚方式包括由专利管理部门责令改正并公告、没收违法所得、并处罚款等。

《专利法》第六十八条规定："假冒专利的，除依法承担民事责任外，由负责专利执法的部门责令改正并予公告，没收违法所得，可以处违法所得五倍以下的罚款；没有违法所得或者违法所得在五万元以下的，可以处二十五万元以下的罚款。构成犯罪的，依法追究刑事责任。"《专利行政执法办法》第二十条规定："管理专利工作的部门或者人民法院作出认定侵权成立并责令侵权人立即停止侵权行为的处理决定或者判决之后，被请求人就同一专利权再次作出相同类型的侵权行为，专利权人或者利害关系人请求处理的，管理专利工作的部门可以直接作出责令立即停止侵权行为的处理决定。"第四十六条规定："管理专利工作的部门作出认定专利侵权行为成立并责令侵权人立即停止侵权行为的决定，或者认定假冒专利行为成立并作出处罚决定的，应当自作出决定之日起20个工作日内予以公开，通过政府网站等途径及时发布执法信息。"第四十七条规定："管理专利工作的部门认定假冒专利行为成立的，可以按照下列方式确定行为人的违法所得……"

（三）专利侵权的刑事责任

我国《专利法》对专利侵权行为主要追究侵权行为人的民事责任，刑事处罚只有在发生假冒他人专利等情节严重的行为时才适用。我国《专利法》规定了假冒他人专利、泄露国家秘密两种可以依法追究刑事责任的行为(《刑法》第二百一十六条规定了假冒专利罪，第三百九十八条规定了故意泄露国家秘密罪、过失泄露国家秘密罪）。根据《专利法》第六十八条的规定，假冒他人专利，构成犯罪的，依法追究刑事责任。司法实践中，假冒他人专利是指伪造专利，即在未经专利权人许可的情况下，在与专利产品相同或类似的产品上使用专利标记及专利号，冒充他人专利产品，以达到欺骗消费者的目的。《专利法》第四条规定："申请专利的发明创造涉及国家安全或者重大利益需要保密的，按照国家规定办理"；第十九条规定："任何单位或个人将在中国完成的发明或者实用新型向外国申请专利的，应当事先经国务院专利行政部门进行保密审查"；第七十八条规定："违反本法第十九条规定向外国申请专利，泄露国家秘密的，由所在单位或者上级主管机关给予行政处分；构成犯罪的，依法追究刑事责任"。

📖 案例分析

1. 无线通信标准必要专利"禁诉令"案 [①]

2018 年 1 月，华为技术有限公司、华为终端有限公司、华为软件技术有限公司（以下统称"华为公司"）向江苏省南京市中级人民法院提起本案诉讼，请求确认未侵害康文森无线许可有限公司（以下简称"康文森公司"）三项中国专利权并请求确认中国地区标准必要专利的许可费率。2018 年 4 月，为反制华为公司的本案诉讼，康文森公司向德国杜塞尔多夫法院提起专利侵权诉讼，请求判令华为公司停止侵权并赔偿损失。2019 年 9 月 16 日，一审法院判决确定华为公司及其中国关联公司与康文森公司所涉标准必要专利的许可费率。康文森公司不服一审判决，向最高人民法院提起上诉。在最高人民法院二审审理期间，2020 年 8 月 27 日，德国法院作出一审判决，认定华为公司及其德国关联公司侵害康文森公司欧洲专利，判令禁止华为公司及其

[①] 华为技术有限公司、华为终端有限公司、华为软件技术有限公司与康文森无线许可有限公司确认不侵害专利权及标准必要专利许可纠纷系列案〔最高人民法院（2019）最高法知民终 732、733、734 号之一民事裁定书〕。

德国关联公司提供、销售、使用或为上述目的进口或持有相关移动终端,销毁并召回侵权产品等。该判决可在康文森公司提供 240 万欧元担保后获得临时执行。该判决认定,康文森公司向华为公司提出的标准必要专利许可费率要约未违反公平、合理、无歧视(FRAND)原则。康文森公司的前述要约中多模 2G/3G/4G 移动终端产品的标准必要专利许可费率约为本三案一审判决所确定中国标准必要专利许可费率的 18.3 倍。当日,华为公司向最高人民法院提出行为保全申请,请求禁止康文森公司在最高人民法院终审判决作出前申请执行德国法院判决。最高人民法院在要求华为公司提供担保的基础上,作出行为保全裁定,即:康文森公司不得在最高人民法院终审判决前,申请执行上述德国判决。如违反本裁定,自违反之日起,处每日罚款人民币 100 万元,按日累计。该裁定于当日送达。康文森公司在复议期内提起复议。最高人民法院组织双方听证后,裁定驳回康文森公司的复议请求。

本案是我国知识产权诉讼首例具有"禁诉令"性质的行为保全裁定,明确了采取禁止申请执行域外法院判决的行为保全措施时应考虑的必要性、损害程度、适应性、公共利益以及国际礼让因素等,并首次探索日罚金制度,初步构建起中国"禁诉令"的司法实践路径。本案裁定促成当事人最终达成全球"一揽子"和解协议,结束了在全球多个国家的平行诉讼,取得了良好的法律效果和社会效果。

2. 宁德时代诉塔菲尔侵害实用新型专利权纠纷案 [①]

原告宁德时代诉称,塔菲尔公司未经宁德时代公司许可,为生产经营目的共同制造、销售和许诺销售的规格为 NCM100Ah、NCM120Ah 和 NC-M135Ah 的动力电池使用了其所有的"防爆装置"实用新型专利(专利号为 ZL201521112402.7)技术方案,构成侵害涉案专利权,请求判令塔菲尔公司

---

① 宁德时代新能源科技股份有限公司与江苏塔菲尔新能源科技股份有限公司、东莞塔菲尔新能源科技有限公司等侵害实用新型专利权纠纷案〔福建省高级人民法院(2020)闽民初 1 号民事判决书〕。

连带赔偿原告经济损失 1.2 亿元等。

被告认为已就涉案专利在本案答辩期间向专利行政部门提起无效宣告。且宁德时代公司已经在无效程序中对涉案专利的权利要求作了修改，故涉案专利的稳定性存在问题，应中止审理，等待专利行政部门的无效决定。法院认为，宁德时代公司已就涉案专利提交了《专利权评价报告》，结论是涉案专利全部权利要求未发现存在不符合授予专利权条件的缺陷。虽然宁德时代公司在专利无效宣告程序中主动修改了权利要求，但只是将部分从属权利要求的特征并入原独立权利要求，并将原权利要求的序号作适应性修改调整。在塔菲尔公司未提交充分证据能够证明涉案专利可能被全部宣告无效的情况下，依照相关法律规定，本案不符合中止审理的法定要件。

法院经审理后认为，该专利目前处于有效状态。塔菲尔公司未经专利权人许可，共同制造、销售落入涉案专利权保护范围的侵权产品，共同侵害了宁德时代公司涉案专利权，构成共同侵权。法院判决塔菲尔公司赔偿原告经济损失 22979287 元，外加制止侵权所支出的合理费用。

本案是锂电行业两家知名企业之间的实用新型专利侵权纠纷，因涉诉标的高达 1.2 亿元而备受行业及市场的关注。本案中，法院依据《最高人民法院关于审理专利纠纷案件适用法律问题的若干规定》，在原告出具专利评价报告的情况下，因被告无法证明涉案专利可能在进行中的无效程序中被全部无效，驳回了被告中止审理的请求。

在计算判赔数额时，本案法院在产品单价、利润率和专利贡献度的数据确定上，根据市场情况进行了大胆估算，并给出了本案损失赔偿数额的计算方式：（侵权产品的总储电量）736515.6388kWh×（产品单价）1300 元 /kWh×（合理利润率，即宁德时代公司的平均营业利润率）24%×涉案专利贡献率 10%，据此得出宁德时代公司因塔菲尔公司侵权行为遭受的损失为 22979287 元。本案的高额判赔彰显了我国司法对实用新型专利强有力的保护，判赔额的计算方式对今后的知识产权案件也有相当的借鉴意义。

问题与思考

1.简述全面覆盖原则中的对比要求。

【答案要点】在专利侵权诉讼中，被控侵权的产品或方法必须完全包含与权利要求书中记载的所有技术特征相同或者等同的技术特征。也就是说，如果权利要求书上的某一项技术特征没有以相同或者等同的方式出现在被控侵权产品上，则不能认定等同侵权。

2.简述等同原则的适用。

【答案要点】如果一个技术特征与权利要求中记载的技术特征相对比，在该领域的普通技术人员看来，能够以实质上相同的方式实现实质上相同的功能，并产生实质上相同的效果，则该技术与专利技术具有相同特征。

3.简述禁止反悔原则的适用。

【答案要点】专利申请人、专利权人在专利授权或者无效宣告程序中，通过权利要求书、说明书的修改或者意见陈述放弃的技术方案，权利人在专利侵权诉讼中又将其纳入专利法保护范围的，人民法院不予认可。

第三章

商标权法律制度

📝 内容提要

商标是区分商品或服务来源的标志。只有具备了特定条件的标志才能被依法注册为商标，商标权人的合法利益才能得到法律保障。本章通过对商标权的主体、客体和内容的详细介绍，阐明了商标权的基本理论框架和重要法律制度。在此基础上，本章对商标权的保护与限制、商标权的撤销及救济程序作了重点讲解。

第一节　商标权制度概述

☑ 关键术语

商标；商标权特征

📄 基础知识

一、商标权概念

（一）商标概述

"商标"通俗地讲就是商品上的标记，它是随着商品经济的发展而逐渐产生的。现代意义上的商标出现在 19 世纪之后，源于国外，英文表述为"trademark"或者"brand"。现在，"商标"已经成为世界各国通用的法律用语。

世界贸易组织《与贸易有关的知识产权协议》将商标认定为，任何能够将一个企业的商品或服务区别于另一个企业的商品或服务的符号或符号组合。《英国商标法》则认为，商标是指任何能够以图像表示的、能够将某一企业的商品或服务与其他企业的商品或服务区分开来的标记。《法国知识产权法典》对商标的定义是，用以区别自然人或者法人的商品或者服务并可用书写描绘的标记。我国 2019 年 4 月 23 日修改通过的《商标法》第八条规定，任何能够将自然人、法人或者其他组织的商品与他人的商品区别开的标志，包括文字、图形、字母、数字、三维标志、颜色组合和声音等，以及上述要素的组合，均可以作为商标申请注册。

虽然各国对商标的描述不尽相同，但不可否认，商标联系着不同商品或服务的来源与终端，是现代知识产权的一个重要组成部分。我们认为，商标是指商品的生产者或服务的提供者在其商品或者服务上使用的，由文字、图形、字母、颜色组合、三维标志和声音等要素或其组合构成的，具有显著特征，便于识别同类商品或服务来源的标记。

（二）商标权概念

广义的商标权是指注册所有人依法对注册商标享有的专有权以及未注册商标所有人在法律规定条件下对未注册商标享有的专有权。狭义的商标权是商标所有人依法对其注册商标所享有的专有权利，这是由国家商标管理机关依照法律规定的程序，通过核准注册赋予注册商标所有人的一种排他性的法律权利，受到国家强制力的保护。我国《商标法》第三条规定，经商标局核准注册的商标为注册商标，商标注册人享有商标专用权，受法律保护。由此可见，我国法律上的商标权实际上是指注册商标专用权，而没有经过国家商标局核准注册而自行使用的商标不享有商标专用权，未注册商标使用人不得对抗其他人的使用，他人可以抢先申请注册并获得商标的专用权。

二、商标权特征

商标权具有知识产权的一般属性和特征，即具有专有性、时间性和地域性。

（一）专有性

专有性一般也称为独占性或者垄断性，是指商标所有人对其注册商标享有专有使用的权利。未经商标权人许可，其他任何人都不得在其核定使用的商品上使用核准注册的商标。

（二）时间性

时间性是指商标专用权的有效期限。我国《商标法》第四十条规定：注册商标有效期满，需要继续使用的，商标注册人应当在期满前 12 个月内按照规定办理续展手续；在此期间未能办理的，可以给予 6 个月的宽展期。每次续展注册的有效期为 10 年，自该商标上一届有效期满次日起计算。期满未办理续展手续的，注销其注册商标。商标局应当对续展注册的商标予以公告。

（三）地域性

指商标专用权的保护受地域范围的限制。注册商标专用权仅在商标注册国享受法律保护。如果想要在其他国家获得商标专用权并受到法律保护，可以进行商标国际注册。对于致力开拓国际市场的商家而言，商标的国际注册尤为重要。

相对于专利权和著作权而言，商标权还有以下独有特征。

（四）国家授予性

商标权，必须经过申请人的申请、国家主管机关的审批、核准公告等一系列程序之后才能获得。不同于著作权，商标权只能由国家授予，不能自动取得。

（五）权利内容的单一性

商标权虽然是一种民事权利，但其只有财产权，不包含人身权。关于商标的设计而产生的人身权利，属于著作权法调整的范畴。

（六）时间的相对永久性

商标权是一种知识产权，其保护期也有时间的限制，但这种限制不同于专利权和著作权。根据《商标法》第四十条的规定，商标权人只要在每次有效期限届满前及时申请商标续展，该注册商标就可能永远被保护。而对于专利权和著作权，其保护期一旦届满，其智力成果就进入公有领域。

📖 案例分析

2001 年，联想开始全球化发展步伐，却发现联想的英文名 Legend 在全球竟被 100 多家公司注册过商标，行业遍及娱乐、汽车等。据传，联想试着在欧洲买了两个回来，但很快发现，要和全球 100 多家公司去谈。2003 年 4 月 28 日，联想无奈之下，宣布花费巨资更换"Legend"为"lenovo"。

| 2003年之前 | 2003—2011年 | 2011—2015年 | 2015年至今 |

⚏ 问题与思考

1. 试分析商标权与专利权、著作权的区别。

【答案要点】商标权与专利权的区别

	商标权	专利权
权利授予的机关	国家商标局	国家知识产权局
权利授予的条件	由文字、图形、字母、数字、三维标志、颜色组合和声音等要素构成；具有"识别性"	先申请原则；发明创造具有"首创性"
权利保护的对象	注册商标	发明创造
权利保护期	10年，期满可续展，次数不限	发明专利20年，外观设计15年，实用新型10年，期满进入公有领域

商标权与著作权的区别

	商标权	著作权
权利属性	财产权	财产权、人身权
被保护的条件	显著性	独创性
权利的取得方式	登记注册	作品完成自动产生
适用范围	生产经营活动中	文学、艺术、科学领域
权利保护期	10年，期满可续展，次数不限	自然人作者终生加上死后50年，其他作品发表后50年，期满后进入公有领域

2. 简述商标专用权的地域性。

【答案要点】商标专用权的地域性（使用范围的地域性）是指经一个国家（或地区）商标注册机关核准注册的商标，其专用权被限定在该国（或地区）领域内。也就是说，商标专用权的地域性是指该注册商标的使用范围被限定在该国（或地区）领域内。

◻ **课程思政**

目前已知的中国乃至世界最早的商标广告实物，是北宋时期济南刘家功夫针铺使用的"白兔儿"商标，现保存于中国历史博物馆。这枚商标，承载着北宋时期济南手工业、服务业发达的重要历史记忆，也代表着济南经济发展的水平。一方面，说明刘家功夫针铺很早就注重运用商业标记、标识保护商业信誉，传播推介商品。另一方面，雕版商标的唯一性、显著性、独特性，确实起到了代言质量和形象、吸引消费选择和增强辨识的作用。这是时代发展的重要印记，是济南商业服务业早期兴盛的重要标志。"白兔儿"商标，代表了一种厚重的历史文化。这枚商标，采用雕版制作，既有文字，又有图形，图文并茂，是我国早期商户珍视品牌、质量和信誉的典范。而今，充分运用图文表现形式，增强商标的显著性和注重商标的文化内涵，充分展示企业形象，仍然是商标使用的常态和主流。

第二节　商标权主体与客体

☑ **关键术语**

商标权主体；商标权客体；商标分类

🗐 **基础知识**

一、商标权主体的概念及范围

商标权主体又叫商标权人，是指依法享有商标权的自然人、法人或者其他组织。从商标权权利来源来划分，商标权的主体包括商标权的原始主体和继受主体。

（一）商标权原始主体

商标权原始主体是指其享有的商标权是首次取得的权利人。包括以下几类。

1. 自然人

在我国，自然人可以申请商标注册，没有年龄限制，不必具有从事生产经营的资格。根据《商标法实施条例》第十四条第一款的规定，自然人申请商标注册应当提交其身份证明文件，商标注册申请人的名义应当与其所提交的证明文件一致。

2. 法人

在我国，能够作为商标权人的法人组织主要包括机关法人、企业法人、事业单位法人、社会团体法人等。

3. 非法人组织

非法人组织主要是指不具备法人资格，但是合法成立，具有一定组织机构和财产的组织。

4. 在中国没有经常居所或者营业场所的外国人或者外国企业

外国人和外国企业也能在中国申请商标注册，成为商标权人，但是有一定的限制条件。《商标法》第十七条规定，外国人或者外国企业在中国申请商标注册的，应当按其所属国和中华人民共和国签订的协议或者共同参加的国际条约办理，或者按对等原则办理。也就是说，只有其所属国与我国签订了协议或者共同参加了某一国际条约或者存在对等原则，才能在中国申请商标注册。

（二）商标权继受主体

自然人、法人或者其他组织依法通过注册商标的转让或者移转取得商标权后，就成为该商标权的继受主体。商标权的继受主体可以就第三人对商标权的侵权行为提起诉讼，可以主张停止侵权、赔偿损失的诉讼请求。

二、商标权客体内容及范围

商标权客体，是指法律对商标权所保护的具体对象，是商标权的物化载体，即商标。按照不同的划分标准，商标可以分为不同的类型。

（一）根据使用对象不同，商标可以划分为商品商标和服务商标

1. 商品商标

商品商标是指商品的生产者或经营者为了使自己生产或者经营的商品与他人生产或经营的商品相区分而使用的标识。这种商标在人们生活中最为常见。

2. 服务商标

服务商标，是指服务的提供者为将自己的服务与他人的服务区别开来而使用的一种标识。

3. 商品商标和服务商标之间的区别

	商品商标	服务商标
使用目的	区别商品质量和特点	区别服务质量和特点
适用范围	所有的商品领域	只适用于服务行业
注册原则	自愿注册为前提，部分特殊商品强制注册	自愿注册
使用方式	附着于商品上	通过服务行为显示

（二）根据功能的不同，商标可划分为证明商标、集体商标、联合商标和防御商标

1. 证明商标

证明商标又称保证商标，是指由对某种商品或者服务具有检测和监督能

力的组织所控制，而由其以外的人使用在商品或服务上，用以证明该商品或服务的原产地、原料、制造方法、质量、精确度或其他特定品质的商品商标或服务商标，如绿色食品标志。使用证明商标的目的是为了向消费者提供质量证明，有利于企业拓宽商品的销路，增强竞争能力。

和普通商标相比，证明商标的证明申请人必须具有法人资格；证明某一商品或服务的独特品质；注册人自己不能使用该证明商标；可以转让，但是受让人必须是依法成立，具有法人资格且有检测和监督能力的组织；证明商标申请注册时必须提交证明商标的管理规则；凡符合证明商标使用管理规则规定条件的，注册人不得拒绝符合其条件者使用其商标；注册人应当及时将使用人的情况报商标局备案。

2. 集体商标

集体商标又称团体商标，是指以工商业团体、协会或其他集体组织名义注册，供该组织成员在商事活动中使用，以表明使用者在该组织中的成员资格的标志。凡集体商标注册人所属成员，均可使用该集体商标，但须按该集体商标的使用管理规则履行必要的手续。

和普通商标相比，集体商标的申请注册人为某一组织体，个人不能申请注册集体商标；集体商标的使用有明文规定，只能在商事活动中使用，且不是该组织的成员不能使用该集体商标；不同于普通商标的作用在于区别商品或服务的来源，集体商标表明商品或服务来自某一组织；和证明商标一样，集体商标的申请必须要提交使用管理规则；集体商标准许组织成员使用时不必签订许可合同，另外，集体商标失效后 2 年内，商标局不得核准与之相同或者相近似的商标注册。

3. 联合商标

联合商标是指同一个商标所有人在同一种商品或者类似商品上注册使用的若干个近似的商标。这类商标不得分开转让，不受 3 年不使用规定的限制。

4.防御商标

防御商标是指驰名商标所有人在不同类别的商品或服务上注册若干个相同的商标。这类商标的注册人主要是驰名商标的所有人。

（三）根据商标的维度状态，可以分为平面商标和立体商标

1.平面商标

平面商标是指标识均呈现在一个水平面上的商标，主要包括文字商标、图形商标、字母商标、数字商标、颜色组合商标、组合商标。

2.立体商标

立体商标是指以产品的外形或者产品的长、宽、高三维标志为构成要素的商标。值得注意的是，《商标法》第十二条规定，以三维标志申请注册商标的，仅由商品自身的性质产生的形状、为获得技术效果而需有的商品形状或者使商品具有实质性价值的形状，不得注册。

（四）根据构成成分或状态的不同可划分为视觉商标、听觉商标和味觉商标

这是一种比较常用的划分方法。我国现阶段不受理味觉商标的注册申请，听觉商标目前注册成功的案例很少。视觉商标包括平面商标、立体商标和颜色商标三种，是现在最为普遍的商标。

（五）按知名度的高低和保护范围的大小可以分为普通商标、著名商标和驰名商标

这是根据商标在公众中的知晓程度、影响范围等因素对商标进行的划分。普通商标是指在正常情况下使用未受到特别法律保护的绝大多数商标；著名商标是指具有较高市场声誉和商业价值，为相关公众所熟知，并依法被认定的注册商标；驰名商标，专指在中国为相关公众广为知晓并享有较高

声誉的商标，它是由国家有权机关依照法定程序进行官方认定的一种商标类型。

📖 **案例分析**

下述案例中，"嘀嘀"商标权的主体分别是什么？

2014年5月19日，杭州妙影微电子有限公司（以下简称"杭州妙影"）宣称北京小桔科技有限公司（以下简称"小桔科技"）使用"嘀嘀"二字作为打车产品名称，侵犯其注册商标专用权，已联合浙江省宁波市科技园妙影电子有限公司（以下简称"宁波妙影"）向杭州市中院提起诉讼，要求小桔科技停止侵权行为，并赔偿人民币8000万元。5月20日，小桔科技召开发布会，宣布旗下产品"嘀嘀打车"正式更名为"滴滴打车"。

2011年3月22日，宁波妙影向国家工商总局商标局申请注册嘀嘀和Didi两件标，2012年5月21日核准注册，注册号分别为第9243846号、第9243913号，核定用商品包括第9类"计算机程序（可下载软件）"项目。2013年7月13日，宁波妙影将嘀嘀和Didi商标转让给杭州妙影。之后，杭州妙影将上述两件注册商标排他给宁波妙影使用。

【答案要点】本案中，"嘀嘀"商标权主体分别是：原始主体宁波妙影、继受主体杭州妙影。

问题与思考

1.简述商标的概念和功能。

【答案要点】商标是指商品的生产者或服务的提供者在其商品或者服务上使用的，由文字、图形、字母、颜色组合、三维标志和声音等要素或其组合构成的，具有显著特征，便于识别同类商品或服务来源的标记。商标最基本的功能是识别商品或服务的来源，通过不同的商标，消费者能够判断出商品或者服务来源于哪些企业，选择自己满意的商品；除此之外，商标还具有宣传功能、品质功能、文化功能，是一个企业无形的资产。

2.防御商标和联合商标有什么不同?

【答案要点】防御商标与其主商标是不同的商品或者服务上注册的相同的商标，联合商标是与其主商标相同或者类似的商品上注册使用的不同但相近似的若干个商标；防御商标的商标权人一般为驰名商标所有人，注册较为困难，联合商标权人不一定是驰名商标所有人。

第三节　商标注册申请

关键术语

商标注册；异议程序；商标续展；商标国际注册

基础知识

一、商标注册申请材料

《商标法实施条例》第十三条规定，申请商标注册，应当按照公布的商品和服务分类表填报。每一件商标注册申请应当向商标局提交《商标注册申请书》1份、商标图样1份；以颜色组合或者着色图样申请商标注册的，应当提交着色图样，并提交黑白稿1份；不指定颜色的，应当提交黑白图样。《商标法实施条例》第十四条第一款规定，申请商标注册的，申请人应当提交其身份证明文件。因此，商标注册的申请材料主要有商标注册申请书、商标图样以及证明文件。

（一）商标注册申请书

申请商标注册要填写商标注册申请书，具体有以下要求。

1.填写商标注册申请书时，应当按照规定的商品和服务分类表填报使用的商品类别和商品名称，商品或者服务项目名称未列入商品和服务分类表的，应当附送对该商品或服务的说明。

2.在一份申请上，商标注册申请人只能填写一件商标，但商标注册申请人可以通过一份申请就多个类别的商品申请注册同一商标，对于难以确定类别的商品和服务，应附加说明。

3.申请商标注册的，申请人应当提交其身份证明文件，商标注册申请人的名义与所提交的证明文件应当一致。

4.以三维标志、颜色组合申请商标注册的，应当在申请书中予以声明，说明商标的使用方式。

5.以声音标志申请商标注册的，应当在申请书中予以声明，提交符合要求的声音样本，对申请注册的声音商标进行描述，说明商标的使用方式。对声音商标进行描述，应当以五线谱或者简谱对申请用作商标的声音加以描述并附加文字说明；无法以五线谱或者简谱描述的，应当以文字加以描述；商标描述与声音样本应当一致。

6.申请注册集体商标、证明商标的，应当在申请书中予以声明，并提交主体资格证明文件和使用管理规则。

7.商标为外文或者包含外文的，应当说明含义。

8.委托商标代理机构办理的，应当提交一份"商标代理委托书"。

9.商标注册申请等有关文件，可以以书面形式或者数据电文的方式提出。

值得注意的是，在审查过程中，商标局认为商标注册申请内容需要说明或者修正的，可以要求申请人作出说明或者修正。申请人未作出说明或者修正的，不影响商标局作出审查决定。

（二）商标图样

申请商标注册，申请人应当提交商标图样，具体要求有：

1.商标图样应当清晰，便于粘贴，用光洁耐用的纸张印制或者用照片代替。

2.商标图样的长和宽应当不大于 10 厘米，不小于 5 厘米。

3.以颜色组合或者着色图样申请商标注册的，在提交着色图样时，应当提交黑白稿 1 份；不指定颜色的，应当提交黑白图样。

4.以三维标志申请注册商标的，应当提交能够确定三维形状的图样。

（三）证明文件

根据我国商标法规定，在申请商标注册时，一些特殊的商品或者服务应当提交相应的证明材料。

1.商标法规定必须使用注册商标的商品。《商标法》第六条规定，法律、行政法规规定必须使用注册商标的商品，必须申请商标注册，未经核准注册的，不得在市场销售。如烟草制品应附送相关部门批准的证明文件。

2.国内的报纸、杂志的商标注册。国内的报纸、杂志申请商标注册应当提交新闻出版部门发给的全国统一刊号（CN）的报刊登记证。申请注册的报纸、杂志名称，必须是经中共中央宣传部，国家科学技术委员会，中国人民解放军总政治部，新闻出版署，中共各省、自治区、直辖市委宣传部正式批准创办的报纸、杂志。内部发行的报纸、杂志名称，不作为商标申请专用。

3.证明商标和集体商标。办理证明商标和集体商标的商标申请应提交证明商标和集体商标的申请人的主体资格证明和商标使用管理规则。

4.申请的商标为人物肖像。申请的商标为人物肖像的应当提供肖像人的授权并经公证机关公证。

二、商标注册审查和核准

（一）商标注册审查

目前，世界各国对商标的审查主要采取两种方式：一种为形式审查制；一种为实质审查制，即不仅要进行形式审查，还要进行实质审查。目前大多数国家采用实质审查制，我国也采用实质审查制。我国商标注册的审查和核准的具体程序如下。

1.商标注册形式审查

形式审查是指针对商标注册的申请进行审查，看是否具备法定条件和手续，从而确定是否受理该申请。形式审查主要审查以下几方面的内容。

（1）申请人的资格和申请程序。审查申请人是否符合《商标法》的相关规定，如果申请人存在不具备主体资格或者超越了法人行为能力范围等情形，商标局将不予受理，同时书面通知申请人并说明理由。

（2）申请文件。此处主要审查申请人的文件是否齐全，所填写的内容是否符合《商标法》的相关规定，是否已交纳了相关费用。

（3）申请是否符合商标申请的相关原则。

（4）商标的申请日期，编写申请号。《商标法实施条例》第十八条规定，商标注册的申请日期以商标局收到申请文件的日期为准。商标注册申请手续齐备、按照规定填写申请文件并缴纳费用的，商标局予以受理并书面通知申请人；申请手续不齐备、未按照规定填写申请文件或者未缴纳费用的，商标局不予受理，书面通知申请人并说明理由。申请手续基本齐备或者申请文件基本符合规定，但是需要补正的，商标局通知申请人予以补正，限其自收到通知之日起 30 日内，按照指定内容补正并交回商标局。在规定期限内补正并交回商标局的，保留申请日期；期满未补正的或者不按照要求进行补正的，商标局不予受理并书面通知申请人。

2. 商标注册实质审查

实质审查是对申请注册商标的构成要素是否符合法定条件进行审查。实质审查的内容主要包括：

（1）商标的种类和显著特征是否符合《商标法》的规定，如不符合则驳回申请，不予注册。

（2）商标的构成要素是否违背《商标法》规定的禁用条款，违者予以驳回。

（3）商标注册人的商标是否与他人在同一种或类似商品上注册的商标相同或者近似。

（4）是否与撤销、注销不满一年注册商标相同或相似。

（5）申请商标注册是否损害他人现有的在先权利，是否属于以不正当手段抢先注册他人已经使用并有一定影响的商标。

（6）不以使用为目的的恶意商标注册申请，应当予以驳回。

此规定为 2019 年修订《商标法》新增加内容，具体明确了"不以使用为目的的恶意商标注册申请"的后果：①在申请阶段将予以驳回；②在初步审定公告阶段，在先权利人、利害关系人有权据此提出异议；③即使已经注册成功，也将面临被宣告无效。

3. 商标审查的程序

对申请注册的商标，商标局应当自收到商标注册申请文件之日起 9 个月内审查完毕，符合《商标法》有关规定的，予以初步审定公告。在审查过程中，商标局认为商标注册申请内容需要说明或者修正的，可以要求申请人作出说明或者修正。申请人未作出说明或者修正的，不影响商标局作出审查决定。

　　申请注册的商标，凡不符合《商标法》有关规定或者同他人在同一种商品或者类似商品上已经注册的或者初步审定的商标相同或者近似的，由商标局驳回申请，不予公告。两个或者两个以上的商标注册申请人，在同一种商品或者类似商品上，以相同或者近似的商标申请注册的，初步审定并公告申请在先的商标；同一天申请的，初步审定并公告使用在先的商标，驳回其他人的申请，不予公告。在同一天申请注册的，各申请人应当自收到商标局通知之日起 30 日内提交其申请注册前在先使用该商标的证据。同日使用或者均未使用的，各申请人可以自收到商标局通知之日起 30 日内自行协商，并将书面协议报送商标局；不愿协商或者协商不成的，商标局通知各申请人以抽签的方式确定一个申请人，驳回其他人的注册申请。商标局已经通知但申请人未参加抽签的，视为放弃申请，商标局应当书面通知未参加抽签的申请人。根据《商标法》第四十八条规定可知，商标的使用，是指将商标用于商品、商品包装或者容器以及商品交易文书上，或者将商标用于广告宣传、展览以及其他商业活动中，用于识别商品来源的行为。

　　4. 商标异议及异议的复审

　　商标异议是指公众对某一经过初步审定并公告的商标，在法定期限内，向商标局提出该商标不予注册的反对意见，即要求商标局在规定的 3 个月异议期满后不要核准该商标注册。《商标法》第三十三条规定："对初步审定公告的商标，自公告之日起三个月内，在先权利人、利害关系人认为违反本法第十三条第二款和第三款、第十五条、第十六条第一款、第三十条、第三十一条、第三十二条规定的，或者任何人认为违反本法第四条、第十条、第十一条、第十二条、第十九条第四款规定的，可以向商标局提出异议。公告期满无异议的，予以核准注册，发给商标注册证，并予公告。"

对驳回申请、不予公告的商标，商标局应当书面通知商标注册申请人。商标注册申请人不服的，可以自收到通知之日起 15 日内向商标评审委员会申请复审。商标评审委员会应当自收到申请之日起 9 个月内作出决定，并书面通知申请人。有特殊情况需要延长的，经国务院工商行政管理部门批准，可以延长 3 个月。当事人对商标评审委员会的决定不服的，可以自收到通知之日起 30 日内向人民法院起诉。

对初步审定公告的商标提出异议的，商标局应当听取异议人和被异议人陈述事实和理由，经调查核实后，自公告期满之日起 12 个月内作出是否准予注册的决定，并书面通知异议人和被异议人。有特殊情况需要延长的，经国务院工商行政管理部门批准，可以延长 6 个月。商标局作出准予注册决定的，发给商标注册证，并予公告。异议人不服的，可以依照本法第四十四条、第四十五条的规定向商标评审委员会请求宣告该注册商标无效。商标局作出不予注册决定，被异议人不服的，可以自收到通知之日起 15 日内向商标评审委员会申请复审。商标评审委员会应当自收到申请之日起 12 个月内作出复审决定，并书面通知异议人和被异议人。有特殊情况需要延长的，经国务院工商行政管理部门批准，可以延长 6 个月。被异议人对商标评审委员会的决定不服的，可以自收到通知之日起 30 日内向人民法院起诉。人民法院应当通知异议人作为第三人参加诉讼。

商标评审委员会在依照前款规定进行复审的过程中，所涉及的在先权利的确定必须以人民法院正在审理或者行政机关正在处理的另一案件的结果为依据的，可以中止审查。中止原因消除后，应当恢复审查程序。

（二）商标注册核准

商标获准注册后，由商标局将核准的商标和核定使用商品登记在"商标注册簿"上，并刊登在《商标公告》上，同时颁发商标注册证。注册商标受法律保护，注册人享有商标专用权。

根据《商标法》三十六条，对初步审定并公告的商标，法定期限届满后，当事人对商标局作出的驳回申请决定、不予注册决定不申请复审或者对商标评审委员会作出的复审决定不向人民法院起诉的，驳回申请决定、不予注册决定或者复审决定生效。

经审查异议不成立而准予注册的商标，商标注册申请人取得商标专用权的时间自初步审定公告3个月期满之日起计算。

三、商标注册续展、变更

（一）商标续展

商标续展，是指注册商标所有人在商标注册有效期届满后的一段时间内，依法办理一定的手续，延长其注册商标有效期的制度。根据《商标法》第四十条规定，注册商标有效期满，需要继续使用的，商标注册人应当在期满前12个月内按照规定办理续展手续；在此期间未能办理的，可以给予6个月的宽展期。每次续展注册的有效期为10年，自该商标上一届有效期满次日起计算。期满未办理续展手续的，注销其注册商标。注册商标被撤销、被宣告无效或者期满不再续展的，自撤销、宣告无效或者注销之日起1年内，商标局对与该商标相同或者近似的商标注册申请，不予核准。

在商标续展过程中应提交的申请书件主要包括：《商标续展注册申请书》；申请人的身份证明文件（复印件）；注册证复印件；如果是委托代理的，需要提交委托代理的《代理委托书》，直接在受理大厅办理的提交经办人的身份证复印件；申请文件为外文的，还应提供经翻译机构签章确认的中文译本。如果申请续展的商标为共有商标的，应以代表人的名义提出申请。

商标的续展可以由注册商标所有人直接向商标局提出续展申请，也可以委托商标代理机构办理。商标局在收到续展注册申请后，经过审查，认为符合《商标法》相关规定的，予以核准，将原"商标注册证"加注发还，并予以公告；认为不符合法律规定的，商标局以"驳回通知书"的形式告知申请人，并退还续展注册费。

驳回的理由主要有以下几点：（1）注册商标的续展申请过了宽展期；（2）自行改变了注册商标的文字、图形或其组合；（3）自行扩大了注册商标核定使用的商品范围；（4）其他违反商标法规定的行为。对驳回续展注册申请不服的，申请人可以在收到通知之日起 15 天内，向商标评审委员会申请复审。

（二）商标注册变更

注册商标需要变更注册人名义、地址或者其他注册事项的，应当向商标局提交变更申请书。变更商标注册人名义的，还应当提交有关登记机关出具的变更证明文件。商标局核准的，发给商标注册人相应证明，并予以公告；不予核准的，应当书面通知申请人并说明理由。

变更商标注册人名义或者地址的，商标注册人应当将其全部注册商标一并变更；未一并变更的，由商标局通知其限期改正；期满未改正的，视为放弃变更申请，商标局应当书面通知申请人。

四、商标国际注册

近年来，随着中国企业"走出去"步伐加快，中国品牌在国际市场上日益引人注目。随之而来，中国企业商标在海外遭遇抢注的情形屡见不鲜，不少企业为维权付出不小的代价。当然，国外知名商标也有在我国国内被恶意抢先注册的情形。总之，了解商标国际注册流程、法律依据对于开拓国际市场、维护自身合法权益具有十分重要的意义。

（一）商标国际注册起源及法律依据

根据《商标法实施条例》第三十四条的规定，《商标法》第二十一条规定的商标国际注册，是指根据我国 1989 年 7 月 4 日加入的《商标国际注册马德里协定》（以下简称"马德里协定"）、《商标国际注册马德里协定有关议定书》（以下简称"马德里议定书"）及《商标国际注册马德里协定及该协定有关议定书的共同实施细则》的规定办理的马德里商标国际注册。马德里商标国际注册申请包括以中国为原属国的商标国际注册申请、指定中国的领土延伸申请及其他有关的申请。

（二）商标国际注册资格和条件

1. 以中国为原属国申请商标国际注册的，应当在中国设有真实有效的工商营业场所，或者在中国有住所，或者拥有中国国籍。

2. 商标已在商标局获得注册的，可以根据马德里协定申请办理该商标的国际注册；商标已在商标局获得注册，或者已向商标局提出商标注册申请并被受理的，可以根据马德里议定书申请办理该商标的国际注册。

（三）商标国际注册程序

商标国际注册程序主要分为以下几个步骤。

第一，申请人向国家商标局提出马德里商标国际注册申请，并将有关各项文件递交商标局。注意，商标国际注册申请指定的商品或者服务不得超出国内基础申请或者基础注册的商品或者服务的范围。

第二，国家商标局在收到申请文件后，认为手续齐备并符合填写要求的，编订申请书号，并以此日期作为商标国际注册的申请日期，申请手续不齐备或者未按照规定填写申请书的，商标局不予受理，申请日不予保留。申请手续基本齐备或者申请书基本符合规定，但需要补正的，申请人应当自收到补正通知书之日起 30 日内予以补正，逾期未补正的，商标局不予受理，书面通知申请人。

第三，国家商标局在收到手续资料齐备的申请文件后，即登记申请日期，编订申请号，按当月第一天的银行外汇汇率折算，计算申请人所需缴纳的人民币费用，向申请人发送缴费通知单。申请人应当自收到商标局缴费通知单之日起 15 日内，向商标局缴纳费用。期满未缴纳的，商标局不受理其申请，书面通知申请人。

第四，国内申请手续齐备后，国家商标局在 30 日内将申请文件翻译整理成法文或者英文文件并将相应的注册申请递交世界知识产权组织国际局。

第五，世界知识产权组织国际局在收到我国国家商标局递交的商标国际注册申请和申请费用后，对该国际注册进行形式审查。如果认为手续齐备，申请文件符合相关规定，一切妥当之后，将带有国际注册号码和国际注册日期的商标登记在"国际注册簿"里；认为手续不齐备或申请文件不符合相关规定的，暂缓注册，并通知我国国家商标局。我国国家商标局在收到国际局的通知之日起 15 日内通知申请人或者代理人补齐手续。申请人或者代理人应在国际局通知规定的期限内通过我国国家商标局补齐手续。逾期未补齐的，视为放弃申请，国际局在扣除一定的基础注册费后，退回其余的注册费用，但我国国家商标局收取的手续费不退。

关于商标国际注册日期问题，以国际局在我国商标局收到国际商标注册申请之日起计算，如果两个月之内收到我国商标局转去的国际注册申请，我国商标局的收文日期，也就是该商标的国际注册日期；如果国际局在两个月之后才收到该注册申请的话，国际局则将收到该注册文件的日期作为收文日期和国际注册日期。

第六，申请国际注册的商标，一经在国际局的"国际注册簿"上登记后，即由国际局负责将该商标刊登在世界知识产权组织《国际商标公告》上。公告期为 3 个月，任何人均可以对该公告刊登的指定国家的领土延伸申请向该所属国商标主管局提出异议。

第七，国际商标注册在"国际注册簿"上登记后，国际局就此国际商标注册申请发通知给被申请人要求指定保护此商标的国家。

（四）商标国际注册保护期限

根据《马德里协定》，申请商标国际注册的有效期限为 20 年，可以一次性缴费，也可以分前十年和后十年两次缴费，20 年期满可以续展注册。根据《马德里议定书》，申请商标国际注册的有效期限为 10 年，10 年期满可以续展注册。在中国获得保护的国际注册商标，有效期自国际注册日或者后期指定日起算。在有效期届满前，注册人可以向国际局申请续展，在有效期内未申请续展的，可以给予 6 个月的宽展期。商标局收到国际局的续展通知后，依法进行审查。国际局通知未续展的，注销该国际注册商标。

📖 案例分析

案例一

2006 年 7 月，王致和集团拟在 30 多个国家进行商标注册时，发现"王致和"腐乳、调味品、销售服务等三类商标，已被一家名叫欧凯的德籍公司于 2006 年 3 月在德国注册。而欧凯公司申请的商标标识与王致和集团产品使用的商标标识一模一样。2007 年初，王致和向慕尼黑地方法院提起诉讼，要求判定欧凯百货公司无偿归还商标并予以赔偿。

2009 年 4 月 23 日，慕尼黑高等法院对王致和诉欧凯商标侵权及不正当竞争一案作出终审判决：欧凯公司不得擅自使用王致和商标，否则将对其处以 25 万欧元的罚款或对主要负责人处以 6 个月监禁；欧凯公司应注销其抢注的"王致和"商标。至此，备受关注的王致和诉德国欧凯恶意抢注商标案，经过两年零三个月的讼争，最终以"王致和"商标物归原主而画上了圆满的句号。

案例二

经营展览活动策划等业务的原告指南针公司和中唯公司系"Ц"注册

商标的共有人，该商标核定使用在包括服装在内的第 25 类商品上，有效期至 2023 年 6 月 20 日。两权利人共持有 2600 余个注册商标，并将多个注册商标转让他人，且无证据表明两权利人曾使用过上述注册商标。中唯公司的网站上曾出现"UL"注册商标的高价转让信息，并曾暗示欲将该商标卖给优衣库公司。优衣库公司从事服装经营，船厂路店系其分公司。该店正门等处均使用"UNI QLO"商标，在售服装的标牌和吊牌上标有"UL ULTRA LIGHT DOWN"标识，该商品发票收款单位为优衣库公司。人人网"UNIQLO[优衣库]发布最新高级轻型羽绒系列"文章中显示收纳袋上印有"UL ULTRA LIGHT DOWN"标识。株式会社迅销系"UNI QLO"商标所有人，旗下子公司优衣库公司与案外人迅销（中国）商贸有限公司共同经营该品牌。株式会社迅销在日本注册了"UL"商标，曾向我国商标局申请"UL"商标领土延伸，被驳回。2014 年 3 月，指南针公司发出律师函要求优衣库公司立即停止侵权并赔偿。之后，两原告以优衣库公司或迅销（中国）商贸有限公司及其下属分公司侵害涉案注册商标专用权为由，分别在全国多家法院提起诉讼。

法院审理认为，由于商标权利人未实际使用涉案注册商标，判令停止侵害后，"UL"注册商标已经恢复到被侵权前的状态，权利人的正常实施已不存在任何障碍。侵权损害赔偿主要是为了弥补业已发生的侵权行为对权利人所造成的经济损失。鉴于该商标未实际使用，被控侵权行为未产生侵占其商品市场份额的损害后果，因此不存在经济损失。至于相关维权费用，本案商标权利人意图通过大量注册商标并转让进行牟利；同时，其就相同事实在全国各地法院提起批量诉讼，明显具有利用注册商标批量诉讼以获取多重赔偿之意图。本案因批量诉讼策略所产生之诉讼成本均系重复支出，并非权利人因侵权行为所必须支出的合理费用，不应责令侵权人承担上述因重复诉讼而支出的费用。

问题与思考

1.简述商标注册流程。

【答案要点】 自然人、法人或者其他组织对其生产、制造、加工、拣选或经销的商品或者提供的服务需要取得商标专用权的，应当依法向国家工商行政管理总局商标局（以下简称"商标局"）提出商标注册申请。国内的申请人办理各种商标注册事宜有两种途径：一是直接到商标局办理；二是委托国家认可的商标代理机构办理。两种途径的主要区别是发生联系的方式不同和提交的书件稍有差别。在发生联系的方式方面，直接到商标局办理的，在办理过程中申请人与商标局直接发生联系；委托商标代理机构办理的，在办理过程中申请人通过商标代理机构与商标局发生联系，而不直接与商标局发生联系。在提交的书件方面，直接到商标局办理的，申请人除应提交的其他书件外，应提交经办人本人的身份证复印件；委托商标代理机构办理的，申请人除应提交的其他书件外，应提交委托商标代理机构办理商标注册事宜的授权委托书。国内的申请人直接办理商标注册事宜的，应到商标局的商标注册大厅办理。

外国人或外国企业在中国办理商标注册事宜必须委托商标代理机构代理，但在中国有经常居所或者营业所的外国人或外国企业除外。

2.设置异议程序的目的。

【答案要点】 商标异议程序旨在加强社会公众对商标审查工作的监督，减少审查工作的失误，强化商标意识；同时给予注册在先的商标权人及其他利害关系人机会保护自身权益免受侵害，保护商标在先注册人的利益，保护商标初步审查人的在先申请权，避免注册商标申请人获得不应得到的商标专用权。

课程思政

构建新发展格局，弘扬中国品牌也被赋予了崭新的意义。加快品牌建设，发挥品牌引领作用，是促进强大而有韧性的国民经济循环体系、加快构建新发展格局的现实路径。党中央、国务院高度重视品牌发展工作。2014年5月10日,习近平总书记指示,要"推动中国制造向中国创造转变、中国速度向中国质量转变、中国产品向中国品牌转变"。李克强在当年的《政府工作报告》中多次强调打造中国知名自主品牌。2016年6月,国务院印发了《关于发挥品牌引领作用推动供需结构升级的意见》,提出设立"中国品牌日",凝聚品牌发展社会共识,营造品牌发展良好氛围,搭建品牌发展交流平台,提高自主品牌影响力和认知度。2017年4月24日,国务院正式批复国家发展改革委《关于设立"中国品牌日"的请示》,同意自2017年起,将每年5月10日设定为"中国品牌日"。同年,实施商标品牌战略被写入了《"十三五"市场监管规划》,国家品牌战略开始深入实施。

习近平总书记多次对品牌建设作出重要指示,要求加快"三个转变",特别是2020年以来在各地考察时又着重指出,要"实现技术自立自强,做强做大民族品牌""坚持绿色发展方向,强化品牌意识",为我国品牌发展指明了方向。李克强连续4年对中国品牌日活动作出重要批示,提出殷切期望。越来越多的中国品牌,正在快速成长为高质量、高品位、高颜值的"国货之光",受到市场认可和消费者青睐。伴随着自主品牌的崛起,大众的商标和知识产权意识也在逐步提升,这为走向质量强国、品牌强国提供了基础。①

第四节　注册商标撤销与程序

☑ **关键术语**

使用不当撤销;争议撤销;注册不当撤销

---

① 参见郭丁源:《迎接第六个中国品牌日　共话品牌高质量发展》,《中国经济导报》2022年5月10日。

📄 **基础知识**

一、注册商标撤销事由

商标权的撤销是指商标主管机关对违反商标法的有关规定的行为给予处罚，终止其原注册商标权的一种行政制裁手段。

（一）使用不当撤销

使用不当撤销是指注册商标所有人违反合理使用注册商标的义务而其注册商标由商标局予以撤销的情形。

1.注册商标使用不当撤销的事由

注册商标使用不当的撤销，以注册商标所有人违反其合理使用注册商标的义务且情节严重的情形为限。注册商标所有人承担注册商标的合理使用义务，应当按照法律规定的要求积极使用注册商标。注册商标所有人怠于使用注册商标或者违反法律规定使用注册商标，构成使用不当。根据《商标法》第四十九条及《商标法实施条例》第六十五条的规定，注册商标使用不当的撤销的事由包括：

（1）自行改变注册商标；

（2）自行改变注册商标的注册人名义、地址或者其他注册事项；

（3）没有正当理由连续三年停止使用注册商标；

（4）注册商标成为其核定使用的商品的通用名称。

2.注册商标使用不当被商标局作出撤销决定后的复审

根据《商标法》第五十四条的规定，对商标局撤销或者不予撤销注册商标的决定，当事人不服的，可以自收到通知之日起 15 日内向商标评审委员会申请复审。商标评审委员会应当自收到申请之日起 9 个月内作出决定，并书面通知当事人。有特殊情况需要延长的，经国务院工商行政管理部门批准，可以延长 3 个月。当事人对商标评审委员会的决定不服的，可以自收到通知之日起 30 日内向人民法院起诉。

（二）争议撤销

争议撤销是指注册保护在先的商标注册人，可以对在后注册在同一种或类似商品上相同或近似商标提出争议，并请求商标评审委员会裁定撤销在后注册的商标。

二、注册商标撤销程序

（一）撤销注册商标评审程序

撤销注册商标应遵循特定的法律程序，而商标评审则是其必经程序。撤销注册商标评审程序主要是指商标评审委员会依照《商标法》第三十四条、第三十五条、第四十四条、第四十五条、第四十九条、第五十四条和《商标法实施条例》的相关规定审理有关商标是否存在撤销的法定情形。当事人向商标评审委员会提出商标评审申请，应当有明确的请求、事实、理由和法律依据，并提供相应证据。商标评审委员会会根据事实，依法进行评审。评审程序如下。

1. 申请商标评审，应当向商标评审委员会提交申请书，并按照对方当事人的数量提交相应份数的副本；基于商标局的决定书或者裁定书申请复审的，还应当同时附送商标局的决定书或者裁定书副本。

2. 商标评审委员会收到申请书后，经审查，符合受理条件的，予以受理；不符合受理条件的，不予受理，书面通知申请人并说明理由；需要补正的，通知申请人自收到通知之日起 30 日内补正。经补正仍不符合规定的，商标评审委员会不予受理，书面通知申请人并说明理由；期满未补正的，视为撤回申请，商标评审委员会应当书面通知申请人。

3. 商标评审委员会受理商标评审申请后，发现不符合受理条件的，予以驳回，书面通知申请人并说明理由。

4. 商标评审委员会受理商标评审申请后，应当及时将申请书副本送交对方当事人，限其自收到申请书副本之日起 30 日内答辩；期满未答辩的，不影响商标评审委员会的评审。

对于评审符合撤销注册商标情形的，因构成要件的不同而有所区别。

第一，因自行改变注册事项而导致撤销的程序。商标注册人因"自行改变"注册事项行为的，先由地方工商行政管理部门责令限期改正，当事人及时改正的，不撤销其注册商标。在地方工商行政管理部门限定的期限内，当事人不改正的，期限届满由商标局撤销其注册商标。

第二，因注册商标成为商品通用名称或者连续 3 年不使用而导致的撤销程序：（1）任何单位或者个人，均可以向商标局提出申请，请求撤销该注册商标；（2）商标局收到申请以后，应当自收到申请之日起 9 个月内作出决定。有特殊情况需要延长时限的，经国务院工商行政管理部门批准，可以延长 3 个月。

（二）诉讼程序

当事人对商标评审委员会的裁定不服的，可以自收到通知之日起 30 日内向人民法院起诉。其中对于因商标注册不当、商标争议而由他人提起撤销申请的，人民法院应当通知商标裁定程序的对方当事人作为第三人参加诉讼。

（三）其他规定

1. 一事不再理原则

根据《商标法实施条例》第六十二条的规定，申请人撤回商标评审申请的，不得以相同的事实和理由再次提出评审申请；商标评审委员会对商标评审申请已经作出裁定或者决定的，任何人不得以相同的事实和理由再次提出评审申请。

2.部分撤销

《商标法实施条例》第二十二条规定："商标局对一件商标注册申请在部分指定商品上予以驳回的，申请人可以将该申请中初步审定的部分申请分割成另一件申请，分割后的申请保留原申请的申请日期。"如被争议商标仅涉及商品中一部分，可申请部分撤销。商标评审委员会依据事实予以裁定。

三、注册商标撤销后救济途径

《商标法》第五十四条规定："对商标局撤销或者不予撤销注册商标的决定，当事人不服的，可以自收到通知之日起十五日内向商标评审委员会申请复审。商标评审委员会应当自收到申请之日起九个月内做出决定，并书面通知当事人。有特殊情况需要延长的，经国务院工商行政管理部门批准，可以延长三个月。当事人对商标评审委员会的决定不服的，可以自收到通知之日起三十日内向人民法院起诉。"

📖 案例分析

1.美国电动车巨头特斯拉与中国商人占宝生的商标之争。占宝生手上持有商标"TESLAMOTORS""TESLA""TELSA""特斯拉"等以及两个 .cn 域名 tesla.cn/.com.cn。而两家从 2009 年以来，就已经谈判了多次，但都因谈不拢价格而不欢而散，官司也打了不少次。

分析：经北京市第三中级人民法院受理此案，最终使双方握手言和，占宝生放弃使用"TESLA"等有关标识，特斯拉公司放弃向占宝生主张赔偿损失。同时其他法院正在审理的特斯拉域名纠纷、TESLA 商标 3 年连续停止使用撤销行政案件、TESLA 商标宣告无效行政案件等一系列案件也都得到解决。

2. 2014 年，北京陌陌科技有限公司（以下简称"陌陌"）其 45 类的第"11312563"号商标被杭州尖锐软件有限公司（以下简称"尖锐公司"）"抢注"，申请日期为 2012 年 8 月 6 日，专用权期限为 2014 年 1 月 7 日至 2024 年 1 月 6 日，其适用的商品 / 服务列表包括 4502 社交陪伴、4505 交友服务 / 婚姻介绍 / 计划和安排婚礼服务、4503 服装出租等。陌陌已经注册商标超过 60 个，涵盖科技应用、地理等多个范围，涉及第 9 类可下载软件、第 35 类广告、第 38 类信息传送等，但并没有涉及 45 类的商标。其中，最早注册的一个商标时间为 2011 年 9 月 8 日，而陌陌上线 iOS 版本的时间在当年 8 月。尖锐公司起诉陌陌侵权，陌陌向商标评审委申请对争议商标予以宣告无效。

商标评审委审理认为：争议商标指定使用的交友服务、婚姻介绍与申请人陌陌商标在先使用的移动社交服务属于类似服务，相关公众易将争议商标与申请人联系起来，进而造成对服务提供者的误认，故争议商标在该两项服务上（交友服务、婚姻服务）的注册申请已构成《商标法》第三十二条所指的"申请商标注册不得损害他人现有的在先权利，也不得以不正当手段抢先注册他人已经使用并有一定影响的商标"之情形，予以无效宣告。

3. 2003 年 3 月，奇瑞"QQ"轿车上市两个月前，奇瑞公司就向商标局申请注册了第 3494779 号"QQ"商标，指定使用在国际分类第 12 类中的大客车、电动车辆、小汽车、汽车等商品上，但腾讯公司随后在该商标的初审公告期间提出异议，就此开始"QQ"商标"鏖战"多年。

分析：商评委作出裁定，对腾讯公司持有的争议商标依法予以撤销。腾讯公司不服，随后向北京一中院提起行政诉讼。在一审判决作出后，腾讯公司继续表示不服，又向北京市高级人民法院提起上诉。北京市高级人民法院最终判令撤销腾讯公司在汽车等商品上的"QQ"注册商标。

4. 上海人民工具工厂以其在第 13 类商品刨刀上注册的第 100706 号"金兔"商标对浙江省永康县红岩刀具厂在同一商品刨刀上注册的第 160664"白兔"商标提出争议。争议人提出争议理由为：(1)"白兔"与"金兔"仅一字之差，而构成两商标的主要特征内容均是"兔"，且图形排布又极近似。同时，两者又使用在相同商品上。(2)"金兔"商标早于1953年就已注册，工商行政管理机关又于1979年重新发证。而"白兔"商标直到1982年方予核准注册，显然，"金兔"商标注册在先。(3)实际上，在国际市场上，"白兔"商标已给"金兔"商标带来了不良的影响。商标评审委员会经复审裁定为，争议人意见成立，撤销浙江永康县红岩刀县厂注册的第160664号"白兔"商标。

5.某袜业公司在袜子上注册了"保时捷"商标，后转给陈某。德国保时捷股份公司以该注册商标连续3年不使用为由向商标局提出撤销申请。陈某提交用以证明该商标的使用情况的证据有：两家印刷公司为袜业公司印刷的"保时捷"包装品的发票和委托印刷合同书、与其他公司签订的"保时捷"品牌袜子代理合同书、标有"保时捷"商标的产品标签，以及商标转让合同以及转让证明。

商标评审委员会和法院都认为：本案的争议焦点为陈某提交的证据能否证明"保时捷"商标在争议期间在第25类商品上公开、真实、合法地进行了商业使用。袜业公司委托印刷公司印制"保时捷"产品外包装的证明并不能证明标有"保时捷"商标的外包装已被实际使用于袜类商品上，并在争议期间真实地进入商业流通领域。同样，没有证据证明"保时捷"品牌袜子代理合同书已经实际履行。而袜业公司将"保时捷"商标许可并随后转让给陈某的行为并不意味着商标被实际使用。因此"保时捷"商标在第25类袜业商品上注册因3年不使用而被撤销。

思考与问题

1.自行改变注册商标就应撤销吗？

【答案要点】根据《商标法》第四十九条规定，自行改变注册商标的，自行改变注册商标的注册人名义、地址或其他注册事项，商标局可以撤销其注册商标。有学者认为这实际上是将商标作为行政管理的工具，有违商标权作为私权的基本属性。

如果商标注册人在商业活动中使用的商标与经核准注册的商标在文字和图形等方面有所差别，则首先需要肯定的是，只要注册人使用的新商标具有显著性，并且不违反法律的其他规定，注册人是有权使用的。其次，如果新商标与经核准注册的商标存在较大差异，而商标注册人在注册后3年内只使用新商标，则核准注册的商标很可能因为连续不使用而被撤销。同时，新商标由于没有经过核准注册，不产生商标专用权。这一机制足以促使商标注册人在商标活动中使用与核准注册的商标相同的商标。如果商标注册人出于某种原因不愿使用经核准注册的商标而甘愿面临因3年不使用导致注册商标被撤销的风险，法律应该尊重。再次，法律应该尊重商业现实。经营者需要根据消费者的需要、偏好以及时尚的变化而对商标进行细微调整，以充分发挥商标的广告效应。《巴黎公约》第5条C款第2项明确规定：商标权人使用的商标如果在形式上与经注册的商标的形态只有构成部分要素的不同，而并未改变其显著性，不应导致注册商标无效，也不应该减少对该商标的保护。《欧共体商标一号指令》第10条第2款（a）项规定：使用商标与经注册的商标在某些要素上的不同，只要没有改变注册商标的显著性特征，仍然构成对注册商标的使用。所以，自行改变的注册商标是否应撤销值得我们思考。

2. 注册商标撤销事由是什么？

【答案要点】（1）使用不当撤销；（2）注册不当撤销；（3）争议撤销。

第五节　商标权许可和转让

☑ 关键术语

商标权转让；商标权许可；转让程序；转让限制

📋 **基础知识**

一、商标权许可概述

（一）商标权许可概念

商标使用许可，是指商标注册人通过法定程序允许他人使用其注册商标的行为。通常是以订立使用许可合同的方式。类型有普通许可、排他许可、独占许可。《商标法》第四十三条规定：商标注册人可以通过签订商标使用许可合同，许可他人使用其注册商标。许可人应当监督被许可人使用其注册商标的商品质量。被许可人应当保证使用该注册商标的商品质量。经许可使用他人注册商标的，必须在使用该注册商标的商品上标明被许可人的名称和商品产地。许可他人使用其注册商标的，许可人应当将其商标使用许可报商标局备案，由商标局公告。商标使用许可未经备案不得对抗善意第三人。

（二）商标权许可类型

1. 独占使用许可

独占使用许可，是指商标注册人在约定的期间、地域和以约定的方式，将该注册商标仅许可一个被许可人使用，商标注册人依约定不得使用该注册商标。独占使用许可的被许可人取得该注册商标在合同约定的时间和地域范围内的独占使用权，同时也取得独立的诉讼权利，即在合同有效期间，在商标许可的地域范围内发现他人侵犯该注册商标，独占使用许可的被许可人有权请求工商行政管理部门处理，或单独向人民法院提出诉讼。

2. 排他使用许可

排他使用许可，是指商标注册人在约定的期间、地域和以约定的方式，将该注册商标仅许可一个被许可人使用，商标注册人依约定可以使用该注册商标但不得另行许可他人使用该注册商标。排他使用许可的被许可人在合同授权范围内，是唯一的被许可人，但是不能排斥商标权人本人在合同约定的期间和地域范围内使用该注册商标。排他使用许可的被许可人的诉讼权利小于独占使用的被许可人，作为该注册商标的利害关系人，在发现侵权行为时，可以单独或与商标权人一起请求工商行政管理部门处理，或者与商标权人共同起诉，但只有在商标权人不起诉的情况下，才能单独向人民法院提起诉讼。

3. 普通使用许可

普通使用许可，是指商标注册人在约定的期间、地域和以约定的方式，许可他人使用其注册商标，并可自行使用和许可他人使用该注册商标。普通使用许可的被许可人作为该注册商标的利害关系人，在发现侵权行为时，可以单独或与商标权人一起请求工商行政管理部门处理，但只有在经商标权人明确授权时，才能向人民法院提起诉讼。

二、商标权许可的程序

（一）许可人与被许可人签订许可合同

商标许可关系的基本特点是商标所有权与使用权分离。商标注册人可以通过签订商标使用许可合同，许可他人使用其注册商标。许可人应当监督被许可人使用其注册商标的商品质量。被许可人应当保证使用该注册商标的商品质量。经许可使用他人注册商标的，必须在使用该注册商标的商品上标明被许可人的名称和商标产地。商标许可合同通常包括许可类型、许可期限、许可地域、许可使用的商品或者服务范围、被许可方范围、增值利益归属等内容。

（二）许可人将其商标许可备案

商标注册人与他人签订商标使用许可合同后，应该将其商标使用许可报商标局备案。商标使用许可未经备案的，不得对抗善意第三人。

（三）商标局公告商标使用许可

许可人将其商标使用许可报商标局备案之后，商标局在《商标公告》上刊登商标使用许可备案公告。

三、商标权转让的类型

（一）类型：自由转让与连同转让

1. 自由转让

自由转让是指商标权与其附属的商品或服务经营业务之间不具有连同关系，商标权人可以将商标和营业一起转让，也可以不连同转让，而只是出让商标。

2. 连同转让

连同转让是指商标须与原商品经营者的营业一并转让。

（二）商标权转让的形式

注册商标的转让是商标注册人在注册商标的有效期内，依法定程序，将商标专用权转让给另一方的行为。

注册商标的转让一般有以下几个形式。

1. 合同转让

转让人通过合同，规定转让注册商标的内容、相互间的权利、义务和违约责任等。这种形式的转让一般是有偿的，即转让人通过转让注册商标专用权而收取一定的转让费用。

2. 继受转让

注册商标的继受转让有两种情况：（1）注册所有人（自然人）死亡即其生命结束后，有继承人按继承程序继承死者生前所有的注册商标。（2）作为注册商标所有人的企业被合并或被兼并时的继受移转。

3.因行政命令而发生的转让

这里说的行政命令主要是那些引起财产流转的政府计划和行政决策。例如我国国有企业根据行政命令发生分立、合并、解散或转产，必然会产生注册商标主体变化的问题。

四、商标权转让的程序

（一）转让程序

转让注册商标是注册商标的主体发生变更，转让后的商标所有人不再是原注册人。根据《商标法》以及实施条例的有关规定，商标权的转让程序主要有：

1.签订注册商标转让协议

转让注册商标，应该由商标权人和受让人就转让事项达成协议，签订注册商标转让协议；同时，双方应当共同向商标局交送"转让注册商标申请书"一份，附送原"注册商标证"，并交纳申请费和注册费。

2.商标局对转让注册商标的申请进行审查

商标局审查的内容有：申请手续是否完备；转让的商标与使用的商品是否和原核准的商标以及核定的商品一致；双方使用的商品质量是否一致；是否交纳了相关费用等。通过审查后，商标局认为符合商标法规定的，予以核准，发给受让人相应证明，并予以公告，受让人自公告之日起享有商标专用权；对不符合规定的申请予以驳回。

3.申请人对商标局驳回其注册商标转让申请的决定申请复审

申请人对商标局驳回其注册商标转让申请不服的，可在收到驳回通知之日起 15 天内，将"驳回转让复审申请书"一份提交商标评审委员会申请复审，同时附送原"转让注册商标申请书"，由商标评审委员会作出裁定。

（二）转让限制

1.转让人必须是该注册商标或申请商标的权利所有人，任何未经商标所有人同意，以欺骗或者以不正当手段转让商标的，其转让无效。

2.注册商标或申请商标的权利人为两个以上的共有商标时，必须经过所有权利人确认同意后才能转让，否则转让无效。

3.商标受让人必须具备商标申请人的主体资格，必须是依法成立并具有经营能力的法人或其他组织；受让人是自然人的，则必须是拥有营业执照的个体工商户、农村承包经营户及其他依法获准从事经营活动的自然人，并且被转让商标应以其在营业执照或有关登记文件核准的经营范围内或者以其自营的农副产品范围内。

4.商标转让当事人中的任何一方都必须要清楚地知道商标转让方手中，在同类商品／服务上是否还有与被转让商标相同或近似的其他商标。如果有的话，必须同时一并办理转让。否则，该注册商标的转让在商标局的审查中极有可能被要求一并转让，或者转让不被核准，由此可能会对转让中的某一方造成重大损失。

5.注册商标或申请商标转让时，转让双方必须签订该商标的转让协议，并共同向商标局提出转让申请。如果通过商标代理组织代理向商标局办理转让申请的，所代理的只能是商标受让人的意愿。任何未经过商标所有人签字、盖章的商标转让行为都属于无效转让行为。

6.所有递交商标局审查的商标转让文件必须能清楚地说明该商标转让是权利人的真实转让意愿，如果说明力度不够的则尽可能通过转让双方办理商标转让公证或者转让方主动公证转让意愿，以此确保转让的顺利成功。否则，商标局可能会要求予以补正。

7.注册商标在转让前已经许可他人使用的，转让前必须征得被许可人的同意，否则商标局将会驳回其转让申请。注册商标转让后不影响转让前已经生效的商标许可合同的效力，但商标使用许可合同另有约定的除外。

8.转让双方仅签订注册或申请商标转让合同，而未经商标局核准转让的法律程序的，其转让无效。

商标转让双方在签订转让商标的协议、付清转让款项和取得商标注册证或商标注册申请受理通知书后，虽然受让人可以正常地使用该注册商标，或者享有该商标申请权利，但是在该注册或申请商标的转让申请未被商标局核准之前，其所有权仍然属转让方。只有在经过国家商标局核准转让并发布转让公告后，受让人才真正享有该商标的所有权。

📖 案例分析

案例一

2010年长安推出全新的轿车"V"标，并于同年向国家商标局申请注册；2013年，长安汽车在向国家商标局提交注册第37类（汽车零部件）商标被驳回，原因是与广汽乘用车在该服务类提交注册的"V"商标近似。原来广汽乘用车早在2009年便对"V"标提出注册申请，并在2011年完成了第37类（汽车零部件）和第39类（运输储藏）的商标注册，但作为战略储备标识，一直未投入使用。这才引发了一场商标纠纷。

长安汽车与广州汽车集团乘用车有限公司最终达成转让协议，广汽乘用车以300万元人民币转让"V"标，而该笔转让费用，也将用于公益事业。

案例二

2014年1月10日，原告献县天九商贸有限公司、被告大同市华联商贸有限责任公司签订"华联商厦战略合作协议"，约定原告对河北省石家庄市平安大街与育才路交汇地块的商业项目进行投资建设，被告负责进驻原告所投资建设的商业项目，借助"华联商厦"品牌对相关地产项目进行营销推广，被告承诺保证完全拥有"华联商厦"品牌的使用权并拥有许可原告在法律范围内使用的权利。原告依协议约定向被告一次性支付了360万元作为"华联商厦"品牌营销推广的长期使用费。但事实上，被告不是"华联商厦"商标的所有权人及授权人，在明知不能提供相关资料及手续的情况下，采取欺诈手段，骗取原告的商标使用费360万元。被告的行为致原告重大经济损失，且致协议无法履行。原告要求解除双方签订的战略合作协议，判令被告返还360万元的品牌营销推广使用费，并赔偿由此造成的一切经济损失。

分析："华联商厦"注册商标的注册人为天津华联企管公司，被告并非"华联商厦"注册商标的注册人，也未提交充足证据证明其在与原告签订《华联商厦战略合作协议》时已经合法取得许可他人使用"华联商厦"注册商标的权利，原告要求解除该项约定并返还商标使用费360万元的请求符合法律规定，应予支持。

案例三

原告上海科式制冷设备有限公司诉称，被告龚方宋原系原告的投资人之一，2013年4月17日，被告将其在原告的投资份额转让给其余股东，被告退出原告公司。同时被告与原告另签订《商标转让合同》，约定被告将第5233696号"YASHI雅式机械及图"、第5256261号"KESHI科式及图"注册商标转让给原告。合同签订后，被告无故反悔，不配合办理商标转让变更登记手续，致使合同未得到履行。故原告起诉要求被告履行将注册商标转让至原告名下的变更登记手续，并赔偿损失。

分析：依据《商标法》第四十二条第一款、《民法典》合同编相关条款之规定，原、被告签订的《商标转让合同》系双方的真实意思表示，且合法、有效，当事人应予恪守。

问题与思考

1. 商标权能否单独转让？

【答案要点】（1）自由转让可以单独转让（美国、德国、我国台湾地区）；（2）连同转让不能单独转让（日本、英国、法国、加拿大）。

2.商标的许可使用中应该注意哪些方面的问题?

【答案要点】(1)如果商标使用许可合同中未明确约定使用许可形式为独占许可使用或排他许可使用,应当推定其为普通使用许可。(2)在商标使用许可业务中,如果允许被许可人可以将商标再许可他人使用,应当在使用许可合同中或者单独的授权文件中有授权被许可人再许可的明确表述。否则,将视为被许可人无再许可的权利。(3)独占许可使用方式中,商标注册人应当特别慎重,对被许可人的信誉和实力应当有充分全面的考察,否则在独占许可使用的情形下,一旦产生使用许可合同纠纷,在该合同未通过诉讼或者仲裁途径解决前,商标注册人也无法使用该商标,其利益可能受到影响。(4)普通使用许可方式中,商标注册人应当针对多个商标许可使用人,就每个商标许可人对商标使用的地域、时限、使用方式作出明确规定,避免不同的商标许可使用人间因商标的使用产生冲突和纠纷。(5)商标的使用许可,最好能够与该商标所使用商品或者服务的技术规范和质量要求结合起来,保证使用同一商标的不同许可使用人提供的商品和服务的品质统一性,避免出现商品或者服务质量的参差不齐,从而影响被许可商标的品牌形象。(6)商标使用许可合同约定的商标使用期限可以长于被许可商标的有效期,但是商标使用许可备案的有效期不得超过商标的有效期,由于我国商标法规定的商标有效期为10年,而商标使用许可合同约定的商标使用期限可能会超过10年,这种情况下就会出现一件商标的使用许可合同需要办理数次备案的情况。

🗂 课程思政

20世纪90年代,中国大批民族企业为快速成长,纷纷走上与跨国公司的合资之路,结果却事与愿违,活力28、美加净等等,一个个具有巨大潜在价值的商标就这样消匿于消费者中间。曾独占中国可乐市场70%份额的天府可乐与百事可乐合资后,逐渐被边缘化,尽管后来天府可乐通过法律途径向百事追回品牌，但再次进入可乐市场已难续辉煌。无独有偶，乐百氏在达能手中走向没落，小护士、美即被欧莱雅收购，丁家宜被德国科蒂收购，三笑被高露洁收购，被收购后销量都急转直下或是干脆销声匿迹，从中国品牌的王者变得不再被现在的消费者熟知，实在是令人唏嘘。从市场角度看，品牌积累的是市场利益。面对中国市场竞争，外资企业这种"打得赢就打，打不赢就买"的收购式合并，极大阻碍了中国品牌的成长。随着中国文化在世界上的普遍认同，以中国汉字为载体的民族商标必然会越来越多，中国商标浓缩着千年的汉字文明和中华民族的底蕴。从中国汉字文化挖掘其精髓，以符合时代的价值需求为表现形式的商标必然是未来中国商标的发展趋势。"一年的企业靠运气，十年的企业靠经营，百年的企业靠文化"。文化需要传承，商标也需要塑造，时代呼唤更多新的民族商标的出现。国货品牌必须走发展之路，不被外资控制，更要大胆创新，掌握核心技术。

第六节　商标权限制与保护

☑ 关键术语

商标权限制；商标权保护；驰名商标；合理使用；商标权侵权

📋 基础知识

一、商标权限制

（一）商标权限制的概念

商标权限制是指对商标使用权的限制，尽管商标权是一种绝对权，但他人在不会引起混淆和联想的条件下的正常使用，原则上不应该受到禁止，并且，商标权的行使也不能成为限制竞争的手段。

（二）商标权限制类型

1.商标权的合理使用制度

商标权合理使用制度是现代知识产权法中的一项重要制度，它属于商标权权利限制的范畴。任何权利都是有限制的，商标权也不例外。我国《商标法》第五十九条规定，注册商标中含有的本商品的通用名称、图形、型号，或者直接表示商品的质量、主要原料、功能、用途、重量、数量及其他特点，或者含有的地名，注册商标专用权人无权禁止他人正当使用。三维标志注册商标中含有的商品自身的性质产生的形状、为获得技术效果而需有的商品形状或者使商品具有实质性价值的形状，注册商标专用权人无权禁止他人正当使用。商标注册人申请商标注册前，他人已经在同一种商品或者类似商品上先于商标注册人使用与注册商标相同或者近似并有一定影响的商标的，注册商标专用权人无权禁止该使用人在原使用范围内继续使用该商标，但可以要求其附加适当区别标识。该条规定建立了商标权的合理使用制度，在商标权限制立法方面具有深远的意义。

商标是区别相互竞争的商品的商业标记。识别性是商标的基本功能，商标法对商标的基本要求是商标必须具有显著特征且便于识别。显著性要求贯穿于商标的注册、商标的使用、商标权的保护各个环节之中。

合理使用商标的构成条件：（1）使用出于善意；（2）不得作为自己商品的商标使用；（3）使用是为了说明或者描述自己的商品；（4）未造成相关公众混淆。

2."先使用权"及"在先权"限制

（1）《商标法》第五十九条第三款规定，商标注册人申请商标注册前，他人已经在同一种商品或者类似商品上先于商标注册人使用与注册商标相同或者近似并有一定影响的商标的，注册商标专用权人无权禁止该使用人在原使用范围内继续使用该商标，但可以要求其附加适当区别标识。

（2）商标在先使用行使权的限制：第一，使用范围的限制；第二，附加适当区别标识；第三，在先使用人出于善意；第四，在先使用商标具有知名度的要求；第五，在先使用权转移的限制。商标先用权是对在先使用商标的事实的确认，法律维护的是一种既存的状态，即先用人自身在现有范围内使用。另外，从所有权的角度分析，先用权也是一种有限的权利，不享有完全的处分权，一般情况下，不得将该商标转让或者许可他人使用。但是在继承关系或者企业发生分立或者合并时，则应该允许在先使用权的转移。

3.商标权在先使用权的构成条件

（1）在商标注册人申请商标注册之前，未注册商标使用人已经在先使用。"商标在先使用权"，顾名思义首先应当在先使用。根据一般在先使用的要求，对于使用时间，首先应当以该在先商标首次商业使用的时间为准，并且该时间应当早于在后注册商标的申请日；如果晚于在后注册商标申请日，在先使用权就没有存在的基础。

（2）未注册商标使用人的在先使用应当先于商标注册人。根据新法的条文理解，未注册商标的在先使用人不应仅早于在后注册商标的申请日在先使用，还应早于商标注册人的首次商业使用时间。也就是说，如果在后注册商标的申请日为 2015 年 1 月 1 日，商标注册人的最早使用时间为 2014 年 1 月 1 日，那么未注册商标的使用人如欲行使商标在先使用权对抗在后商标权，就需要证明在 2014 年 1 月 1 日以前其已经在先使用，而非 2015 年 1 月 1 日。

（3）在先使用的商标与在后注册的商标相同或者近似，且使用商品或服务相同或者类似。行使商标在先使用权应当以商标相同或近似、商品或服务相同或类似为基本条件。因为，如果在先使用的商标与在后注册的商标不构成相同或者近似，或者使用商品或服务不属于相同或者类似，则未注册商标使用人与在后商标注册人并无权利冲突，双方应当可以和平相处。

（4）在先使用的商标必须具有的一定影响。所谓在先使用并有一定影响，就是指在先使用人在中国已经使用某商标并为一定地域范围内相关公众所知晓。如果在先使用人只能证明在他人注册商标的申请日之前以及在商标注册人最早使用该商标之前确实曾有使用，但无法证明该商标已经具有一定影响的，该在先使用人并不能享有商标在先使用权，也不能继续使用该商标。之所以要求具有一定影响，在于商标在先使用权产生的基础为在先使用并具有一定影响后产生了商标的识别作用，如果不保护这种在先使用，对于在先使用人明显不公平，其存在是作为商标注册制度的补充。如果仅仅要求使用在先但不具有一定影响就可以享有商标在先使用权的话，在后商标注册人的利益将得不到保障，从而动摇我国已经确立的商标注册制度。

（5）在先使用必须出于善意。这是对在先使用人的主观方面提出一定的要求。虽然从新法的条文中，并没有看到关于在先使用必须出于善意的文字表述，但商标在先使用权的产生基于在先的善意使用，善意应当属于商标在先使用权的内在要求之一，希望关于"善意"的有关要求能够在与新法配套的《实施条例》及相关司法解释中有所体现。

4. 商标权用尽

商标权用尽，指的是一旦使用了注册商标的商品被投入市场，商标权人便不能对合法买受该商品的消费者主张禁止权。因为该买受人通过支付对价已经取得了该商品的所有权，其使用贴有该注册商标的商品的权利和商标专用权同样是法律赋予的，不容侵犯。

二、商标权保护

保护商标专用权，是指以法律手段制裁侵犯他人注册商标专用权的行为，以保护商标权人对其注册商标所享有的专有权利。

（一）商标权保护范围

我国《商标法》第五十六条规定，注册商标的专用权，以核准注册的商标和核定使用的商品为限。

核准注册的商标是指经商标局注册的可视性标志；核定使用的商品是指经商标局核准在案的具体商品。注册商标所有人无权任意改变商标的组成要素，也无权任意扩大商标的使用范围。

（二）商标权保护分类

1.对普通商标权的保护

普通商标权的保护及于类似之商标与类似之商品上，即不得在相同或相类似的商品上使用与他人已经注册之商标相同或相类似的标志。

2.对驰名商标的特别保护

驰名商标权的保护范围则扩及于所有的产品上均不得使用与该已经注册的驰名商标相类似的标志。即便该驰名商标未在中国注册，其保护范围也及于在类似的产品上不得使用类似的标志。

（1）对未注册的驰名商标禁止"同类混淆"。《商标法》第十三条第二款规定：就相同或者类似商品申请注册的商标是复制、摹仿或者翻译他人未在中国注册的驰名商标，容易导致混淆的，不予注册并禁止使用。

（2）对已注册的驰名商标禁止"跨类混淆"。《商标法》第十三条第三款规定：就不相同或者不相类似商品申请注册的商标是复制、摹仿或者翻译他人已经在中国注册的驰名商标，误导公众，致使该驰名商标注册人的利益可能受到损害的，不予注册并禁止使用。

（3）对已注册的驰名商标防止淡化。最高人民法院颁布的《关于审理涉及驰名商标保护的民事纠纷案件应用法律若干问题的解释》第九条第二款规定：足以使相关公众认为被诉商标与驰名商标具有相当程度的联系，而减弱驰名商标的显著性、贬损驰名商标的市场声誉，或者不正当利用驰名商标的市场声誉的，属于《商标法》第十三条第三款规定的"误导公众，致使该驰名商标注册人的利益可能受到损害"。

（4）对恶意注册驰名商标的行为请求撤销不受争议期限限制。根据

《商标法》第四十五条规定，驰名商标所有人对于他人恶意注册自己驰名商标的行为请求商标评审委员会宣告注册商标无效，不受5年争议期限的限制。

（5）禁止将他人的驰名商标作为企业名称使用。《商标法》第五十八条规定，将他人注册商标、未注册的驰名商标作为企业名称中的字号使用，误导公众，构成不正当竞争行为的，依照《反不正当竞争法》处理。

3.驰名商标的认定

驰名商标是指经过有权机关（国家工商总局商标局、商标评审委员会或人民法院）依照法律程序认定为"驰名商标"的商标。

（1）认定驰名商标标准

根据《商标法》第十四条规定，认定驰名商标应当考虑下列因素：①相关公众对商标的知晓程度；②该商标使用的持续时间；③该商标的任何宣传工作的持续时间、程度和地理范围；④该商标作为驰名商标受保护的记录；⑤该商标驰名的其他因素。由此可见，只要举证证明符合上述条件，未注册商标可以申请认定为驰名商标。

（2）驰名商标认定方法

在我国，对驰名商标的认定，经历了由"主动认定、集中管理"到"被动保护，个案认定"的转变。

《商标法》颁布以前，我国工商行政管理总局商标局为了预防可能发生的纠纷，每年从大量存在的商标之中按照特定标准选出一部分认定为驰名商标。这种主动认定方式，可以为商标所有人提供预先的法律保护，在出现权利受侵犯的情形时，权利人可以马上利用法律武器，维护自己合法权益。但是，这种方式在突出了行政机关的主动性的同时，却在一定程度上妨碍了认定的公正性，使得一些厂家企业容易凭借驰名商标的认定来推销产品、提高市场竞争力，而不是通过真正的提高产品质量和做好市场促销来提高企业和产品的市场信誉。此外，驰名商标的主动认定也存在着时间梯度和空间梯度的问题，也就是被认定驰名的商标在侵权纠纷发生之时本身并不一定驰名或者在侵权发生之地并不被认同为驰名。

"被动保护，个案认定"这种新的认定原则，是在发生了商标确权或商标侵权案件后，由当事人提出商标驰名的证据，商标行政执法机关或司法机关根据当事人所提供的驰名证据和法律规定，对涉及纠纷的商标进行认定，以对其进行驰名商标的保护。这种保护只对本案有效，不得针对第三者，也不能针对市场竞争者。在下一次发生涉及商标驰名的案件时，已经认定为驰名的记录只是作为参考提供给相关机关，并非作为永久的通行证。商标行政执法机关或司法机关只能根据商标当时的驰名度和案件的具体情况作出合理的判断和认定。这种认定方式不排除行政机关的主动认定，但更强调被动认定，突出个案处理，强调根据商标当时当地的驰名度和案件的具体情况进行判断。

企业自身对驰名商标的保护应注意以下几个方面：①了解《商标法》对商标权的保护途径；②注册联合商标和防御商标；③及时行使异议权和撤销权；④将驰名商标在互联网上登记注册为域名；⑤将驰名商标与企业的广告用语以及企业的名称保持一致。

（三）商标侵权行为认定及赔偿

商标侵权行为的认定，既是司法实务界的重要问题，也是商标理论研究的重点。根据《商标法》第五十七条，有下列行为之一的，均属侵犯注册商标专用权。

1.未经商标注册人的许可，在同一种商品上使用与其注册商标相同的商标的。

2.未经商标注册人的许可，在同一种商品上使用与其注册商标近似的商标，或者在类似商品上使用与其注册商标相同或者近似的商标，容易导致混淆的。

3.销售侵犯注册商标专用权的商品的。

4.伪造、擅自制造他人注册商标标识或者销售伪造、擅自制造的注册商标标识的。

（1）伪造他人注册商标标识；

（2）未经商标权人委托或者授权而制造其注册商标标识；

（3）超越商标权人授予的权限任意制造其注册商标标识；

（4）销售属于伪造、擅自制造的注册商标标识。

5.未经商标注册人同意，更换其注册商标并将该更换商标的商品又投入市场的。

6.故意为侵犯他人商标专用权行为提供便利条件，帮助他人实施侵犯商标专用权行为的。

7.给他人的注册商标专用权造成其他损害的。

（1）经销明知或者应知是侵犯他人注册商标专用权的商品的，对此类行为采取过错责任原则；

（2）在同一种商品上，将与他人注册商标相同或近似的文字、图形作为商品名称或者商品装潢使用，并足以造成误认的；

（3）故意为侵犯他人注册商标专用权行为提供仓储、运输、邮寄、隐匿等便利条件的，此种侵权行为以故意实施为必要条件。

2019年4月修订后的《商标法》第六十三条提高了"恶意侵犯商标专用权"的赔偿限额：在确定数额以后，按照一至五倍确定赔偿数额（修改前为一至三倍）；提高了无法确定数额时的赔偿限额：在无法确定数额的情况下，由人民法院根据侵权行为的情节判决给予五百万元以下的赔偿（修改前为三百万元）。

同时，增加"销毁"条款：（1）应权利人请求，根据具体情况，法院责令销毁侵权产品以及用于制造侵权产品的材料、工具，禁止其进入商业渠道。（2）除特殊情况外，不得在仅去除假冒注册商标后进入商业渠道。

（四）商标权保护期限

1.商标权保护期限

商标权的期限也称注册商标的有效期，它是指商标所有人在一定的时间内对注册的商标享有专用权。

我国商标法规定注册商标的有效期为 10 年。

注册商标有效期的计算应自商标核准注册之日起计算。所谓核准注册之日，即是核准注册公告之日。如果有提出异议，但经裁定异议不能成立而核准注册的，商标注册申请人取得商标专用权的时间自初审公告 3 个月期满之日起计算。

2.商标权续展

注册商标的续展，是商标注册人为了不使自己的注册商标在有效期届满后失去专用权，而在规定期间内向商标局申请延续原注册商标的有效期。

《商标法》第四十条规定：注册商标有效期满，需要继续使用的，商标注册人应当在期满前 12 个月内按照规定办理续展手续；在此期间未能办理的，可以给予 6 个月的宽展期。每次续展注册的有效期为 10 年，自该商标上一届有效期满次日起计算。期满未办理续展手续的，注销其注册商标。

3.商标权终止

商标权的终止也称注册商标的终止或注册商标的失效。

注册商标终止的原因有二：一是注销；二是撤销。

（1）商标权因注销而终止

注销是指注册商标所有人自动放弃使用注册商标而报请注销或期满不请求继续使用注册商标而被注销。

方式有：自动办理放弃商标权的登记手续而终止商标权；商标有效期和宽限期内，不提出续展申请的；其他原因，如商标权主体的缺失。

（2）商标权因撤销而终止

撤销是指注册商标所有人违反商标法的有关规定而受到的行政处理，是采取强制手段终止其商标权。《商标法》第四十九条对导致商标权撤销的理由及情形作了规定。

对商标局撤销注册商标的决定，当事人不服的，可以自收到通知之日起15日内向商标评审委员会申请复审，由商标评审委员会作出决定，并书面通知申请人。当事人对商标评审委员会的决定不服的，可以自收到通知之日起30日内向人民法院起诉。

注册商标被撤销的或者期满不再续展的，自撤销或者注销之日起1年内，商标局对与该商标相同或者近似的商标注册申请，不予核准。但是，因连续3年停止使用而被商标局撤销的商标再申请与其相同或近似的商标，不受上述条文的限制。

📖 案例分析

案例一

中山市九阳小家电有限公司（以下简称"中山九阳公司"）将九阳作为企业字号，九阳股份有限公司（以下简称"九阳股份公司"）将中山九阳公司及网络销售平台折800的经营者团博百众（北京）科技有限公司（以下简称"团博公司"）诉至法院，要求停止侵权，索赔100万元。九阳股份公司诉称：2006年，九阳获评中国驰名商标，同年九阳豆浆机、榨汁机、料理机被评为质量免检产品等。

法院判决，认定涉案商标与九阳商标高度近似，侵害商标专用权，将九阳作为企业字号突出使用构成不正当竞争，判令停止侵权，并全额支持了100万元的赔偿请求。

案例二

原告邦飞利减速器股份有限公司位于意大利，专业生产齿轮减速电机、行星齿轮减速机、电动机和变频器，在中国注册了"邦飞利""Bonfiglioli"系列商标：1.注册号 G797261，注册类别第 7 类（国际注册商标），注册日期 2002 年 10 月 1 日，有效期至 2020 年 10 月 1 日。2.注册号 3932925，注册类别第 7 类，注册日期 2006 年 3 月 28 日，有效期至 2016 年 3 月 28 日。3.注册号 G1102977，注册类别第 7 类，注册日期 2010 年 12 月 22 日，有效期至 2020 年 12 月 22 日。

被告东临（天津）减速机制造有限公司中文企业名称字号与原告第 3932925 号"邦飞利"完全相同，英文企业名称字号"Bonfiglioli"与原告国际注册第 797261 号"BONFIGLIOLI"商标构成近似，被告经营销售的产品减速器与原告核定使用的商品调速器等构成近似商品。同时被告的域名是 www.chinabonfiglioli.com，被告将原告的注册商标注册成为域名并销售同类商品。原告认为被告侵犯商标权并构成不正当竞争，遂向法院提起诉讼。

分析：根据《商标法》第二十一条、第五十七条第二项、第五十八条、第六十三条第三款，《最高人民法院关于审理商标民事纠纷案件适用法律若干问题的解释》第一条第三项，《最高人民法院关于审理涉及计算机网络域名民事纠纷案件适用法律若干问题的解释》第四、五条规定，被告侵犯了原告第 3932925、G797261、G1102977 号注册商标专用权，应停止侵权，赔偿损失。

🔖 思考与问题

1.为什么对驰名商标进行不同于普通商标的特殊保护？

【答案要点】由于驰名商标所蕴含的巨大商业价值，更易吸引侵权者的目光，因此，对驰名商标给予超出一般商标更广泛的特殊保护，这是保护权利人利益并打击侵权人的客观要求。具体原因在于：

（1）参与国际市场竞争、加入世贸组织的要求。我国已先后正式加入了《巴黎公约》和 TRIPs 协议，对其中关于驰名商标保护的条款都没有作出保留，所以有义务履行相关规定，对成员国驰名商标给予特殊的法律保护。

（2）维护驰名商标权益人和消费者利益的需要。对驰名商标的有效保护不仅关系到商标权人的利益，也是维护消费者的利益所需。

（3）维护公平竞争的市场秩序、保护民族产业的体现。驰名商标因其本身所具有的巨大商业价值易成为假冒、仿冒的对象，通过对驰名商标的侵权不仅可以省去巨额的市场开拓费用，而且能够迅速攫取可观的市场利益。

2. 对驰名商标进行特殊保护的理论基础是什么？

【答案要点】国际上关于驰名商标特殊保护的理论主要有两种：一种是相对保护主义说，主要以商标混淆为代表。依该种理论对驰名商标加以特殊的法律保护，是因为驰名商标经过商标权的有效使用，从而使该商标的显著性增强，相关公众在遇到与该商标相同或相似的商标、商品名称、域名时会与驰名商标产生混同，无从分辨或不能分辨出两者的区别。传统的混淆理论仅限于商品的消费者无从分辨或混同两个事实上产自不同企业的商品，这种情况一般发生在同类商品中，是严重的商标侵权行为，在我们日常生活中又叫作"假冒他人商标"。还有一种理论称绝对保护主义说，即商标淡化理论，商标淡化理论一般认为是由美国的斯科特在 1927 年创立的，斯科特认为商标权人不仅应当禁止他人将他的商标使用于相互竞争的商品上，而且应当禁止使用在非竞争性商品上。在所有这类案件中，必须结合商标的功能才能测算出真正的损害。这种损害表现在，由于被使用在非竞争商品上，商标或名称在公众心目中的形象和影响，逐渐削弱或降低。还有一种理论也值得一说，那就是不正当竞争理论。驰名商标所有权人将驰名商标用于原有产品之外的其他领域，而仍标注自己是驰名商标，违反诚实信用的商业活动准则，会使该领域的其他生产、经营者处于一种不利的地位。原因在于该驰名商标权人不恰当地利用了自己所拥有的驰名商标在某一类或某几类商品上的知名度和良好信誉，而使自己在其他新开拓的领域，与该领域的竞争者相比，占据了一个较高的起点，使其在与其他同类营业者展开竞争时，更容易取胜，故构成不正当竞争。

3.简述商标弱化与商标丑化的含义。

【答案要点】商标弱化是指在后商标或商号与驰名商标相似而使人产生联想，导致该驰名商标的显著性受到削弱的行为。弱化的形式多样，比如：将与驰名商标相同或部分相同的商标使用在不相同、不相似的商品或服务上；将与驰名商标相似的商标使用在不相同、不相似的商品或服务上。

商标丑化是指因在后商标或商号与驰名商标相似而使人产生联想，导致该驰名商标的商誉受损的行为。

第七节　商标注册社会道德考量

☑ 关键术语

商标注册；社会道德；不良影响；认定标准

🗐 基础知识

一、商标注册社会道德考量法律依据

关于商标注册的道德考量的立法，我国《商标法》第十条第一款第（八）项规定，有害于社会主义道德风尚或者其他不良影响的商标不得注册。显然，该规定非常抽象、宏观，无法给司法实践一个比较清晰的指导。

最高人民法院颁布的《关于审理商标授权确权行政案件若干问题的规定》第五条明确指出：商标标志或者其构成要素可能对我国社会公共利益和公共秩序产生消极、负面影响的，人民法院可以认定其属于商标法第十条第一款第（八）项规定的"其他不良影响"。将政治、经济、文化、宗教、民族等领域公众人物姓名等申请注册为商标，属于前款所指的"其他不良影响"。该规定虽然主张从"政治、经济、文化、宗教、民族"等方面考量商标注册

时的道德因素，但是其仍然非常宏观。

为了细化《商标法》的"其他不良影响的"的规定，国家知识产权局公布的《商标审查审理指南》下编第三章 2.8 规定："其他不利影响是指除了有害社会主义道德风尚之外的情况，一般是指标志的文字、图形或者其他构成要素具有贬损含义，或者该标志本身虽无贬损含义，但由该申请人注册使用，易对我国政治、经济、文化、宗教、民族等社会公共利益和公共秩序产生消极、负面的影响。"该指南在讨论商标注册的道德考量时只涉及道德风尚、政治、经济、文化、民族、宗教几个方面，没有涉及性、暴力、粗话、鼓励非法行为等其他方面。所以该指南仍然需要进一步完善，应及时将行政执法和司法实践确立的裁判规则引入。

二、违反社会道德不予注册商标类型

根据《商标审查审理指南》关于"有害于社会主义道德风尚或者有其他不良影响的"商标类型的规定，并结合行政和司法实践，因违反社会道德或者有其他不良影响而不予注册商标主要有以下几种类型。

（一）有害于社会主义道德风尚的

例如：有人在天津开了一家"塔玛地"餐厅，无论其名称"塔玛地"（与"他妈的"谐音）或是到该餐厅吃饭"去塔玛地"（与"去他妈的"谐音）都是社会不良用语。

（二）具有政治上不良影响的

1. 与我国党和国家领导人姓名相同或近似的

以党和国家领导人姓名或名字作为商标申请注册，对我国公共利益和公共秩序产生消极、负面影响的，适用《商标法》第十条第一款第（八）项予以驳回。

以党和国家领导人姓名或名字近似的标志，足以对我国公共利益和公共秩序产生消极、负面影响的，亦适用《商标法》第十条第一款第（八）项予以驳回。

2. 与公众知晓的其他国家、地区或者政治性国际组织领导人姓名相同或者近似的

3. 有损国家主权、尊严、形象或者危害国家安全、破坏国家统一的

《国家安全法》规定：中华人民共和国公民、一切国家机关和武装力量、各政党和各人民团体、企业事业组织和其他社会组织，都有维护国家安全的责任和义务。中国的主权和领土完整不容侵犯和分割。维护国家主权、统一和领土完整是包括港澳同胞和台湾同胞在内的全中国人民的共同义务。

为防止我国国家名称的滥用，损害国家尊严，标志中含有与我国国家名称相同或者近似的文字，因与其他要素相结合，整体上已不再与我国国家名称相同或者近似的，应当适用该项禁止性规定。

例外情形：

（1）标志中含有与我国国家名称相同或者近似的文字，但其描述的是客观存在的事物，一般不适用该项禁止性规定。如"中华龙鸟""中华鲟"。

（2）标志中含有与我国国家名称相同或者近似的文字，但其整体是报纸、期刊、杂志名称，且与申请人名义一致，如申请人能证明其合法出版发行资格，则指定使用于报纸、期刊、杂志（期刊）、新闻刊物等特定商品上，一般不适用该项禁止性规定。如《中国消费者报》。

（3）标志中含有与我国国家名称相同或者近似的文字，但其整体是企事业单位简称，如果具备以下条件，则不以该项禁用规定为由予以驳回：申请人主体资格应当是经国务院或其授权的机关批准设立的；申请人名称应经名称登记机关依法登记；申请标志与申请人名称的简称一致，简称是经国务院或其授权机关批准；该标志经过申请人在实际中长期广泛使用，在相关公众的认知中，与申请人形成了唯一对应关系。

（4）标志中含有我国国名，国名与其他显著部分相互独立，在整个标志构成中属于非主要部分或附属部分，仅起到真实表示商品或者服务来源国的作用，其注册使用一般不会对我国国家尊严、社会公共利益和公共秩序产生消极、负面影响的，可不适用该项禁用规定。

4.与党的重要理论成就、科学论断、政治论述等相同、近似或与国家战略、国家政策、党和国家重要会议等相同、近似，易使公众与之产生联想的

5.由具有政治意义的数字等构成的

6.由具有政治意义的事件、地点名称等构成的

7.与恐怖主义组织、邪教组织、黑社会组织或黑社会性质的组织名称或者其领导人物姓名相同或者近似的

8.其他具有政治不良影响的

（三）对我国经济、文化、民族、宗教、社会易产生消极、负面影响，损害公共利益、扰乱公共秩序的

1.与我国整体发展战略关系密切的国家级新区或国家级重点开发区域名称（含规范简称）等相同或者近似，有害于我国经济、社会公共利益的

但经国务院及其授权部门同意的除外，申请人需提供相关的书面证明文件。

2.与各国法定货币的图案、名称或者标记相同或者近似的

3.标志中含有不规范汉字或系对成语的不规范使用，容易误导公众特别是未成年人认知的

将含有书写不规范的汉字或使用不规范的成语的标志作为商标使用，易对我国文化等社会公共利益和公共秩序产生消极、负面的影响。

商标中使用的汉字，原则上要求是规范汉字。但考虑到商标工作的特殊性和我国香港特别行政区、澳门特别行政区和台湾地区的现实情况和历史传统，也可以使用繁体字，以及行书、草书、隶书、篆书等书法形式的汉字。

判断商标中的汉字是否规范时，对印刷体或普通手写体形式的汉字应从严。自造字、缺笔画、多笔画或笔画错误的汉字，易使公众特别是未成年人对其书写产生错误认知的，一般应视为不规范汉字。

4. 有害于民族、种族尊严或者情感的

我国是全国各族人民共同缔造的统一的多民族国家，各民族一律平等。《宪法》第四条规定："禁止对任何民族的歧视和压迫，禁止破坏民族团结和制造民族分裂的行为。"我国《刑法》《治安管理处罚法》均对煽动民族仇恨、民族歧视等行为规定了相应的处罚。

标志本身并非丑化、歧视任何民族，但作为商标使用和注册，可能伤害民族尊严或者感情，有害于民族团结、民族平等的，适用本条禁用规定。

标志中含有可能伤害种族尊严和感情的文字、图形等的，亦适用本条禁用规定。

有害于民族、种族尊严或者感情的判定应综合考虑该标志的构成及其指定商品服务。有些与民族或种族有关的文字图形等，其本身可能不会伤害民族、种族感情，但如果使用在某些特定商品或者服务上，也可能产生伤害民族、种族感情的后果，应予驳回。如在卫生洁具商品上注册使用"印第安人"文字标志。

但标志本身有明确的其他含义的，一般不适用该禁用规定。

5. 有害于宗教信仰、宗教感情或民间信仰的

此处的宗教，包括佛教、道教、伊斯兰教、基督教、天主教等，以及上述宗教的不同教派分支。以下所提的民间信仰主要指妈祖等民间信仰。

标志有下列情形之一的，判定为有害于宗教信仰、宗教感情或者民间信仰：

（1）宗教或者民间信仰对象的名称、图形或者其组合。

（2）宗教活动地点、场所的名称、图形或者其组合。

（3）宗教的教派、经书、用语、仪式、习俗、专属用品，以及宗教人士的称谓、形象。

商标有下列情形之一的，不判定有害宗教信仰、宗教感情或者民间信仰：

（1）根据《宗教事务条例》第五十六条规定，宗教团体、宗教院校、宗教活动场所、宗教教职人员可以依法兴办公益慈善事业。宗教团体、宗教院校、宗教活动场所、宗教教职人员和经其授权的宗教企业以专属于自己的宗教活动场所的名称作为商标申请注册，不损害其他宗教活动场所利益和相关公众的宗教信仰、宗教感情的。但该宗教禁忌或不宜使用的商品或者服务除外。

（2）商标的文字或者图形虽然与宗教或者民间信仰有关，但具有其他含义或者其与宗教有关联的含义已经泛化，不会使公众将其与特定宗教或者民间信仰相联系，不会损害相关公众的宗教信仰、宗教感情的。

6. 与我国各党派、政府机构、社会团体等单位或者组织的名称、标志相同或者近似的

党派包括中国共产党和被统称为民主党派的八个政党，即中国国民党革命委员会、中国民主同盟、中国民主建国会、中国民主促进会、中国农工民主党、中国致公党、九三学社、台湾民主自治同盟；名称包括全称、简称、缩写等；标志包括徽章、旗帜等。

7. 与我国党政机关、军队、警察等职务、职级、职衔名称相同的，易与上述特定主体产生联系，引起混淆或误导，损害公共利益、扰乱公共秩序的

党政机关通常包括中国共产党机关、人大机关、民主党派机关、政协机关、行政机关、审判机关、检察机关等。行政机关的职务包括总理、部长、局（司）长、处长、科长、科员等；行政机关的职级包括巡视员、调研员等。军队的行政职务包括司令员、军长、师长、旅长、团长、营长、连长、排长等；军队的军衔包括将官三级即上将、中将、少将，校官四级即大校、上校、中校、少校，尉官三级即上尉、中尉、少尉等。警衔包括五等十三级，如总警监（副总警监）、警监、警督、警司、警员等。消防救援衔包括总监、副总监、助理总监、指挥长、指挥员、高级消防员、中级消防员、初级消防员等。海关关衔包括海关总监、海关副总监、关务监督、关务督察、关务督办、关务员等。外交衔级包括大使、公使、参赞、秘书、随员等。

但标志含有我国党政机关、军队、警察等职务、职级、职衔名称相同或者近似的文字，具有其他含义，不会与特定主体产生联系或混淆，不会误导公众的除外。

8. 与我国突发公共事件特有词汇相同或者近似，扰乱公共秩序的

根据《突发事件应对法》，突发事件是指突然发生，造成或者可能造成严重社会危害，需要采取应急处理措施予以应对的自然灾害、事故灾难、公共卫生事件和社会安全事件。

（1）标志及其组成部分与重大疫情等公共卫生事件相关的特有词汇相同或者近似，易使公众将其与该突发事件产生联想，扰乱社会公共秩序的。

在重大疫情发生时，对于与疫情病毒名、疾病名等标志相同或者近似的商标申请，一般适用本禁用规定。

（2）标志及其组成部分与重大自然灾害、重大事故灾难相关的特有词汇相同或者近似，易使公众将其与该突发事件产生联想、危害社会公共秩序的。

（3）标志及其组成部分与社会安全事件相关的特有词汇相同或者近似，易使公众将其与该突发事件产生联想，危害社会公共秩序的。

9. 与我国政治、经济、文化、社会发展关系密切的国家重大工程、重大科技项目等名称相同或者近似，由该申请人注册使用易对我国社会公共利益和公共秩序产生消极、负面影响的

由国家相关部门授权的适格主体申请，不会对我国社会公共利益和公共秩序产生消极、负面影响的，不适用该禁用规定。申请人需提供相关的书面证明文件。

10. 与我国烈士姓名相同或者含有烈士姓名，容易使公众将其与烈士姓名产生联想的

《英雄烈士保护法》规定："禁止歪曲、丑化、亵渎、否定英雄烈士事迹和精神。英雄烈士的姓名、肖像、名誉、荣誉受法律保护。任何组织和个人不得在公共场所、互联网或者利用广播电视、电影、出版物等，以侮辱、诽谤或者其他方式侵害英雄烈士的姓名、肖像、名誉、荣誉。任何组织和个人不得将英雄烈士的姓名、肖像用于或者变相用于商标、商业广告，损害英雄烈士的名誉、荣誉。"因此，与烈士姓名相同或者含有烈士姓名的标志，且容易使公众将其与烈士姓名产生联想的，一般应认定为具有不良影响。

对于与烈士姓名相同或者含有烈士姓名的标志，应当结合该标志的构成要素、指定的商品服务、申请人所在地域与该烈士的关联程度等因素，综合判断该标志的注册和使用是否可能损害烈士的名誉、荣誉或产生其他不良影响。

例外情形：

（1）标志本身有其他含义，不易使社会公众与烈士姓名产生联想，不易损害烈士荣誉名誉和公众的爱国情怀的，可不适用前款规定。

（2）标志本身为申请人姓名、企业字号、社会组织简称，虽与烈士姓名相同，但不易使社会公众或与烈士姓名产生联想，不易损害烈士荣誉、名誉和公众的爱国情怀的，可不适用前款规定。

（3）标志虽与烈士姓名相同或者含有烈士姓名，但无法与特定烈士形成对应关系的（如周班长、陈先生、熊氏、周木匠），不易损害烈士荣誉、名誉和公众的爱国情怀的，可不适用前款规定。

11. 与政治、经济、文化、民族、宗教等公众人物的姓名相同或者近似，足以对我国政治、经济、文化、民族、宗教等社会公共利益和公共秩序产生消极、负面影响的

上述姓名包括户籍登记中使用的姓名，也包括公众熟知的别名、笔名、

艺名、雅号、绰号等。

12.其他对我国经济、文化、民族、宗教、社会公共利益和公共秩序易产生不良影响的

除上述类型外，其他可能造成不良影响的标志适用本项禁用规定。

📖 案例分析

案例一

张某于 2012 年 1 月 20 日申请注册第 10445487 号图形商标（简称"诉争商标"），核定使用在第 33 类的"烧酒"等商品上。某白酒（厂）有限公司（简称"某白酒公司"）于 2016 年 12 月 23 日向商标评审委员会提出了无效宣告请求。商标评审委员会作出裁定，认为诉争商标为纯图形商标，消费者易将其与老子形象相对应，而《中国符号》一书中亦是直接将诉争商标用作老子画像。因此，注册在"开胃酒、烧酒"等商品上的诉争商标，有损于宗教感情，构成《商标法》第十条第一款第（八）项之不良影响之情形，对其予以无效宣告。原告张某不服该裁定，向北京知识产权法院提起诉讼。

北京知识产权法院作出一审判决，认为出于对我国文化传统、社会公共利益的维护，华夏后世之人应当给予老子以足够尊重和敬畏。老子作为一位已有数千年历史的伟人，其相貌如何，已不可考。在此情况下，争论哪个画像究竟更接近于老子的"形象"亦无必要。在大量书籍都将与诉争商标图样相同的古代老者人像作为老子画像的情况下，即便有部分图书中采用的"老子画像"与诉争商标图样不同，仍可以得出相当数量的消费者足以将诉争商标与老子相对应的结论。因此，将诉争商标注册在酒等商品上，已损害了社会主义道德风尚、具有不良影响，判决驳回原告的诉讼请求。

案例二

争议商标"渝新欧"由重庆某经营者申请注册在第 35 类市场营销等服务项目上。提起商标无效宣告的申请人认为，"渝新欧"国际铁路联运大通道作为重庆融入"一带一路"和长江经济带重大部署的重要基础，其意义重大，争议商标扰乱了正常的市场秩序。商评委予以认可，认为作为重点项目的名称，被任意注册为商标，会使得消费者产生错误联系，不利于该国际铁路线的宣传、运营、保护，对公共秩序、公共利益产生损害，因此会产生"不良影响"。

此类商标的特点表现为使用与国家重点建设项目的名称、关键词或相近似的名称注册为商标，难免有挂靠、攀附国家声誉之嫌疑，消费者基于对国家重大项目的熟悉很容易对争议商标产生来源误认，以为与国家重点建设项目有关，不但有损国家声誉、形象，而且也会损害消费者利益。

思考与问题

商标的注册是否会造成不良社会影响的判断标准有哪些？

【答案要点】使用的未注册商标有下列情形之一的，均属《商标法》第十条第一款第（八）项规定的其他不良影响：（1）对国家安全、国家统一有危害的；（2）对国家主权、尊严、形象有损害的；（3）有害于民族、种族尊严或者感情的；（4）有害于宗教信仰、宗教感情或者民间信仰的；（5）与恐怖主义组织、邪教组织名称相同或者近似的；（6）与突发公共事件特有名称相同或者近似的；（7）商标或者其构成要素与政治、经济、文化、宗教、民族等公众人物的姓名、肖像等相同或者近似，对社会公共利益和公共秩序产生消极、负面影响的；（8）其他对公共利益和公共秩序产生消极、负面影响的。

课程思政

为营造保护知识产权风清气正的良好氛围，严厉打击与疫情相关的非正常商标注册申请行为，商标局加大对与疫情有关的、易产生不良影响的商标注册申请的管控力度。2020年2月7日，审查部门下发了《疫情防控相关商标审查指导意见》。明确与疫情相关人员姓名，含疫情病毒名、疾病名的相关标志，疫情相关药品标志，防护产品相关标志，其他疫情相关标志等的审查指导意见，依法从严从快打击与疫情相关的非正常商标注册申请行为。在我国新冠疫情防控期间，国家知识产权局高度重视与疫情相关的非正常商标申请注册问题。2020 年 3 月 3 日，对于首批 63 件进入实质审查阶段的与疫情相关的"火神山""雷神山""钟南山"等恶意商标注册申请，国家知识产权局已依法作出驳回决定。此次驳回的商标注册申请均以易造成社会不良影响，适用《商标法》第十条第一款第（八）项依法予以驳回。而对于受社会公众高度关注的"李文亮"，国家知识产权局也已收到 44 件相关文字商标申请，其中 8 件已撤回，其余均已实施管控，将依法予以驳回。

第 四 章

著作权法律制度

📝 内容提要

著作权法律制度是规范作者对作品享有的人身权利和财产权利及其运用和保护的法律规范的总称。本章通过对著作权的主体、客体和内容的详细介绍，阐明了著作权的基本理论框架和重要法律制度。在此基础上，本章基于利益平衡的视角说明了著作权的使用方式及其限制，最后分析了著作权的管理以及侵犯著作权应当承担的不同性质的法律责任。

第一节　著作权制度概述

☑ 关键术语

著作权；著作权法；作品；共性特征；专有特征

📄 基础知识

一、著作权及著作权法简述

（一）著作权的概念

著作权，是指作者（自然人、法人或者非法人组织）根据法律规定，对文学、艺术和科学、工程技术等作品享有的人身权利和财产权利的总称。例如某软件工程师完成了某软件的编写，则其依法对该软件享有人身权利和财产权利，可以署名发表，可以在网络中传播并获得收益。

著作权是基于作品而产生的一项法定权利，通常有广义和狭义之区分。狭义的著作权仅指作者享有的权利；广义的著作权除作者外，还包括作品的传播者（如表演者、音像录制者、广电节目制作者）基于传播行为而依法享有的权利，即邻接权（具体权利内容参见本章第四节）。

（二）我国著作权法律制度的发展历程

我国的著作权法律制度起于晚清末年，清政府沿用了日本法律中"著作权"一词，在我国制定颁布了内容完备的《大清著作权律》。民国时期，北洋政府和国民党政府先后制定颁布了《著作权法》，总体与《大清著作权律》体例未有较大差异。

1986年《中华人民共和国民法通则》第九十四条第一次在法律中明确规定"公民、法人享有著作权（版权），依法有署名、发表、出版、获得报酬等权利"。1990年9月7日通过、1991年6月1日起施行的《中华人民共和国著作权法》，标志着我国著作权法律体系的正式建立。此后，我国又颁布了《中华人民共和国著作权法实施条例》，完善了实践中相关的实施细则。2001年10月27日、2010年2月26日，全国人大常委会先后通过了《关于修改〈中华人民共和国著作权法〉的决定》，对著作权法进行了修订，使之能够进一步保护著作权人的合法权益，并适应我国加入世界贸易组织和社会及经济发展之需要。

2021年1月1日起施行的《民法典》第一百二十三条中强调："民事主体依法享有知识产权。知识产权是权利人依法就下列客体享有的专有的权利：（一）作品；（二）发明、实用新型、外观设计；（三）商标；（四）地理标志；（五）商业秘密；（六）集成电路布图设计；（七）植物新品种；（八）法律规定的其他客体。"2020 年 11 月 11 日，第十三届全国人大常委会作出了《关于修改〈中华人民共和国著作权法〉的决定》，修改完成后的《著作权法》于 2021 年 6 月 1 日起正式施行，这也是《中华人民共和国著作权法》的第三次修正。本次修正集中回应了新兴技术的挑战，落实了有关国际条约义务，并加大了著作权法的执法力度。

二、著作权的特征

作为知识产权的一种，著作权一方面具有知识产权的共有特征，另一方面与商标权、专利权相比较，还具有自己专有的特征。

（一）共性特征

1. 专有性

著作权的专有性是指著作权人的各项权利，如复制、发行、表演、改编等，非经著作权人许可或法律特别规定，他人不得以任何形式加以使用，否则将构成侵权。如未经许可生产制造盗版软件的行为，就构成了侵权，应当受到法律制裁。

2. 地域性

著作权和其他知识产权一样具有地域性，即法律规定著作权的效力只限于本国境内，但有国际条约或多边、双边协定规定的除外。如《伯尔尼公约》要求成员国保护源于其他成员国的作品，一旦一个作品在一个成员国创作完成受到该国法律保护，也就会受到其他成员国的法律保护。

3. 时间性

时间性是指法律给予著作权的保护期限是有限的，对于超出规定期限的著作权，法律不再给予保护。例如对于作者是自然人的作品，我国《著作权法》规定的保护期限是作者终生及其死亡后 50 年，超出这一期限后，其他公民就可以自由使用该作品而无须向作者或其继承人付费。对于著作权而言，知识产权的这一共性特征有利于文学艺术作品的传播，可以让更多的作者加入作品的传播和改编。

4.无形性

著作权的客体是作品，作品具有无形性，其表现形式可以是小说、影视剧、书画、歌曲、软件等。但无形的作品必须寄身于有形的载体上，如小说必须存在于纸张这一有形的载体上，数字音乐要存在于电脑、手机或mp3等有形的电子设备上。著作权客体的无形性与载体的有形性，是区别于一般物权的重要特征。例如购买一张音乐CD后，购买者可以取得这张CD的所有权，但并没有获得CD里面音乐的著作权，音乐的著作权仍属于作者。

（二）专有特征

1.著作权兼有人身权和财产权的双重属性

著作权除了具有财产属性外，还与创作者的身份密切相关，体现了创作者的思想、感情、价值观等，具有强烈的人身权属性。如署名、发表、修改、保护作品完整等权利，一般由其本人或者授权的人行使，与作者的身份具有紧密的联系、不可分离。

2.著作权保护期限视不同内容而异

著作权包括人身权和财产权两种，其中发表权及全部财产权的保护期有限制，一般是作者终生及其死亡后50年；而人身权利中的署名权、修改权和保护作品完整权自作品创作完成后一直受到保护，没有时间限制。著作权的这种特点也是基于著作权的双重属性而衍生的。

3.著作权的专有性受到法律限制

著作权具有专有性，任何人未经许可不得使用。但《著作权法》第二章第四节同时规定了13种无须经过著作权人许可，也无须支付报酬就可以使用作品的情形，这是对著作权专有性的一种限制。

《著作权法》一方面保护著作权，以促进和鼓励人们进行创作活动；另一方面又限制著作权，其目的在于促进智力成果的传播。从整个国家的角度看，保护与限制的平衡有益于整个社会知识总量的提升，实现促进社会文化发展之目的。

📖 **案例分析**

著作权专有性的保护：达索公司诉知豆公司侵害计算机软件著作权纠纷案 ①

原告达索公司系计算机软件 CATIA V5 R20 的著作权人，其曾因被告知豆公司使用侵权软件于 2017 年 2 月向行政机关投诉，行政执法过程中查获知豆公司使用侵权软件 8 套。同年 11 月，达索公司向上海知识产权法院申请诉前证据保全。保全过程中，法院经知豆公司同意，采取随机抽查的方式对计算机中安装涉案软件的情况进行证据保全，并根据所抽查比例推算计算机中安装涉案软件的数量。经清点，知豆公司经营场所内共有计算机 73 台，抽查的 15 台计算机中均安装了涉案软件。达索公司遂诉至法院，要求判令停止侵权，并赔偿经济损失及合理费用共计 1800 余万元。

上海知识产权法院经审理认为，知豆公司未经达索公司许可，在其经营场所内的计算机中安装了涉案软件，侵害了达索公司对涉案软件享有的复制权，判决知豆公司赔偿达索公司经济损失及合理费用共计 900 万元。法院通过该判决倡导社会公众全面使用正版软件，尊重软件开发者的劳动和付出，推进企业软件正版化工作，营造尊重和保护知识产权、激励和发展创新的法治化营商环境。

---

① （2018）沪民终 429 号。

问题与思考

1.什么是著作权？请结合生活中场景，列举说明身边受著作权法保护的作品。

【答案要点】著作权，是指作者根据法律规定，对文学、艺术和科学、工程技术等作品享有的人身权利和财产权利的总称。生活中的场景：听歌（音乐作品）、使用 Word（计算机软件）写作业、看电影（视听作品）等。

2.著作权具有哪些特征？试联系自己所学专业，举一例说明。

【答案要点】著作权具有共性特征与专有特征。共性特征和其他知识产权一样，包括时间性、地域性、专有性与无形性；专有特征包括兼有人身权和财产权的双重属性、保护期限视不同内容而异以及专有性受到法律限制。

以计算机科学专业为例，计算机软件创作完成后（无形性）受我国著作权法保护（地域性），保护时间为自然人终生及其死亡后 50 年（时间性），在此期间，软件的所有者可以署名发表并复制发行，享受其带来的财产收益（人身权和财产权的双重属性），在被他人盗版后，作者可以通过举报、起诉或报案的方式保护其权益（专有性）。

课程思政

阅读资料：中国特色的版权体系充分体现了中国特色社会主义制度的本质特征和显著优势 [1]

30 年来，在党中央、国务院的坚强领导下，我国的版权事业从小到大、由弱到强，走上了高质量发展道路，取得了令人瞩目的巨大成就，成为推进国家治理体系和治理能力现代化的重要内容。30 年来，我们建立了集"一法六条例"、8 个国际公约以及地方性法规、部门规章、司法解释于一体，

---

[1] 参见张建春：《全面加强版权保护 推动构建新发展格局》，《中国出版》2021 年第 12 期。

既具有中国特色又符合国际规则、既适应市场经济要求又体现新技术发展的比较完备的版权法律制度体系，建立了司法与行政并行、多部门协调配合、惩治力度不断加大的版权双轨保护体系，建立了覆盖作品登记、宣传教育、版权交易、产业发展等全产业链的版权社会服务体系，建立了多边合作和双边交流相结合、充分展现我国国际话语权和影响力的版权国际合作体系。这四个体系科学规范、运行有效，构成了具有中国特色的版权体系，充分体现了中国特色社会主义制度的本质特征和显著优势，集中反映了新时代版权事业发展的新要求和人民群众的新期待。

党的十九大指出，要坚持中国特色社会主义文化发展道路，激发全民族文化创新创造活力，建设社会主义文化强国。版权作为文化和创新之间的桥梁和纽带，不仅保护人民群众创作热情，激励社会公众创作作品，同时促进作品的使用和传播，使其转化为现实生产力和文化软实力，提升国家文化整体实力和国际竞争力。

第二节　著作权的客体

☑ 关键术语

著作权客体；作品；独创性

▤ 基础知识

一、作品概述

著作权的客体是指著作权法的保护对象，是著作权人享受权利并承担义务所指向的对象。著作权的客体是作品，根据《著作权法》第三条之规定，作品是指"文学、艺术和科学领域内具有独创性并能以一定形式表现的智力成果"。作品是随着时代的发展和科技的进步不断动态发展的，早期的作品主要是文字、美术作品，如小说、绘画等。随着信息技术的发展，又出现了工程设计图纸、计算机软件、3D打印作品等。以发展的视角看，作品的范围在不断扩大，预计未来会出现更多的作品形态。

二、作品的特点

作品的特点是指法律规定作品成立的条件，即必须符合这些条件，才能够受到我国法律的保护。根据《著作权法》和《著作权法实施条例》关于作品的定义，其特点主要有以下三点。

（一）作品必须是"人类"的智力成果

根据《著作权法》第二条规定，中国公民、法人或者非法人组织的作品，不论是否发表，均享有著作权。由此可见，法律所保护的作品，必须是由人类所创作完成的智力成果，即由人类基于智慧、经验、技术、知识、情感等加工创作，形成能够体现其思想或情感的智力成果。

根据前述定义，自然风光不是作品，例如黄山之松、长江之水等，完全基于多种自然因素经由历史演化形成，没有人类加入进行创作。动物所创作的"作品"也不是我国法律所保护的"作品"，因为动物不是人类，不受我国著作权法所保护。在国际上著名的猕猴自拍案中，美国法院的法官也持同样的观点，认为动物不能够享有其作品的版权。

随着信息技术和人工智能的发展，越来越多的作品由各种机器人、智能设备所完成，如人工智能创作的歌词、绘画、音乐作品等。这些作品表面上看由机器所完成，但实际上是人类借助于人工智能执行自己的命令，仍然是由人类所创作完成的，人工智能只是其创作的工具。因此，在现行著作权法的框架下，这些作品如果满足了作品的全部特点，仍可被视为是人类创作完成的智力成果，应受到我国著作权法的保护。

（二）作品应当是客观的外在表达

"客观的外在表达"是指《著作权法》第三条规定的作品必须是"一定形式表现的智力成果"和《著作权法实施条例》第二条规定的作品必须是"以某种有形形式复制的智力成果"。作品虽然是人类创作完成的，但如果这个作品仍然存在于人的大脑中，而没有以有形的形式表达出来，就无法让其他人所感知，也就无法成为社会的物质或精神成果，对于社会而言就没有价值。从反面看，如果法律保护了人类无形的思想或情感，一方面很难落实，另一方面也容易导致思想的垄断，会限制其他人基于同类思想创作作品。因此，著作权法强调，作品必须是"以有形形式复制"，即必须是一种客观的外在表达，而不是存在于主观中的抽象的思想。

例如一个计算机程序员对一种提高工作效率的软件有很好的构思，但必须通过写代码、形成计算机程序（包括手机 App）后，才能够得到著作权法的保护。构思或设计是程序员的一种主观设想，计算机程序才是一种可以"以有形形式复制"的"客观外在表达"，著作权法保护的是后者。

（三）作品应当具有独创性

独创性又称为"原创性"，从字面意义上看，独创性一是强调"独"，即必须是由作者自己原创而未抄袭；二是强调"创"，即必须有一定智力活动，是创造而不是复制和简单模仿。作品的独创性强调作品必须是由作者独立创造，但同时允许不同的作者针对同一题材进行类似的创作，如针对同一题材写小说、拍电影等。此时，虽然两部作品存在表达形式的类似，但不会影响其各自享有著作权。对于独创性中"创造性"要达到何种程度，我国著作权法未有规定。

在著作权诉讼中，无论是原告还是被告，在保护自己的作品或对抗他人的起诉时，常常要举示自己独创性的证据，如创作过程的记录、手稿/底稿、证人证言等，只有拿出自己独创的证据，才能够保护自己作品的著作权。因此，独创性在司法实践中非常重要，往往是纠纷解决的前提或权属争议的关键。

三、作品的类型

根据我国《著作权法》第三条之规定，作品主要有以下 9 种类型。

（一）文字作品

文字作品是指以文字为表现形式的作品，包括小说、论文、诗歌等。这里的"文字"应当作广义理解，不仅是指中文（汉字和少数民族文字），还包括外国语言文字、数字、符号、盲文等。另外需要指出的是，文字作品并没有限制作品文学水平的高低，那些没有文学水平或者文学水平较低的作品，如产品说明书、旅游解说词等，也是文字作品。

（二）口述作品

口述作品是指以即兴的口头语言为表现形式的作品，包括演讲、辩论、授课等形式。需要指出的是，口述作品强调作品产生的"即兴"，即必须是作者在现场创作完成，如果是在现有的教案、演讲稿、辩论词基础上进行的简单读诵，则此种读诵不构成口述作品，仅仅是对文字作品的表演。

（三）音乐、戏剧、曲艺、舞蹈、杂技艺术作品

音乐作品，是指歌曲、交响乐等能够演唱或者演奏的带词或者不带词的作品。音乐作品的核心在于"能够演唱或者演奏"，强调的是音乐旋律等要素。歌词并非音乐作品的必备要素，没有歌词的纯音乐也同样受到法律保护。王菲的《我愿意》就是带词的音乐作品，绝大多数流行歌曲都是如此；小提琴协奏曲《梁祝》则是不带词的音乐作品，诸多钢琴曲、大小提琴曲、民乐演奏等纯音乐都是不带词的音乐作品。

戏剧作品，是指话剧、歌剧、地方戏等供舞台演出的作品。戏剧作品强调的是"舞台演出"，即由各类演员在舞台上将剧本里描述的故事、人物、情节表演出来。如孟京辉《恋爱中的犀牛》（话剧）、白先勇青春版《牡丹亭》（昆曲）等都是戏剧作品。

曲艺作品，是指相声、快书、大鼓、评书等以说唱为主要形式表演的作品。这些均是我国民间传统文化，突出的是表演者个人的现场说唱表演。其中，相声是以说、学、逗、唱为表演形式的一种喜剧型民间说唱曲艺，表演者通过说唱来实现讽刺、歌颂或者娱乐的目的。快书是一种节奏感极强的说唱或诵唱，表演者一般唱诵整齐的韵文，代表性的有山东快书等。大鼓，是一种说和唱兼有的曲艺表演形式，演唱者一手敲鼓、一手夹板，配合动作表情讲述一段历史故事或公案。评书是表演者通过一人叙述情节、评议事理等方法，来演绎一段历史故事。这些均是中国传统的口头表演艺术形式。

舞蹈作品，是指通过连续的动作、姿势、表情等表现思想情感的作品。这里强调的是"连续的"动作、姿势、表情，而不是单一的动作，如舞蹈《千手观音》等。

杂技艺术作品，是指杂技、魔术、马戏等通过形体动作和技巧表现的作品，强调的是利用"形体动作与技巧"进行表演。其中，杂技，指表演者靠身体技巧完成一系列高难动作，常见的有车技、柔术、走钢丝、顶碗、口技等。魔术，是指表演者通过一定的道具或手法技巧制造假象，如大变活人等。马戏，是表演者指挥动物表演各种技巧动作或在动物身上进行各种技艺表演。

（四）美术、建筑作品

美术作品，是指绘画、书法、雕塑等以线条、色彩或者其他方式构成的有审美意义的平面或者立体的造型艺术作品，如中国水墨画、西方油画、传统版画、石雕等。

建筑作品，是指以建筑物或者构筑物形式表现的有审美意义的作品。这里强调的是三维的建设物或构筑物，而不包括建筑物设计图、建设模型等，后者属于作品里面的第 7 类"工程设计图、模型作品"。

（五）摄影作品

摄影作品，是指借助器械在感光材料或者其他介质上记录客观物体形象的艺术作品。在数字技术兴起前，摄影作品主要指传统的机械相机在胶片这一感光材料上记录影像；随着数字技术的发展，数码相机大行其道，摄影作品自然也包括了利用电子设备在感光元件 CCD（光电荷耦合器件）/CMOS（互补金属氧化物半导体）上固定客观影像的数字作品。

（六）视听作品

视听作品，是指由一系列有伴音或者无伴音的画面组成，并且借助技术设备放映或者以其他方式传播的作品。与摄影作品相比，视听作品强调的是动态的画面，它是由包括导演、编剧等在内的人员，对演员的表演、灯光、场景、动作、语言等进行集中的创作和设计，形成的一系列可以连续放映的活动画面，同时反映了创作者的艺术追求和价值判断。

（七）工程设计图、产品设计图、地图、示意图等图形和模型作品

图形作品，是指为施工、生产绘制的工程设计图、产品设计图，以及反映地理现象、说明事物原理或者结构的地图、示意图等作品。模型作品，是指为展示、试验或者观测等用途，根据物体的形状和结构，按照一定比例制成的立体作品，例如建筑物模型、汽车模型、智能交通模型等。

（八）计算机软件

根据《计算机软件保护条例》第二条之规定，计算机软件是指计算机程

序及其有关文档。据此，我国著作权法保护的计算机软件，不仅仅是指软件程序，还包括与软件程序相关的技术文档。

计算机程序，是指为了得到某种结果而可以由计算机等具有信息处理能力的装置执行的代码化指令序列，或者可以被自动转换成代码化指令序列的符号化指令序列或者符号化语句序列。简单理解，就是人类需要计算机按要求完成某项任务，必须用一种特定的语言告诉计算机，这种特定的语言就是计算机程序。常见的计算机程序包括源程序与目标程序，源程序是人类可读的，一般用高级语言（如 C 语言等）所编写，常见的格式是文本文件。为了让计算机理解人类的指令，需要将源程序的代码文本翻译成计算机可以执行的二进制指令，即需要由各种编译器对源程序进行"编译"。这种编译后可直接被计算机运行的机器码集合，就叫"目标程序"。同一计算机程序的源程序和目标程序为同一作品。

文档，是指用来描述程序的内容、组成、设计、功能规格、开发情况、测试结果及使用方法的文字资料和图表等，如程序设计说明书、流程图、用户手册等。

（九）符合作品特征的其他智力成果

所谓符合作品特征的其他智力成果，也就是某些智力成果不属于上述8 类作品范围内，但又满足《著作权法》中关于作品的条件。作为作品类型的兜底，此条款能够克服法律天生的滞后性，并且给予具体案件中的法官自由裁量的空间，使《著作权法》能够尽可能地保护到所有应当保护的作品。

四、不受著作权法保护的作品

（一）政府公文

主要指国家法律、法规，国家机关的决议、决定、命令和其他具有立法、行政、司法性质的文件及其官方正式译文。这些官方文件往往也符合作品的特点，但因其公共利益的属性，应当进行广泛复制传播，不应当规定其专有而限制其传播。因此，政府公文不能够成为著作权法保护的对象。

（二）单纯事实消息

单纯事实信息，是指对客观事实的简单描述，如时间、地点、人物、起因、经过、结果，不包括主观感受、新闻评论、情感分析等。单纯事实信息的独创性较差，不同的人对同一单纯事实信息的叙述内容往往相同或类似。因此，单纯事实信息不受著作权法的保护。但即便如此，根据《最高人民法院关于审理著作权民事纠纷案件适用法律若干问题的解释》第十六条、第十七条之规定，在转载他人时事新闻作品时，应当注明出处，否则应承担消除影响、赔礼道歉等民事责任。

需要指出的是，单纯事实信息不受著作权法的保护，不等于所有的以单纯事实信息为基础制作的时事新闻作品不受著作权法的保护。新闻评论、深度报道、新闻访谈等新闻作品，新闻单位要投入大量的人力物力采访编写，鉴于其独创性较强，仍然受到著作权法的保护。在互联网时代，大量的自媒体和新闻网站抄袭传统纸媒，传统报业生存艰难，有的地方的报业集团已经开始了新闻作品维权之路，其法律根基就是大量新闻作品仍然受到著作权法的保护。

（三）历法、通用数表、通用表格和公式

历法（如公历、阴历）、通用数表（如九九乘法表）、通用表格和公式（如各类数字公式等）都流传了多年，已经进入了公共使用领域，成为人们生活和学习的基础，不能为任何人所垄断。因此，著作权法不给予保护。

📖 **案例分析**

计算机软件作品及相似性的判断：重庆世茂科技有限公司与重庆索鼎科技有限公司、吕晓波计算机软件著作权侵权案 ①

　　原告重庆世茂科技有限公司（简称"世茂公司"）开发了住房公积金管理软件（世茂软件）并在市场进行销售，后发现其离职员工吕晓波创办的重庆索鼎科技有限公司（简称"索鼎公司"）开发了类似的软件（索鼎软件），遂以吕晓波、索鼎公司侵犯了其软件著作权为由，诉至法院。法院审理的焦点问题为：如何判断两个软件的相似性？

　　原告向重庆市版权司法鉴定中心申请对涉案两款软件进行鉴定，在司法鉴定意见书中载明了两款软件的相似情况和比例：代码完全相同行数 59.70%、部分相同行数 10.61%，共计 70.31%；界面完全相同或相似为 72.22%；所有按钮的特征值（MD5 值）相同；错别字"交"与"缴"混用的情况相同。因此，索鼎软件与世茂软件的源程序代码构成相似，非通用按钮、错别字情况均相同，故索鼎软件与世茂软件构成实质性相似。基于此，一、二审法院均判决原告胜诉，被告侵权成立。

　　该案是 2015 年中国法院 50 件典型知识产权案例之一。法律对计算机软件的保护只保护"思想的表达"而非"思想"本身。在软件市场，同类的软件之间无法避免地拥有对方软件所能实现的功能，操作方法也往往有相似性，但这并不意味着后开发软件一定侵犯了之前软件的著作权，比如使用不同的代码写出了使用同一个方法、具备同一个功能的软件的行为不一定构成著作权侵权。因此，在计算机软件领域，判断后一个软件从先前的软件那里"借鉴"的是不被保护的"思想"还是被保护的"表达"就成了判断是否侵权的一个重要依据，这也是著作权法中"思想与表达二分"原则的重要体现。

---

① （2015）渝一中法民终字第 04837 号。

本案中，世茂软件形成时间早于索鼎软件，两款开发时间不同的软件，如果后开发的软件与先开发的软件除通用程序代码之外的其他程序源代码绝大多数相同或近似，且后开发软件人员对源代码相同或高度近似不能作出合理解释，可以认定后开发的软件著作权侵权。

问题与思考

1. 著作权法保护的"作品"有什么特点？

【答案要点】作品必须是"人类"的智力成果、作品应当是客观的外在表达、作品应当具有独创性。

2. 网络游戏是否构成著作权法意义上的作品？如果构成，其构成《著作权法》中何种作品？

【答案要点】构成作品，其满足著作权法对作品的全部条件。具体构成何种作品目前未定论，可以参考《著作权法》第三条"（六）视听作品"和"（九）符合作品特征的其他智力成果"。网络游戏不能以"计算机软件"的类型保护的原因在于，著作权法中的"计算机软件"侧重于保护代码等内在创作，而网络游戏作为作品更多地侧重于视觉听觉等感知性表达。

3. 著作权法保护的"计算机软件"仅指软件程序吗？

【答案要点】计算机软件是指计算机程序及其有关文档。据此，我国著作权法保护的计算机软件，不仅仅是指软件程序，还包括与软件程序相关的技术文档。

课程思政

阅读资料：把最优质的作品纳入到著作权保护的客体之中——访中国版权协会理事长阎晓宏

记者：党的十九届五中全会明确提出到 2035 年建成文化强国，并就推进社会主义文化强国建设提出了清晰的奋斗路径。您认为此次修改后的著作权法对推进社会主义文化强国建设具有怎样的意义？

阎晓宏：党的十九届五中全会提出，坚持创新在我国现代化建设全局中的核心地位，把科技自立自强作为国家发展的战略支撑。以创新为最大驱动力，推动国家创新体系建设，是十九届五中全会绘制的创新发展路线图。在文化领域，最大的驱动力就是作品的创作，没有优秀的作品何来繁荣的文化？只有建立在优秀作品的创作基础上，再加上好的文化传播，才能实现文化强国的目标。新修改的著作权法的目的和根本是激励、保护和推动创作，特别是促进优秀作品的广泛传播。在推进文化强国建设的进程中，该法的出台具有很强的现实意义。

第三节　著作权的主体

☑ 关键术语

作者；著作权自动取得；职务作品；委托作品；合作作品

📋 基础知识

一、著作权主体概述

著作权的主体又称为"著作权人"，是指按照《著作权法》的规定，对作品享有著作权的人。这里的"人"既包括自然人，也包括法人和非法人组织；既包括本国的，也包括外国人和无国籍人。

为避免著作权权属争议，《著作权法》第十二条规定，在作品上署名的自然人、法人或者非法人组织为作者，且该作品上存在相应权利，但有相反证明的除外。因此，作品署名是判断权属的关键，非署名者想要证明自己是作者，必须要举示相应的证据。

通常而言，创作完成作品的自然人作者是著作权人，享有完整著作权中的人身权与财产权。但在一些情况下，非作者或者作者所在单位也可以成为著作权人。比如，作者可以将著作权中的部分权利进行转让、赠予，或者按照法律规定在特定情形下发生继承，此时非作者也可以成为著作权人。又比如，在特定情况下，法人或非法人组织可以代替实际创作作品的自然人成为著作权人。《著作权法》第十一条规定，由法人或者非法人组织主持，代表法人或者非法人组织意志创作，并由法人或者非法人组织承担责任的作品，法人或者非法人组织视为作者。

根据《著作权法》第二条之规定，外国人、无国籍人的作品首先在中国境内出版的，依照本法享有著作权。同时由于我国已经加入《伯尔尼公约》，根据该公约之规定，我国法律同样保护成员国的作品，这些作品即便没在中国境内出版，作者的著作权同样受到我国法律所保护。

二、著作权的取得

(一) 自动取得

根据《著作权法》第二条规定，中国公民、法人或者非法人组织的作品，不论是否发表，均享有著作权。据此，我国法律对于著作权采用的是自动取得制度，即只要作品一经创作完成，著作权就自动产生，并不需要到国家登记机关进行登记。著作权的这个特点与专利权和商标权有很大的不同。

虽然我国实行著作权自动取得制度，但同时也实施了"作品自愿登记制度"。1994 年国家版权局颁布了《作品自愿登记试行办法》，作者可以自愿选择至版权登记管理部门进行登记。登记虽然不是著作权产生的前提，但版权登记证书可以作为著作权权属的一种证据（特别是在无法举示其他创作证据时），同时也可以在版权交易中建立双方的信任关系。因此，作品登记在版权实践中，仍然具有广泛的市场。

（二）原始取得与继受取得

根据著作权的取得方式和取得主体，可以将著作权的取得分为原始取得和继受取得。

1. 原始取得

著作权的原始取得是指著作权人通过创作作品这一行为取得全部著作权的行为，这是自然人创作作品时著作权取得的常见情况。

2. 继受取得

著作权的继受取得是指他人根据法律或者合同的规定从著作权人处获得部分著作权的行为。基于著作财产权本身的可转让性，著作权的继受取得通常就是指作品部分财产权的转让、继承、赠予等。如李健的《传奇》的版权属于老孙文化（北京）有限公司，老孙公司从词曲作者刘兵、李健手中购买了作品的版权，属于继受取得。

需要注意的是，基于著作人身权不可转让，著作权的继受取得人不能享有完整的著作权。

三、特殊作品的著作权主体

在一般情况下，作者是著作权的主体，享有著作权中的人身权和财产权，可以从中获益，并可以对侵犯其著作权的行为进行维权。但在特殊情况下，《著作权法》对著作权的主体进行了特殊规定，以实现利益的公平分配以及作品的广泛流通。

（一）职务作品

根据《著作权法》第十八条之规定，职务作品是指自然人为完成单位（法人或非法人组织）的工作任务所创作的作品。在职务作品中，一方面单位投入了人力、财力和物力，另一方面作者也投入了自己的智力创造，因此，职务作品的归属必须要考虑两种利益的平衡。

根据《著作权法》的规定，判断是否构成职务作品，必须要考虑两个因素：一是创作人应当是单位的员工，与单位有劳动关系或者雇佣关系；二是作品应当是单位的工作任务，系员工完成其工作职责而完成。如某科技公司的程序员小张为完成工作任务而编写手机 App，则该 App 系职务作品；若其利用业余时间写了一首歌，这首歌就不是职务作品，因为不属于小张的工作职责，也不是工作任务。

职务作品著作权的归属，《著作权法》规定了两种情况。

（1）一般职务作品。在通常情况下，一般职务作品的著作权由作者享有，但法人或者非法人组织有权在其业务范围内优先使用。作品完成两年内，未经单位同意，作者不得许可第三人以与单位使用的相同方式使用该作品。

（2）特殊职务作品。即主要是利用法人或者非法人组织的物质技术条件创作，并由法人或者非法人组织承担责任的职务作品；或者根据法律、行政法规规定或者合同约定著作权由法人或者非法人组织享有的职务作品。对于特殊职务作品，作者仅享有署名权，著作权的其他权利由法人或者非法人组织享有，法人或者非法人组织可以给予作者奖励。

《著作权法》第十八条规定特殊职务作品包括：（1）主要是利用法人或者非法人组织的物质技术条件创作，并由法人或者非法人组织承担责任的工程设计图、产品设计图、地图、示意图、计算机软件等职务作品；（2）报社、期刊社、通讯社、广播电台、电视台的工作人员创作的职务作品；（3）法律、行政法规规定或者合同约定著作权由法人或者非法人组织享有的职务作品。

（二）合作作品

合作作品是指两个以上的作者共同创作完成的作品。根据《著作权法》第十四条之规定，合作作品的著作权由合作作者共同享有。没有参加创作的人，不能成为合作作者。

如果合作作品的著作权人对于著作权的使用产生分歧，此时应当如何处理？《著作权法》及《著作权法实施条例》区分两种情况：(1) 合作作品可以分割使用的，作者对各自创作的部分可以单独享有著作权，作者可以各自使用作品，但不得侵犯合作作品整体的著作权。(2) 合作作品不可以分割使用的，各个作者应当通过协商行使著作权，不能达成一致又无正当理由的，任何一方不得阻止他方行使除转让、许可他人专有使用、出质以外的其他权利，但是所得收益应当合理分配给所有合作作者。

（三）委托作品

委托作品是受托人接受委托人的委托，按其要求和意图进行创作完成的作品。例如某公司委托某设计师定制设计商标 LOGO、某公司将软件开发外包给某程序员等。

委托作品的著作权归属，根据《著作权法》第十九条之规定，当由委托人与受托人通过合同约定。如果合同未作明确约定或者没有订立合同的，著作权属于受托人。从该条看，法律基于受托人是创作人的因素，倾向于对其进行保护。在此种情况下，是否委托人使用作品仍然要额外支付报酬？根据《最高人民法院关于审理著作权民事纠纷案件适用法律若干问题的解释》第十二条之规定，委托人可以在约定的使用范围内使用作品，如果双方没有约定使用作品范围的，委托人可以在委托创作的特定目的范围内免费使用该作品。

如 A 单位委托 B 软件公司为其定制业务系统，并支付了开发费用。若 AB 之间未约定著作权归属，则 B 公司是著作权人。但 A 单位可以基于自己业务的目的使用该软件，无须经 B 公司同意，也无须额外支付报酬。

另外，《最高人民法院关于审理著作权民事纠纷案件适用法律若干问题的解释》还规定了两类特殊的委托作品，与前述情形不同，在以下这两种情形下，著作权一般由委托人享有。

（1）讲话型作品。即由他人执笔，本人审阅定稿并以本人名义发表的报告、讲话等作品，著作权归报告人或者讲话人享有。著作权人可以支付执笔人适当的报酬。

（2）自传型作品。当事人合意以特定人物经历为题材完成的自传体作品，当事人对著作权权属有约定的，依其约定；没有约定的，著作权归该特定人物享有，执笔人或整理人对作品完成付出劳动的，著作权人可以向其支付适当的报酬。

司法解释之所以作出如上规定，主要是考虑这两种情形下的作品具有强烈的人身属性。

（四）演绎作品

演绎作品是指改编、翻译、注释、整理已有作品而产生的作品，如将《鬼吹灯》由小说改编成电影、电视剧、话剧等。根据《著作权法》第十三条之规定，其著作权由改编、翻译、注释、整理人享有，但行使著作权时不得侵犯原作品的著作权。因为原著作权人享有作品的改编权、翻译权等，未经许可擅自进行改编、翻译或整理，就侵犯了原著作权人的权利。

（五）汇编作品

汇编作品是指汇编若干作品、作品的片段或者不构成作品的数据或者其他材料，对其内容进行选择或者编排的作品。根据《著作权法》第十五条之规定，汇编作品的著作权由汇编人享有，但行使著作权时，不得侵犯原作品的著作权。

汇编作品是一种体系化的编排，汇编体系和材料的取舍体现了汇编人的独特的方法或视角。如果没有独特性，则汇编本身不构成著作权法所保护的作品。汇编作品一般有两种类型：一种是汇编有著作权的作品，另一种是汇编无著作权的作品。汇编有著作权的作品，应当征得原著作权人的同意并支付报酬，并且汇编人仅享有汇编作品的著作权，而不延及原作品著作权。汇编无著作权的作品，如现代人对唐诗、宋词等进行选择性汇编，汇编人对汇编后的作品享有著作权。

（六）影视作品

影视作品是视听作品中的电影作品、电视剧作品，是指摄制在一定介质上，由一系列有伴音或者无伴音的画面组成，并且借助适当装置放映或者以其他方式传播的作品。影视作品是由多人分工合作完成的，创作过程极其复杂，创作者包括了制片、导演、编剧、词曲作者、演员等，是一个复杂的集合体。为了保障影视作品著作权，促进影视作品的流通，我国著作权法以利益平衡的视角对影视作品的著作权进行了专门规定。根据《著作权法》第十七条之规定，视听作品中的电影作品、电视剧作品的著作权由制作者享有，但编剧、导演、摄影、作词、作曲等作者享有署名权，并有权按照与制作者签订的合同获得报酬。影视作品中的剧本、音乐等可以单独使用的作品的作者有权单独行使其著作权。

法律之所以将影视作品的著作权赋予制片人，一方面在于简化著作权法律关系，否则会导致影视作品的著作权人太多而无法协调行使；另一方面在于制片人在影视作品的创作中类似于"负责单位"，负责资金筹措、发掘剧本、聘用导演，并对影视作品最终的市场效益负责。鉴于编剧、导演、摄影、作词、作曲等作者对作品的创作起了极大作用，因此法律也赋予他们署名权和获得报酬权，同时对可以分割使用的作品允许其单独行使著作权。

（七）作者身份不明的作品

作者身份不明，是指作品的著作权人身份无法确定，如果能够通过各种途径确定作者身份，则该作品不是作者身份不明的作品。如作品署名"南山一棵树"，虽然看起来无法直接确认作者身份，但如果通过稿酬支付地址、行业内证人证言等证据可以指向某个具体的人，则不构成作者身份不明的作品。

根据《著作权法实施条例》第十三条之规定，作者身份不明的作品，由作品原件的所有人行使除署名权以外的著作权。作者身份确定后，由作者或者其继承人行使著作权。

📖 案例分析

1.职务作品的归属：北京金关科技有限公司与屈明杰、江苏天益网络信息有限公司计算机软件著作权权属纠纷案 ①

原告北京金关科技有限公司（简称"金关公司"）认为"随e联软件"是被告屈明杰在金关公司任职期间完成的技术成果，根据屈明杰和金关公司在《保密合同》中的约定，该软件的著作权应归原告所有，而被告江苏天益网络信息有限公司（简称"天益公司"）认为该软件的著作权应归自己所有。

本案中，金关公司与屈明杰签订《保密合同》。双方在该合同中就屈明杰在任职期间所完成的技术成果的知识产权归属问题进行了约定，在该合同第十一条又进一步约定，该合同所称的任职期间应以屈明杰从金关公司领取工资为标志，并以该项工资所代表的工作期间为任职期间。但金关公司提交的证据，只有费用支出凭单、出差申请表、借款单、差旅费报销单、招待费报销单等，并没有涉及《保密合同》中所约定的"领取工资"。根据《著作权法》（2010年）第十六条的规定，法院认为金关公司不能证明屈明杰已经任职。

职务作品认定的前提一般必须有"职务关系"，若软件企业没有保有相关凭证，从而无法证明员工的任职，则开发的软件无法认定为职务作品。本

---

① （2013）民申字第717号。

案经过了一审及二审程序的审理均认为原告的主张不成立。

在软件开发领域，职务作品著作权归属纠纷比较多，这已经成为软件企业著作权保护中的难点之一。因此，在计算机软件开发合同中，约定著作权的归属十分重要。

2. 委托作品的归属：杭州大头儿子公司诉央视侵权案 [①]

原告大头儿子公司诉称，"大头儿子""小头爸爸""围裙妈妈"三件美术作品的原著作权人为刘泽岱，系刘泽岱受上海科影厂委托，为上海科影厂和中央电视台合作制作的动画片《大头儿子小头爸爸》（95版）创作的动画形象。上海科影厂及央视均未与刘泽岱签订过任何合同来约定著作权归属。现大头儿子公司经合同转让成为三件美术作品的著作权人，央视在未经许可的情况下，将其改编为2013版《大头儿子小头爸爸》，侵犯了公司的著作权。

根据《著作权法》的规定，委托作品的著作权归属，由委托人与受托人之间通过合同约定。如果合同约定不明时，著作权属于受托人，因此，刘泽岱对其创作的三个人物动画作品享有完整的著作权。央视再次创作演绎作品未取得原作品著作权人的授权，构成侵权。

问题与思考

1. 作者是否一定是著作权的主体？

【答案要点】在一些情况下，非作者或者作者所在单位也可以成为著作权人。如作者将著作权进行转让、赠与，或者作者去世后发生了著作权的继承，此时非作者也可以成为著作权人。另外，如果由法人或者非法人组织主持，代表法人或者非法人组织意志创作，并由法人或者非法人组织承担责任的作品，法人或者非法人组织视为作者。

---

① （2015）浙杭知终字第358号。

2.单位对员工创作的作品，在何种条件下享有著作权？

【答案要点】 根据《著作权法》的规定，单位对员工创作的作品享有著作权的，构成特殊职务作品。特殊职务作品必须要满足两个条件：一是要构成职务作品。二是主要是利用法人或者非法人组织的物质技术条件创作，并由法人或者非法人组织承担责任；或者由合同约定，著作权归属单位。

3.委托开发软件，在著作权归属未约定时，谁是著作权人？

【答案要点】 委托作品的著作权归属，由委托人与受托人之间通过合同约定。如果合同约定不明时，著作权属于受托人。在软件开发中，如果著作权未约定，则归属软件开发者或软件开发公司。

课程思政

阅读资料：版权保护面临新挑战将强化全链条保护 ①

党的十八大以来，我国版权事业蓬勃发展，取得显著成绩。具有中国特色的版权法律体系基本完备，版权保护状况明显改善，版权产业健康发展，社会各界版权意识显著提高，为推动我国文化繁荣、科技进步和经济社会发展发挥了重要作用。

该负责人表示，"十四五"时期，版权工作面临新形势。从国内看，由于起步晚、基础差，我国版权工作与经济社会发展要求还不完全适应，版权质量效益还有待提升，版权精品力作还不够多，版权资源还未得到充分挖掘利用。从国际看，版权作为国家综合实力的重要指标，成为国际竞争的核心要素。加强版权国际交流与合作，积极推动建立平衡有效的国际版权体系，加快提升我国版权国际影响力和话语权，任务紧迫而艰巨。

随着新一轮科技革命和产业变革深入发展，区块链、大数据、人工智能

---

① 参见《加快推进版权强国建设　开创新时代版权工作新局面——中央宣传部版权管理局负责人谈〈版权工作"十四五"规划〉》，2022 年 1 月 9 日，http://www.gov.cn/zhengce/2022-01/09/content_5667291.htm。

等技术手段日新月异，侵权盗版行为网络化、高技术化特点愈加明显，对版权保护提出新挑战新要求。这些都要求不断完善版权工作体制机制，强化版权全链条保护，推进版权治理体系和治理能力现代化。

第四节　著作权及邻接权的内容

☑ 关键术语

著作人身权；著作财产权；邻接权

📄 基础知识

一、著作权的内容

著作权的内容是指著作权人基于作品享有的人身权和财产权的总称。作品是由作者所创作出来的，体现了作者的意图、思想、情感、倾向等，因此具有强烈的人身属性。作品一经创作完成，在传播过程中会产生经济收益，因此又具有财产属性。因此，著作权通常被分为著作人身权和著作财产权。

著作权人享有著作权包括两种含义：一种是积极的权利，即著作权人可以行使全部人身权利和财产权利；另一种是消极的权利，即著作权人可以限制或禁止他人行使这些权利，同时还可以追究他人的侵犯著作权的行为。

二、著作人身权

著作人身权是与著作权财产权相对的一个概念，又被称为"精神权利"，它是指著作权人基于作品所体现的人格和精神而享有的权利。著作人身权和民法一般人身权一样，只能由著作权人享有，不能转让、赠与、继承，同时受到法律无期限的保护（发表权除外），具有永久性，这一点与财产权形成鲜明的对比。

我国著作权法规定的著作人身权有四种：发表权、署名权、修改权和保护作品完整权。

（一）发表权

发表权，是指作者享有决定作品是否公之于众的权利。"公之于众"是指公开向公众披露，使得公众能够通过公开的方式接触到作品。常见的一些发表行为有网络出版小说、公开表演作品、公开上映电影等。

需要注意的是，发表权强调的是作者的公开披露，至于公众是否真实看到或者公众周知，不影响公之于众的认定。《最高人民法院关于审理著作权民事纠纷案件适用法律若干问题的解释》第九条规定，"公之于众"是指著作权人自行或者经著作权人许可将作品向不特定的人公开，但不以公众知晓为构成条件。如网络作家完成小说的创作后，选择在贴吧或博客上发表，就已经做到了"公之于众"，至于是否有人去看、有多少人看，不影响"公之于众"的成立。

发表权具有以下几个特点：

（1）发表权只能行使一次、不可逆转。作者只要将作品公之于众即完成了发表，这种状态只会存在一次并不可逆转。如网络小说作家 A 将小说在起点中文网上公之于众即构成发表，如果盗版书商在线下盗印出售，并不构成对发表权的侵犯而构成对复制权、发行权的侵犯。

（2）发表权兼具财产权的属性。发表权虽然是人身权，但发表行为与作品的收益密切相关，没有发表就没有作品的传播。因此，法律对于发表权的保护期及继承、遗赠等问题，有着与署名权、修改权和保护作品完整权不同的规定。

《著作权法》第二十二条、第二十三条规定，作者的署名权、修改权、保护作品完整权的保护期不受限制，而发表权的保护期和财产权相同，为作者终生及其死亡后 50 年。《著作权法实施条例》第十七条规定，作者生前未发表的作品，如果作者未明确表示不发表，作者死亡后 50 年内，其发表权可由继承人或者受遗赠人行使；没有继承人又无人受遗赠的，由作品原件的所有人行使。因此，法律允许在不违背作者生前意图的前提下，由特定的人行使发表权。

（二）署名权

署名权，即表明作者身份，在作品上署名的权利。署名权是人身权的核心，是表明和确认作者身份的重要依据。

署名权包括作者有权在作品上署名或匿名、署真名（含笔名）或假名的权利。作者有权禁止未参加创作的人署名，以及保护自己的署名权不被侵犯。《著作权法实施条例》第十九条规定，使用他人作品的，应当指明作者姓名、作品名称，这就是对署名权的尊重。

（三）修改权

修改权，即修改或者授权他人修改作品的权利。修改权体现了作者对作品拥有完全的权利，可以随着时代、心态、认识乃至知识的变化，对作品作出符合自己意图的修改。如金庸在新版的《神雕侠侣》中，将旧版中的"尹志平"改成了"甄志丙"，就是因为"尹志平"是道教正史中的名人，为全真教第六代掌教宗师，不宜贬损。当年写作时在知识和认识上未考虑宗教情感，因此予以修改。

修改权不等于改编权，修改权只限于对原作品内容部分的变更，改编权则是产生了新的作品。

（四）保护作品完整权

保护作品完整权，即保护作品不受歪曲、篡改的权利。歪曲、篡改是指实质性地改变了作品中体现的作者的意图或情感，会造成他人对作品的误解。

许多学者认为修改权与保护作品完整权是一个权利的两个方面，从正面看，作者有权修改自己的作品，从反面看，作者有权禁止他人修改自己的作品，即保护自己作品的完整。

署名权、修改权、保护作品完整权这三种著作人身权不可转让、继承，权利保护期限是永久。

三、著作财产权

著作财产权又被称为"经济权利"，是指著作权人享有的使用作品并获得收益的权利。著作权法保证著作权人的收益，从根本上能够激发作品的创作与传播，鼓励作者创作出更好的作品，最终有利于国家版权文化产业的发展。

我国《著作权法》第十条规定了复制、发行、出租、展览、表演、放映、广播、信息网络传播、摄制、改编、翻译、汇编及其他共 13 种著作权中的财产权。

（一）复制权

复制权，是指以印刷、复印、拓印、录音、录像、翻录、翻拍、数字化等方式将作品制作一份或者多份的权利。复制权是著作财产权中最核心的权利，其本质是在有形载体上再现作品。

传统的复制行为，如图书出版、录像带/磁带出版等，都是对一个作品的复制行为；在信息网络时代，新型的复制行为包括将作品数字化并固定（刻录音乐、影视作品等）、将作品上传至网络服务器（如建站供下载等），因为这些都实现了将作品制作成多份的效果，并固定在服务器硬盘这一物质载体上。

（二）发行权

发行权，是指以出售或者赠与方式向公众提供作品的原件或者复制件的权利。发行权的特征在于转移作品的有形物质载体的所有权，包括原件或复制件，但绝大多数情况下，发行权指向的是复制件。如作者将其图书交由出版社出版，印数为 5000 本，实际就是向公众出售这 5000 本复制件。公众支付图书价款，作者可以通过稿酬或者版税获得相应的收益。

发行权的行使要遵守"一次用尽"原则，即作品发行后，著作权人就无法控制该作品的原件或复制件的再次流转行为，获得该作品原件或复制件所有权的人可以不经原著作权人的同意，再次进行销售、出让或赠与。如从书店购得一正版图书阅读后，可将其作为二手书进行销售，原出版社不得干预。法律这一规定，其原因在于作品复制件既有著作权的属性，又有物权的属性，限制其流通有违物权法之规定，且不利于作品的传播。因此，著作权人的发行权一次用尽，不得阻止原件或复制件的所有权人再次出售。

（三）出租权

出租权，是指有偿许可他人临时使用视听作品、计算机软件的原件或复制件的权利，计算机软件不是出租的主要标的除外。出租权的特点有两点：一是许可他人有偿临时使用，这样可以降低使用作品的成本、促进流通；二是仅限于影视作品和计算机软件。我们日常生活中理解的各种物品出租，与这里的"出租权"并非同一含义。另外需要注意的是，计算机软件只有是出租的主要标的，才构成出租权的行使，如果不是主要标的，则不构成出租权的行使。如现在市面上有的公司推出出租电脑服务，该电脑中有常用的计算机软件，但明显不是主要标的，因此不构成出租权的使用场景。

出租正版的影视作品 DVD 是典型的出租行为，但由于我国 2000 年之前盗版严重，许多出租店里面的 DVD 均是盗版，2000 年以后随着网络的发展，影视作品盗版转向了网络，观众多从网络下载影视作品。近五年来，影视作品更多的是通过互联网视频网站传播，观众也慢慢养成了观看正版影视作品的习惯。因此，出租产业在我国并未得到较大的发展，出租权的行使在现实中意义较小。

（四）展览权

展览权，即公开陈列美术作品、摄影作品的原件或者复制件的权利。展览权有三个特点：一是必须"公开陈列"，即向不特定的多数人陈列或展示；二是只限于"美术作品和摄影作品"，其他作品不在其列；三是展示作品的原件或者复制件的有形载体，如原画、复制品等，在互联网上展示则属于利用信息网络传播。

此外，《著作权法》第二十条规定了"展览权"的一个重要的例外，即作品原件所有权的转移，不改变作品著作权的归属，但美术、摄影作品原件的展览权由原件所有人享有，作者将未发表的美术、摄影作品的原件所有权转让给他人，受让人展览该原件不构成对作者发表权的侵犯。这也是基于美术作品的特点，购买者对作品的展览有利于作者声誉的提升，同时也有利于促进行业的发展。如张三购买了某知名画家李四的油画，则展览权归张三所有。张三对油画进行展览，一方面有利于油画的升值和再次出售，另一方面也有利于李四其他作品的升值，从而促进文化产业的发展。

（五）表演权

表演权，即公开表演作品以及用各种手段公开播送作品的表演的权利。这里的表演与生活中的"表演"含义不同，生活中的表演一般是指影视作品中演员的演戏行为，而著作权法"表演权"中的"表演"是指对作品内容的展现，如通过演唱展现音乐作品、通过朗诵展现文字内容等。

表演权分为两种：现场表演和机械表演。现场表演是指演员对作品进行公开的表演，如演唱音乐、朗诵诗歌、演奏乐曲、上演舞蹈等；机械表演是指对作品的表演录制好后向公众进行传播，常见的机械表演是将已经录制好的音乐作品向公众进行公开播放。

在文化产业与演出繁荣的当下，表演权具有巨大的商业价值，著作权人和表演者均可以从中获取较大的商业利益。根据《著作权法》第三十八条之规定，表演者表演作品，应当取得著作权人许可，并支付报酬。演出组织者组织演出，由该组织者取得著作权人许可，并支付报酬。因此，无论是现场表演还是机械表演，都应当取得著作权人的许可，并支付报酬。如近几年火热的《我是歌手》《声入人心》等节目，选手现场表演了他人的作品，应当经过许可并支付报酬，并不能"想唱就唱"。在公共商业场所播放背景音乐（如商场、超市、酒店等），也应当经过许可并支付报酬，否则构成侵权。当然，为方便许可和收取报酬，我国规定由中国音乐著作权协会代表音乐著作权人集体管理音乐作品，只要按中国音乐著作权协会的标准向其支付费用，就可视为已经获得了著作权人的许可并支付了报酬，可以合法使用作品。

（六）放映权

放映权，即通过放映机、幻灯机等技术设备公开再现美术、摄影、视听作品的权利。

放映权的常见场景是酒店、餐厅、学校、工厂等公开场所，利用放映机等设备，公开播放影视作品或美术摄影作品。在此种情况下，应按法律要求获得著作权人的许可并支付报酬。但实际情况是影视作品未经许可在上述场合被放映的情形比比皆是，实际权利保障不如音乐作品。

（七）广播权

广播权，即以有线或者无线方式公开传播或者转播作品，以及通过扩音器或者其他传送符号、声音、图像的类似工具向公众传播广播的作品的权利，但不包括信息网络传播权。据此定义，我国法律规范的广播行为包括：有线转播或传播、无线转播或传播和公共播放广播。

传播行为，是指将作品转化为电磁波，通过无线信号或有线信号的方式发送、传输，由远端的接收装置接收并还原成作品原样进行播放。常见的广播电台、广播电视台都是以无线方式进行的传播。转播行为，是指将接收到的无线或有线广播的信号实时转播成作品供公众收看或收听，如地方有线电视台转播中央电视台的《新闻联播》。公开播放广播，是指通过扩音器、大屏幕、音响等设备将接收到的广播作品向公众公开播放，如酒店、商场向公众播放电视台正在播出的节目。

现实生活中还出现了一些网络电视、网络广播软件，如电视猫、蜻蜓FM、荔枝 FM 等，但这些已经属于信息网络传播权的范畴，不再属于广播权规范的领域。

（八）信息网络传播权

信息网络传播权，即以有线或者无线方式向公众提供，使公众可以在其选定的时间和地点获得作品的权利。

作为伴随着互联网发展而出现的新兴权利，信息网络传播权的最大特点在于突破了传统作品的单向传播方式，转向了公众可以在"其选定的时间和地点获得作品"的"交互式传播"，增强了公众对作品传播方式的选择性。信息网络传播权有两个特点：一是以有线或无线方式向不特定多数人提供作品，鉴于网络传播的特点，这里的提供作品仅指有接触到作品的可能性，而不关注实际是否有人浏览下载；二是公众可以选择传播的时间和地点，即具有"交互性"。

鉴于互联网的发达与信息网络传播的日益频繁，我国于 2006 年特意颁布了《信息网络传播权保护条例》（2013 年修改），并再次强调除法律、行政法规另有规定的外，任何组织或者个人将他人的作品、表演、录音录像制品通过信息网络向公众提供，应当取得权利人许可，并支付报酬。同时，鉴于信息网络传播突破了传统作品传播的空间限制，很容易就可以实现在全国范围内的传播，因此，为了加强对著作权人的保护，法律允许著作权人使用技术措施保护信息网络传播权，这些技术措施包括数字水印、访问控制、防复制技术等。同时，《信息网络传播权保护条例》第四条规定："任何组织或者个人不得故意避开或者破坏技术措施，不得故意制造、进口或者向公众提供主要用于避开或者破坏技术措施的装置或者部件，不得故意为他人避开或者破坏技术措施提供技术服务。"但凡事都有两面性，技术措施一旦使用过多，则会限制作品传播，如何协调作品传播与信息网络传播权的保护，在全球都是一个难题。

（九）摄制权

摄制权，即以摄制视听作品的方法将作品固定在载体上的权利。根据该项权利的要求，将他人的作品拍摄成影视剧，应当经过著作权人的许可，否则构成侵权。

（十）改编权

改编权，即改变作品、创作出具有独创性的新作品的权利。改编权的最大特点在于在原作品基础上创作出了"新作品"，属于二次创作，如把小说改编成剧本、话剧，把话剧改编成电影等。著作权人可以自己改编作品，也可以授权他人改编作品。如严歌苓创作了小说《芳华》，又亲自改编成电影剧本，最后由冯小刚导演拍摄。

（十一）翻译权

翻译权，即将作品从一种语言文字转换成另一种语言文字的权利。翻译权对于国际著作权保护具有重要的意义，是实现从一种语言转换成另一种语言的重要权利。如中国科幻小说作家刘慈欣的《三体》由刘宇昆翻译，该小说于 2015 年获得了科幻界的最高奖——世界科幻大会"雨果奖"。评委评奖时阅读的是英文译本，因此将翻译权授权给合适的译者就非常重要。未经许可擅自翻译，构成对翻译权的侵犯。

（十二）汇编权

汇编权，即将作品或者作品的片段通过选择或者编排，汇集成新作品的权利。这里要注意两点：第一，著作权人可以汇编"自己的作品"或无著作权的作品，此时无须支付费用；也可以汇编"他人的作品"，此时则需要获得原著作权人的同意并支付费用。第二，汇编应当体现一定的选择作品视角与取舍标准，否则不具有独创性，不构成新作品。

四、著作权的保护期限

著作权根据其内容不同，同时考虑著作权人利益保护与促进作品流通之间的平衡，在保护期限上可以分为两种类型：永久保护与有期限保护。

（一）永久保护

作者的署名权、修改权、保护作品完整权三项人身权的保护期不受限制，自作者创作完成之日起永远受到著作权法的保护。《著作权法实施条例》第十五条规定，作者死亡后，其著作权中的署名权、修改权和保护作品完整权由作者的继承人或者受遗赠人保护。著作权无人继承又无人受遗赠的，其署名权、修改权和保护作品完整权由著作权行政管理部门保护。

（二）有期限保护

适用于发表权和全部财产性权利，具体适用时要区分以下情形。

1. 自然人的作品

发表权和全部财产性权利的保护期为作者终生及其死亡后 50 年，截止于作者死亡后第 50 年的 12 月 31 日；如果是合作作品，截止于最后死亡的作者死亡后第 50 年的 12 月 31 日。

2. 法人或者非法人组织的作品

发表权和全部财产性权利的保护期为 50 年，截止于作品首次发表后第 50 年的 12 月 31 日，但作品自创作完成后 50 年内未发表的，著作权法不再保护。

3. 视听作品的特殊规定

发表权和全部财产性权利的保护期为 50 年，截止于作品首次发表后第 50 年的 12 月 31 日，但作品自创作完成后 50 年内未发表的不再保护，这一规定不限于作者是自然人还是单位。录音录像制作者对其制作的录音录像制品，享有许可他人复制、发行、出租、通过信息网络向公众传播并获得报酬的权利；权利的保护期为 50 年，截止于该制品首次制作完成后第 50 年的 12 月 31 日。

五、邻接权及其内容

传统的著作权法理论认为，邻接权是作品的传播者基于传播行为所享有的权利，所以邻接权又称为传播者权。在我国，根据著作权第四章的规定，邻接权特指出版者对出版作品的版式设计、表演者对其表演活动、录音录像者对其制作的录音录像、广播组织对其制作播出的广播节目所享有的权利。

（一）出版者权

出版者权是指出版者对其出版的图书、期刊的版式设计所拥有的权利。版式设计，是设计人员根据不同的主题和视觉需求，对印刷品的版心、排版、字体、行距、标点符号等版面格式上各要素进行布局与安排，同时将文字、图片及色彩进行合理搭配的一种设计行为，体现了设计者的智力成果。

当前人们消费图书已经慢慢从"买文字"转向"买感觉",图书版式设计的重要性和影响力越来越大,出版社也加强了图书的版式设计,这使得对出版者权保护的必要性也日益凸显。

《著作权法》第三十七条规定,出版者有权许可或者禁止他人使用其出版的图书、期刊的版式设计。前款规定的权利的保护期为 10 年,截止于使用该版式设计的图书、期刊首次出版后第 10 年的 12 月 31 日。

(二)表演者权

表演者权,是指表演者对其表演活动所享有的权利。这里的"表演"不同于我们日常生活中的"表演",是特指对文学、艺术作品内容的展现,包括使用演戏、歌唱、朗读、演奏等方式。《著作权法实施条例》第五条规定,表演者,是指演员、演出单位或者其他表演文学、艺术作品的人。

表演者权因与表演者的人身密不可分,因此既包括人身权利也包括财产权利,具体内容如下。

1.人身权利

(1)表明表演者身份。即表演者有权在表演的作品上以各种方式表明自己的身份,如作品署名、节目单署名、由主持人播报名字等。

(2)保护表演形象不受歪曲。表演者有权禁止他人对自己表演的作品进行篡改、歪曲,影响表演者本意乃至侵犯表演者名誉。

2.财产权利

(1)许可他人从现场直播和公开传送其现场表演,并获得报酬,该权利又被称为"现场直播权"。

(2)许可他人录音录像,并获得报酬,该权利又被称为"首次固定权"。

(3)许可他人复制、发行、出租录有其表演的录音录像制品,并获得报酬。该权利又被称为"复制发行权",往往与"首次固定权"密切相关,只有将现场表演首次固定在特质载体上,才可能进一步复制发行,给表演者带来经济效益。

（4）许可他人通过信息网络向公众传播其表演，并获得报酬。

表演者在表演他人作品时，必须首先取得作品著作权人的同意，否则构成侵权。《著作权法》第三十八条规定，使用他人作品演出，表演者应当取得著作权人许可，并支付报酬。演出组织者组织演出，由该组织者取得著作权人许可，并支付报酬。

作为单位员工完成的职务表演的，可类比职务作品进行保护。《著作权法》第四十条规定，演员为完成本演出单位的演出任务进行的表演为职务表演，演员享有表明身份和保护表演形象不受歪曲的权利，其他权利归属由当事人约定。当事人没有约定或者约定不明确的，职务表演的权利由演出单位享有。职务表演的权利由演员享有的，演出单位可以在其业务范围内免费使用该表演。

（三）录音录像制作者权

录音录像制作者权，是指录音、录像制作者对其制作的录音、录像制品享有的权利。根据《著作权法实施条例》第五条之规定，录音制品是指任何对表演的声音和其他声音的录制品；录像制品是指电影作品和以类似摄制电影的方法创作的作品以外的任何有伴音或者无伴音的连续相关形象、图像的录制品；录音制作者是指录音制品的首次制作人；录像制作者是指录像制品的首次制作人。

录音录像制作者对其制作的录音录像制品，享有许可他人复制、发行、出租、通过信息网络向公众传播并获得报酬的权利。通常说的影音盗版，即是未经录音录像制作者的许可，复制、发行或者通过网络向公众传播他人的录音录像制品。录音录像制作者权权利的保护期为50年，截止于该制品首次制作完成后第50年的12月31日。

录音录像制作者在使用他人作品制作录音录像制品时，应当取得著作权人许可，并支付报酬；若使用改编、翻译、注释、整理已有作品而产生的作品，应当取得改编、翻译、注释、整理作品的著作权人和原作品著作权人许可，并支付报酬。

录音制作者使用他人已经合法录制为录音制品的音乐作品制作录音制品，可以不经著作权人许可，但应当按照规定支付报酬；著作权人声明不许使用的不得使用。录音录像制作者制作录音录像制品，应当同表演者订立合同，并支付报酬。

（四）广播组织者权

广播组织者权，是指广播电台、电视台对其播放的广播、电视节目享有的权利。广播电台、电视台有权禁止未经其许可的下列行为：(1) 将其播放的广播、电视以有线或者无线方式转播；(2) 将其播放的广播、电视录制以及复制；(3) 将其播放的广播、电视通过信息网络向公众传播。广播组织者权的保护期为50年，截止于该广播、电视首次播放后第50年的12月31日。

广播组织者播放他人未发表的作品，应当取得著作权人许可，并支付报酬。广播电台、电视台播放他人已发表的作品、已经出版的录音制品，可以不经著作权人许可，但应当按照规定支付报酬。电视台播放他人的视听作品、录像制品，应当取得视听作品著作权人或者录像制作者许可，并支付报酬；播放他人的录像制品，还应当取得著作权人许可，并支付报酬。

📖 **案例分析**

1. **手机游戏"换皮"侵害著作权纠纷案：苏州蜗牛数字科技股份有限公司与成都天象互动科技有限公司、北京爱奇艺科技有限公司侵害著作权纠纷案**①

苏州蜗牛数字科技股份有限公司（简称"蜗牛公司"）开发的手机游戏

---

① （2018）苏民终1054号。

《太极熊猫》于 2014 年 10 月 31 日上线，成都天象互动科技有限公司（简称"天象公司"）、北京爱奇艺科技有限公司（简称"爱奇艺公司"）开发的手机游戏《花千骨》最早版本于 2015 年 6 月 19 日上线。蜗牛公司向江苏省苏州市中级人民法院提起诉讼，主张《花千骨》手机游戏"换皮"抄袭了《太极熊猫》游戏，即仅更换了《花千骨》游戏中的角色图片形象、配音配乐等，而在游戏的玩法规则、数值策划、技能体系、操作界面等方面与《太极熊猫》游戏完全相同或者实质性相似，侵害其著作权。一审法院确认，《花千骨》游戏与《太极熊猫》游戏相比，其中有 29 个玩法在界面布局和玩法规则上基本一致或构成实质性相似；另外，《花千骨》游戏中 47 件装备的 24 个属性数值与《太极熊猫》游戏呈现相同或者同比例微调的对应关系；《花千骨》V1.0 版游戏软件的计算机软件著作权登记存档资料中，功能模块结构图、功能流程图以及封印石系统入口等全部 26 张 UI 界面图所使用的均为《太极熊猫》游戏的元素和界面。同时，在新浪微博以及 iOS 系统《花千骨》游戏用户评论中，亦有大量游戏玩家评论两游戏非常相似。一审法院遂判令天象公司、爱奇艺公司停止侵权行为、消除影响，并赔偿蜗牛公司经济损失 3000 万元。天象公司、爱奇艺公司不服，提起上诉。江苏省高级人民法院二审判决驳回上诉、维持一审判决。

本案为 2019 年中国法院十大知识产权案件之一，是网络游戏产业领域知识产权保护的典型案例。二审法院在本案中明确，网络游戏"换皮"抄袭可能构成侵害著作权的行为，并在此基础上全额支持了权利人 3000 万元的诉讼请求，体现了严格保护知识产权的裁判理念。

2.信息网络传播权纠纷："今日头条"侵犯信息网络传播权纠纷案 ①

腾讯公司发现今日头条网（北京字节跳动公司运营管理，网址为 www.toutiao.com），未经许可向公众提供腾讯网《中超赛程微调让路国足　高家

---

① （2017）京 0108 民初 23852 号。

军将进行飞行集训》一文，故诉至法院。今日头条辩称，其基于与第三方的授权协议从第三方处转载了涉案作品，腾讯公司否认许可他人转授权使用涉案作品。

根据著作权法的规定，信息网络传播权是指"以有线或者无线方式向公众提供作品，使公众可以在其选定的时间和地点获得作品"。另根据最高人民法院《关于审理侵害信息网络传播权民事纠纷案件适用法律若干问题的规定》第三条，"网络用户、网络服务提供者未经许可，通过信息网络提供权利人享有信息网络传播权的作品、表演、录音录像制品，除法律、行政法规另有规定外，人民法院应当认定其构成侵害信息网络传播权行为"。

本案中，今日头条网未经原告腾讯公司许可，在其经营的今日头条网上采用深度链接行为使用了涉案作品，使公众可以在其个人选定的时间和地点获得涉案作品部分内容，该行为侵害了腾讯公司享有的信息网络传播权，应当对其侵权行为承担法律责任。

问题与思考

1.著作权有哪些具体的内容？请结合所学专业，解释某作品在传播过程中因使用而表现出的不同权利。

【答案要点】著作权包括人身权和财产权，人身权包括发表权、署名权、修改权和保护作品完整权，财产权包括复制权、发行权、出租权、展览权、表演权、放映权、广播权、信息网络传播权、摄制权、改编权、翻译权和汇编权。

2.著作人身权和财产权在保护期限上有何不同？

【答案要点】除发表权以外，著作人身权保护期间为永久；发表权和著作财产权的保护期间，自然人是著作权人时，保护期为作者终生及其死亡后50年，法人或者非法人组织为著作权人时，保护期为50年。

3. 表演权与表演者权有何区别？

【答案要点】表演权，是指公开表演作品以及用各种手段公开播送作品的表演的权利。表演者权，是指表演者对其表演活动所享有的权利。二者的区别在于：（1）权利主体不同。表演权是作者对自己创作的作品享有的权利，表演者权是表演者表演他人作品（通常情况下）而享有的权利。（2）权利内容不同。前者为财产权，后者包括财产权与人身权。（3）保护的对象不同。前者为作品，后者为对作品的表演。

课程思政

阅读资料：着眼发展全局，知识产权工作上升为国家战略[①]

进入新世纪，随着知识经济和经济全球化深入发展，知识产权日益成为国家发展的战略性资源和国际竞争力的核心要素，成为建设创新型国家和扩大对外开放的重要支撑。2002年，党的十六大报告提出要"不断完善知识产权保护制度"；2006年，胡锦涛同志主持中央政治局集体学习时提出要"抓紧制定并实施国家知识产权战略"；2008年，国务院正式发布《国家知识产权战略纲要》，明确提出"激励创造、有效运用、依法保护、科学管理"的方针和"到2020年把我国建设成为知识产权创造、运用、保护和管理水平较高的国家"的战略目标。实施知识产权战略，对于转变我国经济发展方式、提升国家核心竞争力、满足人民群众日益增长的物质文化生活需要，具有重大战略意义，发挥了至关重要的作用。

党的十八大以来，以习近平同志为核心的党中央着眼世界百年未有之大变局，统揽中华民族伟大复兴战略全局，把知识产权工作摆在更加突出的位置。习近平总书记围绕知识产权工作作出一系列重要指示，提出一系

[①]　参见中共国家知识产权局党组：《党领导新中国知识产权工作的历史经验与启示》，2021年12月1日，https://www.cnipa.gov.cn/art/2021/12/1/art_2777_171794.html。

列重要论断，深刻阐明了知识产权事业改革发展的一系列方向性、原则性、根本性重大理论和实践问题，深刻揭示了知识产权发展的客观规律、丰富内涵和重要作用，赋予了知识产权新的时代内涵，为新时代知识产权事业发展提供了根本遵循和行动指南，引领我国知识产权事业取得历史性成就。

第五节　著作权的使用与限制

☑ 关键术语

著作权许可；著作权转让；合理使用；法定许可

📋 基础知识

一、著作权的使用

作品经创作完成后，著作权人可以基于专有权利对作品进行使用，行使著作权的各项权能，如发表作品、出版发行作品、通过信息网络传播作品等。除了自己使用外，著作权人也可以通过许可、转让或质押等方式将财产权出让，在自己获得收益的同时，可以让作品在流通过程中获得更大的传播。

（一）著作权许可

著作权许可是指著作权人将作品的特定财产权授权另一方在特定条件下进行使用的一种行为。"特定条件"一般是在一定的地域、时间范围或以特定方式。如作家将图书许可给出版社出版发行，纸媒将新闻作品许可给互联网聚合类 App 进行使用等。许可的权利仅限于财产权，权利人（许可人）需根据作品性质和被许可人对作品的实际需要，明确具体的权利类型。我国《著作权法》规定的复制权、发行权、出租权、展览权、表演权、放映权、广播权、信息网络传播权、摄制权、改编权、翻译权、汇编权等著作财产权，均可作为许可使用作品的权利种类。

根据《著作权法》第二十六条规定，进行著作权许可应当订立合同，合同内容包括下列主要内容：（1）许可使用的权利种类；（2）许可使用的权利是专有使用权或者非专有使用权；（3）许可使用的地域范围、期间；（4）付酬标准和办法；（5）违约责任；（6）双方认为需要约定的其他内容。国家版权局提供了各类型著作权许可使用合同的参考范本，以便该项制度更加顺利地施行。

在实践中，著作权的许可包括三种类型。

1.普通许可

是指著作权人许可他人在约定的期间、地域及方式内对作品进行使用。著作权人本人不但可以使用，还可以再许可给第三人使用的一种许可方式。如金庸曾将《神雕侠侣》小说许可给多个制片公司拍摄成电视剧。

2.排他许可

是指著作权人许可一人在约定的期间、地域及方式内对作品进行使用。著作权人本人可以使用，但不得再许可给第三人使用。

3.独占许可

是指著作权人仅许可一人在约定的期间、地域及方式内对作品进行使用。著作权人本人不能使用，也不能再许可给第三人使用。根据《著作权法实施条例》第二十三条、第二十四条规定，许可使用的权利是专有使用权的，应当采取书面形式，但是报社、期刊社刊登作品除外。对专有使用权的内容由合同约定，合同没有约定或者约定不明的，视为被许可人有权排除包括著作权人在内的任何人以同样的方式使用作品；除合同另有约定外，被许可人许可第三人行使同一权利，必须取得著作权人的许可。

（二）著作权转让

著作权转让是指著作权人依照法定条件和程序将其著作财产权转让给他人，使他人获得了原著作权人作品的相关权利的行为。

《著作权法》第二十七条规定，转让作品应当订立书面转让合同，转让合同包括下列主要内容：（1）作品的名称；（2）转让的权利种类、地域范围；（3）转让价金；（4）交付转让价金的日期和方式；（5）违约责任；（6）双方认为需要约定的其他内容。这种转让可以通过赠与、遗赠等无偿转让的方式完成，也可以通过买卖、互易等有偿转让的方式完成。

著作权中能够转让的仅为财产权，而财产权的诸多权利都可以单独被转让，故而在著作权转让合同中应当明确约定是否转让全部财产权利，还是只转让其中的部分权利。

著作权的许可使用与转让有较大的区别，体现在：

（1）权利主体和权利性质不同。著作权转让会使权利主体发生变更，受让人成为著作权人；而在著作权许可使用中，权利主体并未发生变更，被许可人只能在约定的使用方式和条件下拥有对作品的使用权。

（2）侵权性质不同。著作权转让中受让人有权以侵害著作财产权为由向人民法院提起诉讼，原著作权人则因权利转让丧失该项权利；而在著作权许可中，普通许可的被许可人因不是著作权人，故无权提起侵权诉讼，该权利仍掌握在许可人手中，独占许可的被许可人也仅限于因侵害许可权提起诉讼。

（3）给付报酬的性质和数额不同。著作权转让时受让人给付原著作权人的是购买著作权的价金，而著作权许可使用中被许可人给付许可人的则是著作权使用费；同时，著作权转让一般须通过签订书面合同的方式进行，且著作权转让的付酬一般高于著作权许可使用的付酬。

（三）著作权质押

除了许可、转让外，著作权还可以进行质押。我国《民法典》中明确规定了财产性权利可以出质，著作权作为一种人身权和财产权并存的权利，其财产权可以出质。出质人与质权人应当订立书面合同，并到登记机关进行登记。

著作权质权自登记之日起设立，著作权质权登记成功后，登记机关将向出质人和质权人发放《著作权质权登记证书》，该证书就是质权人的权利证明，其他人不可侵害质权人的权利，出质人也不能再次出质。同时，在著作权质权出质期间，未经质权人的同意，出质人不得转让或许可他人使用已经出质的著作权。出质人转让或者许可他人使用出质的权利所得的收益，应当向质权人提前清偿或者提存。

二、著作权的限制

著作权是著作权人的专有权利，在通常情况下，只有其本人或者经其许可的人才能享有并使用这些权利，未经许可擅自使用则构成侵权。但为了促进智力成果的传播，同时基于社会公共利益的考虑，著作权法同时对著作权人的专有权利进行限制，允许在一定条件下不经著作权人的许可，可以直接使用作品。主要有两种情形：合理使用和法定许可。

（一）合理使用

合理使用是指根据著作权法的规定，直接无偿使用作品而无须著作权人的同意，也无须支付报酬。合理使用只是针对著作权人及邻接权人的财产权进行限制，不包括人身权。根据《著作权法》第二十四条规定，在下列情况下使用作品，可以不经著作权人许可，不向其支付报酬，但应当指明作者姓名或者名称、作品名称，并且不得影响该作品的正常使用，也不得不合理地损害著作权人的合法权益。

1.个人使用

为个人学习、研究或者欣赏，使用他人已经发表的作品。这里仅限于"个人目的"，如果有商业目的则不构成"个人使用"。如学生复印论文或书籍中的一部分以供个人学习使用，构成个人使用，但如果复印大量论文或书籍并出售分发，则不构成合理使用。

2.适当引用

为介绍、评论某一作品或者说明某一问题，在作品中适当引用他人已经发表的作品。如学术论文中对他人论文观点的引用；崔永元《电影传奇》中致敬中国电影，再现了150部老电影中的600个场景，也属于适当引用。

3.时事新闻使用

为报道新闻，在报纸、期刊、广播电台、电视台等媒体中不可避免地再现或者引用已经发表的作品。但仅限于时事新闻，目的是保障公众的知情权。如报道某电影火爆的时事新闻，使用几十秒的电影片段。

4.对时事性文章的使用

报纸、期刊、广播电台、电视台等媒体刊登或者播放其他报纸、期刊、广播电台、电视台等媒体已经发表的关于政治、经济、宗教问题的时事性文章，但著作权人声明不许刊登、播放的除外。

5.刊登或播放公众集会上的讲话

报纸、期刊、广播电台、电视台等媒体刊登或者播放在公众集会上发表的讲话，但作者声明不许刊登、播放的除外。

6.教学科研使用

为学校课堂教学或者科学研究，翻译、改编、汇编、播放或者少量复制已经发表的作品，供教学或者科研人员使用，但不得出版发行。如老师翻译并复制少量英文著作，供学生上课研讨等。

7. 公务使用

国家机关为执行公务在合理范围内使用已经发表的作品。注意，这里仅限于执行公务，如与公务无关，国家机关使用 office 等软件产品进行办公，则仍然需要付费获得许可。

8. 馆藏复制

图书馆、档案馆、纪念馆、博物馆、美术馆、文化馆等为陈列或者保存版本的需要，复制本馆收藏的作品。

9. 免费表演

免费表演已经发表的作品，该表演未向公众收取费用，也未向表演者支付报酬且不以营利为目的。但在商业经营场所的表演，一般认为与其经营活动相关，实际是消费者分担了费用，故不认为是免费表演。

10. 室外艺术品的复制

对设置或者陈列在公共场所的艺术作品进行临摹、绘画、摄影、录像。

11. 将汉语作品翻译成少数民族语言

将中国公民、法人或者非法人组织已经发表的以国家通用语言文字创作的作品翻译成少数民族语言文字作品在国内出版发行。

12. 以阅读障碍者能够感知的无障碍方式向其提供已经发表的作品

如将已经发表的作品改成盲文出版。

13. 法律、行政法规规定的其他情形

（二）法定许可

法定许可是指根据著作权法的规定，在特定情形下可以无须经著作权人及邻接权人的同意直接使用作品，但需向其支付报酬。

1. 编写出版教科书

《著作权法》第二十五条规定，为实施义务教育和国家教育规划而编写出版教科书，可以不经著作权人许可，在教科书中汇编已经发表的作品片段或者短小的文字作品、音乐作品或者单幅的美术作品、摄影作品、图形作品，但应当按照规定支付报酬，指明作者姓名或者名称、作品名称，并且不得侵犯著作权人依照本法享有的其他权利。

2. 报刊转载

《著作权法》第三十五条规定，著作权人向报社、期刊社投稿的，作品刊登后，除著作权人声明不得转载、摘编的外，其他报刊可以转载或者作为文摘、资料刊登，但应当按照规定向著作权人支付报酬。

注意，这里的法定许可只限于"报刊"之间，不包括书籍、网络服务商等。

3. 制作录音作品

《著作权法》第四十二条规定，录音制作者使用他人已经合法录制为录音制品的音乐作品制作录音制品，可以不经著作权人许可，但应当按照规定支付报酬；著作权人声明不许使用的不得使用。在实践中，录音制作者可以向中国音乐著作权协会支付使用他人音乐作品的报酬。

4. 播放作品

《著作权法》第四十六条规定，广播电台、电视台播放他人已发表的作品，可以不经著作权人许可，但应当支付报酬。但行使该条法定许可的时候应注意第四十八条规定，即电视台播放他人的视听作品、录像制品，应当取得视听作品著作权人或者录像制作者许可，并支付报酬；播放他人的录像制品，还应当取得著作权人许可，并支付报酬。

5. 制作课件

《信息网络传播权保护条例》第八条规定，为通过信息网络实施九年制义务教育或者国家教育规划，可以不经著作权人许可，使用其已经发表作品的片断或者短小的文字作品、音乐作品或者单幅的美术作品、摄影作品制作课件，由制作课件或者依法取得课件的远程教育机构通过信息网络向注册学生提供，但应当向著作权人支付报酬。

6. 向农村免费提供扶贫作品

《信息网络传播权保护条例》第九条规定，为扶助贫困，通过信息网络向农村地区的公众免费提供中国公民、法人或者非法人组织已经发表的种植养殖、防病治病、防灾减灾等与扶助贫困有关的作品和适应基本文化需求的作品，网络服务提供者应当在提供前公告拟提供的作品及其作者、拟支付报酬的标准。自公告之日起 30 日内，著作权人不同意提供的，网络服务提供者不得提供其作品；自公告之日起满 30 日，著作权人没有异议的，网络服务提供者可以提供其作品，并按照公告的标准向著作权人支付报酬。网络服务提供者提供著作权人的作品后，著作权人不同意提供的，网络服务提供者应当立即删除著作权人的作品，并按照公告的标准向著作权人支付提供作品期间的报酬。

📖 **案例分析**

1. 侵犯著作权专有许可权：完美世界（北京）软件有限公司与上海野火网络科技有限公司侵害金庸小说改编权纠纷案①

查良镛（笔名：金庸）是《射雕英雄传》《神雕侠侣》《倚天屠龙记》《笑傲江湖》文字作品的作者。2013 年，原告完美世界（北京）软件有限公司（简称"完美世界公司"）与金庸就上述作品分别签订了《移动终端游戏软件改编授权合约》，获得了上诉作品在中国大陆地区为期 3 年的独家专有权。2015 年，被告上海野火网络科技有限公司（简称"野火公司"）未经许可擅自将涉案作品改编成《六大门派》，原告遂以侵害其独家游戏改编权为由将其诉至法院。

经审理，被告野火公司设计的《六大门派》从人物角度、故事情节发展和细节设计来看构成对《笑傲江湖》文字作品前七章的改编，侵害了原告的

---

① （2015）杨民三（知）初字第 55 号。

专有作品改编权。

著作权保护的客体是作品，而作品的表现形式也越来越丰富，其中就包括了各种网络游戏。网络游戏是一个吸金项目，可以为企业带来巨大利益，企业因此也越来越注重保护游戏的著作权。根据我国《著作权法》第二十六条规定，著作权人可以许可一人在约定的期间、地域及方式内对作品进行使用。著作权人本人不能使用，也不能再许可给第三人使用。改编权就是一种可以许可给他人行使的财产性权利。因此，金庸将其文字作品的改编权许可给他人是合法有效的，未经授权任何人不得以任何形式加以使用，否则将构成侵权。

本案中野火公司未经许可设计的游戏作品中包含了涉案作品足够具体的表达，且这种紧密贯穿的情节设置在被诉侵权作品中达到一定数量、比例，构成实质性相似，因此构成侵权。

2. 合理使用不构成著作权侵权：上海美术电影制片厂与浙江新影年代文化传播有限公司、华谊兄弟上海影院管理有限公司著作权权属、侵权纠纷案①

原告上海美术电影制片厂（简称"美影厂"）是动画片《葫芦兄弟》中"葫芦娃"和《黑猫警长》中"黑猫警长"角色形象美术作品的著作权人，被告浙江新影年代文化传播有限公司（简称"新影年代公司"）在其投资制作的电影《80后的独立宣言》的宣传海报上使用了"葫芦娃"和"黑猫警长"图像，被告华谊兄弟上海影院管理有限公司（简称"华谊兄弟"）为配合电影上映宣传，在其官方微博上使用了本案涉案海报。美影厂认为，新影年代公司和华谊兄弟的行为构成共同侵权，将二者诉至法院。

根据《著作权法（2010 年）》第二十二条规定，为介绍、评论某一作品或者说明某一问题，在作品中适当引用他人已经发表的作品，可以不经著作权人许可，不向其支付报酬。"葫芦娃""黑猫警长"是 20 世纪 80 年代播出

---

① （2015）沪知民终字第 730 号。

动画片中的角色造型美术作品，涉案电影讲述的是"80后"青年创业故事，其对涉案作品的使用是为了说明电影主角的年龄及行为特征。电影内容中并没有出现任何有关葫芦娃、黑猫警长等的内容，除了海报中的使用，电影宣传文案中也未涉及葫芦娃、黑猫警长等内容，也没有不合理地损害著作权人的合法利益，故构成合理使用，华谊兄弟在微博上发布涉案电影海报的行为也因此不具有侵权性。

3. 手机游戏侵犯文字改编权："斗罗大陆"手游著作权侵权案（上海玄霆娱乐信息科技有限公司与成都吉乾科技有限公司、四三九九网络股份有限公司侵害著作权纠纷案）①

《斗罗大陆》系唐家三少（张威）创作的奇幻小说。张威将该小说的游戏改编权独家授予上海玄霆娱乐信息科技有限公司（简称"玄霆公司"），同时，张威还创作了《斗罗大陆外传：神界传说》。成都吉乾科技有限公司（简称"吉乾公司"）通过多次转授权获得《斗罗大陆：神界传说》的游戏改编权，后吉乾公司开发了新斗罗大陆（神界篇）游戏软件，并与四三九九网络股份有限公司（简称"四三九九公司"）签订了分成合作协议，协议载明游戏的著作权人是吉乾公司。

玄霆公司认为，吉乾公司、四三九九公司未经许可，侵害了其对涉案《斗罗大陆》作品的改编权，遂诉至法院。一审、二审法院均认为，电子游戏与小说是不同的作品表达方式，判断二者是否构成实质性相似时，不能仅以游戏使用小说文字数量的比重进行判断，应综合判断其是否使用了小说中独创性表达的人物、人物关系、技能、故事情节等元素，并考虑小说中独创性的内容在游戏中所占比重。在判断游戏所使用文字的比重时，可以对游戏资源库文件反编译，以辅助确定游戏是否使用了文字作品中具有独创性的内容。

---

① （2018）苏民终1164号。

吉乾公司未获得《斗罗大陆》的改编权，开发的游戏大量使用了《斗罗大陆》小说中人物和魂兽名称、人物关系、技能和故事情节等元素，与涉案《斗罗大陆》小说构成实质性相似。法院认定吉乾公司侵害了玄霆公司享有的改编权，故判决吉乾公司赔偿损失及合理费用共计 500 万元。本案涉及手机游戏侵犯文字作品改编权的认定问题。一是确认了小说与游戏的实质相似应通过人物、情节、人物关系等进行判断；二是可以通过对游戏软件资源库反编译，提取其中的内容与文字作品的内容进行比对，来确定侵权游戏利用他人作品独创性内容的比重。

问题与思考

1.今日头条等新闻聚合类 App 在转载某省日报相关新闻作品时，未经许可直接进行了转载，但支付了费用，其行为是否合法？是否属于法定许可中的"报刊转载"？

【答案要点】著作权的使用一般应遵循"先许可、再使用"，未经许可直接使用，不符合著作权法的规定，构成侵权。法定许可中的"报刊转载"仅适用于传统纸质媒体，互联网媒体的转载不构成法定许可，仍然需要先获得许可。

2.大学校园里面经常会有一些打印店，复印教材或者参考书向大学生出售，这些打印店的行为是否构成合理使用？

【答案要点】合理使用中的"个人使用"是指为个人学习、研究或者欣赏，使用他人已经发表的作品。打印店复印并出售的行为，对象是不特定的多数学生，从中赚取收益，已经构成商业使用，不仅没有构成合理使用，反而构成了侵犯著作权的行为，依法应当承担民事责任，情节严重时（违法所得数额达到三万元以上时）甚至要承担刑事责任。

⊡ **课程思政**

阅读资料：全面理解习近平总书记重要讲话精神，客观总结中国特色版权发展成就 ①

习近平总书记指出，我国知识产权事业不断发展，走出了一条中国特色知识产权发展之路，知识产权保护工作取得了历史性成就，全社会尊重和保护知识产权意识明显提升。伴随着改革开放的进程，我国现代版权保护制度从无到有，并不断发展完善，取得了举世瞩目的历史性成就。具有中国特色的版权法律体系基本完备，版权保护状况明显改善，版权产业发展迅猛，社会各界版权意识显著提高，为推动我国文化繁荣、科技进步和经济社会发展发挥了重要作用。

中国特色版权法律制度体系基本完备。经过多年努力，我国已形成了以宪法为指导、著作权法为统领、刑法和司法解释及 6 部行政法规为基础、8 部部门规章为配套、50 件规范性文件为补充的较为完备的制度体系，为调整和规范作品的创作、传播和使用提供了充分法律依据。自1992 年起，我国先后加入了《伯尔尼保护文学和艺术作品公约》等 7 个国际公约，符合中国实际、与国际规则相衔接的版权法律制度体系基本完备。党的十八大以来，习近平总书记对知识产权工作作出了一系列重要指示，党中央、国务院陆续印发了《国务院关于新形势下加快知识产权强国建设的若干意见》《关于强化知识产权保护的意见》等一系列关系版权工作的重要政策文件和国家重点专项规划，版权保护的政策保障日益完善、有力。

中国特色司法与行政并行的版权保护体制逐步完善。相对于最基本的版

---

① 参见《加强版权保护　促进创新发展》，2021 年 2 月 2 日，https://www.ncac.gov.cn/chinacopyright/contents/12227/353590.shtml。

权法律救助手段的司法审判，版权行政执法监管具有及时、快捷和程序相对简便等特征。从1985年国务院批准成立国家版权局开始，全国31个省、自治区、直辖市相继设立了版权局，版权行政管理机构逐渐向基层延伸。特别是文化综合执法改革的推进，有效改变了过去版权管理体制"高位截瘫"即地市以下基本无版权行政机构的状况，充实了执法力量，提高了执法效率，构建了以版权管理部门为基础、文化市场综合执法部门为骨干的版权执法监管工作新机制。2018年，按照党和国家机构改革方案，中央宣传部对外加挂新闻出版署（国家版权局）牌子，统一管理版权工作，体现了党中央对宣传思想和知识产权工作的高度重视。

全面加强党的领导，政府强力推动，版权保护生态体系不断优化。各级版权行政管理部门认真贯彻落实中央决策部署，把尊重和保护著作权、打击侵权盗版行为作为一项长期性的重要工作统筹安排。强化日常监管，积极开展专项整治，加大版权保护工作力度，有效维护了著作权人合法权益和公平竞争的市场秩序。党的十八大以来，各级版权行政执法部门查办侵权盗版案件3.5万余件，收缴各类侵权盗版制品1.15亿件。国务院批准建立了推进使用正版软件工作部际联席会议制度，大力推动软件正版化工作。以著作权登记、集体管理、交易平台、中介服务等为主要内容的版权社会服务体系初步构建。出台政策措施，激励作品创作生产，促进著作权流转使用，推动版权产业快速发展。

相互支持，合作共赢，版权国际影响力、话语权、传播力进一步提升。积极推动建立平衡有效的国际版权体系，深化与世界知识产权组织等国际组织和双边协议国家、地区的对话合作机制，积极参与版权国际规则制定。持续拓宽与"一带一路"相关国家版权合作，通过英文网、版权保护优秀案例等多种方式讲好中国版权保护故事。积极推动《视听表演北京条约》于2020年4月28日生效，成为新中国成立以来第一个在我国缔结、以我国城市命名的国际知识产权条约，也成为国际知识产权保护领域的一个重要里程碑，体现出国际社会对我国近年来版权保护工作的高度关注和认可。

第六节　著作权的管理与保护

☑ 关键术语

著作权行政管理；著作权集体管理；著作权侵权

📄 基础知识

一、著作权的管理

著作权一般由著作权人自行管理，著作权人可以选择自己使用或通过许可、转让、质押等方式授权他人使用，通过权利的使用获得经济收益，在权利被他人侵犯时，通过维权保护自己的合法利益。但鉴于个人保护力量的薄弱以及节约交易资源的需要，法律还规定了行政管理与集体管理，以促进作品的保护与流通。

（一）著作权行政管理

著作权行政管理，是指国家著作权行政管理部门运用行政管理手段对著作权工作进行管理以及对著作权进行保护的行为。由于著作权属于民事权利的范畴，国际上利用行政权力执法的情形比较少见。作为私权范畴的著作权纠纷属于平等主体的民事纠纷，可以通过司法途径予以解决。但根据我国的具体情况，司法的力量尚不足以遏制侵犯著作权的活动，因此，法律赋予著作权行政管理部门行政执法权以及采取必要的管理措施，来建立并维护良好的著作权法治环境。

著作权行政管理的内容主要包括两部分：

1.著作权法实施的管理

包括指导、监督著作权登记管理，著作权集体组织管理，法定许可管理，法定稿酬管理以及著作权涉外合同的审批、登记和涉外版权贸易活动等内容。

2.著作权行政执法

包括受理权利人及社会公众对发生在本地区的侵权、盗版行为的投诉，举报、组织检查本地区发生的侵权盗版行为，查处本地区发生的重大著作权侵权案件，主持调解本地区发生的著作权纠纷等内容。

（二）著作权集体管理

由于著作权人的分散性，作品在流通过程中，使用者想找到权利人并向其付费，面临较大的困难或高额的成本，由此产生了著作权集体管理的必要性。

著作权集体管理，是指著作权集体管理组织经权利人授权，集中行使权利人的有关权利并以自己的名义进行著作权活动的一项制度。如翻唱歌曲要向著作权人付费，但寻找著作权人的成本高和时间长，由此我国成立了中国音乐著作权协会。歌手翻唱时只要向该协会付费就视为获得了许可，协会再向著作权人转交相关费用。这样一方面方便了作品的使用，另一方面也促进了作品的流通。

1.著作权集体管理组织的类型

根据《著作权集体管理条例》第十九条之规定，权利人与著作权集体管理组织以书面形式订立著作权集体管理合同并按照章程规定履行相应手续后，即成为该著作权集体管理组织的会员。

目前，我国著作权集体管理组织主要包括中国文字著作权协会、中国音乐著作权协会、中国音像集体管理协会、中国摄影著作权协会、中国电影著作权协会等协会。这些协会均实行会员制，并有相应的著作权集体管理组织章程。

2.著作权集体管理组织的权利义务

《著作权法》第八条规定，著作权人和与著作权有关的权利人可以授权著作权集体管理组织行使著作权或者与著作权有关的权利。依法设立的著作权集体管理组织是非营利法人，被授权后可以以自己的名义为著作权人和与著作权有关的权利人主张权利，并可以作为当事人进行涉及著作权或者与著作权有关的权利的诉讼、仲裁、调解活动。

根据我国《著作权集体管理条例》的相关规定，著作权集体管理组织主要有以下权利义务。

（1）集中行使权利人的有关权利并以自己的名义与使用者订立著作权或者与著作权有关的权利许可使用合同，向使用者收取使用费，进行涉及著作权或者与著作权有关的权利的诉讼、仲裁等。

（2）著作权集体管理组织应当根据国务院著作权管理部门公告的使用费收取标准，与使用者约定收取使用费的具体数额。

（3）著作权集体管理组织可以从收取的使用费中提取一定比例作为管理费，用于维持其正常的业务活动。著作权集体管理组织收取的使用费，在提取管理费后，应当全部转付给权利人，不得挪作他用。

（4）著作权集体管理组织转付使用费，应当编制使用费转付记录。使用费转付记录应当载明使用费总额、管理费数额、权利人姓名或者名称、作品或者录音录像制品等的名称、有关使用情况、向各权利人转付使用费的具体数额等事项，并应当保存 10 年以上。

（5）著作权集体管理组织应当建立权利信息查询系统，供权利人和使用者查询。

（6）使用者以合理的条件要求与著作权集体管理组织订立许可使用合同时，著作权集体管理组织不得拒绝。

（7）著作权集体管理组织应当依法建立财务、会计制度和资产管理制度，并按照国家有关规定设置会计账簿。

（8）权利人和使用者对著作权集体管理组织管理的权利的信息进行咨询时，该组织应当予以答复。

（9）使用者提供的有关使用情况涉及该使用者商业秘密的，著作权集体管理组织负有保密义务。

（10）著作权集体管理组织应当对下列事项进行记录，供权利人和使用者查阅：作品许可使用情况、使用费收取和转付情况、管理费提取和使用情况。

（11）权利人有权查阅、复制著作权集体管理组织的财务报告、工作报告和其他业务材料；著作权集体管理组织应当提供便利。

二、著作权的保护

根据我国法律的规定，侵犯著作权的行为应承担相应的法律责任，按其性质和严重程度，侵犯著作权可以构成刑事犯罪、行政违法和民事侵权，相应的法律责任可以分为刑事责任、行政责任和民事责任。

（一）著作权犯罪与刑事责任

著作权刑事责任是指侵犯著作权的行为非常严重，已经触犯了刑法，应当受到刑法的处罚。根据《刑法》、《关于办理侵犯知识产权刑事案件具体应用法律若干问题的解释》以及《关于办理侵犯知识产权刑事案件适用法律若干问题的意见》之规定，侵犯著作权情节严重的，主要构成以下两个罪名。

1.侵犯著作权罪

以营利为目的，有下列侵犯著作权情形之一，违法所得数额较大或者有其他严重情节的，处三年以下有期徒刑或者拘役，并处或者单处罚金；违法所得数额巨大或者有其他特别严重情节的，处三年以上七年以下有期徒刑，并处罚金：（1）未经著作权人许可，复制发行其文字作品、音乐、电影、电视、录像作品、计算机软件及其他作品的；（2）出版他人享有专有出版权的图书的；（3）未经录音录像制作者许可，复制发行其制作的录音录像的；（4）制作、出售假冒他人署名的美术作品的；（5）制作、出售假冒他人署名的美术作品的；（6）未经著作权人或者与著作权有关的权利人许可，故意避开或者破坏权利人为其作品、录音录像制品等采取的保护著作权或者与著作权有关的权利的技术措施的。

关于该条的适用，有几个问题需要明确。

（1）什么是"以营利为目的"？

①销售；②以在他人作品中刊登收费广告、捆绑第三方作品等方式直接或者间接收取费用的；③通过信息网络传播他人作品，或者利用他人上传的侵权作品，在网站或者网页上提供刊登收费广告服务，直接或者间接收取费用的；④以会员制方式通过信息网络传播他人作品，收取会员注册费或者其他费用的；⑤其他利用他人作品牟利的情形。

（2）什么是数额较大或数额巨大？

违法所得数额在三万元以上的，属于"违法所得数额较大"；违法所得数额在十五万元以上的，属于"违法所得数额巨大"。非法经营数额在五万元以上或复制品数量合计在一千张（份）以上的属于"严重情节"，非法经营数额在二十五万元以上或复制品数量合计在五千张（份）以上的属于"特别严重情节"。

（3）侵犯信息网络传播权如何认定"其他严重情节"？

①非法经营数额在五万元以上的；②传播他人作品的数量合计在五百件（部）以上的；③传播他人作品的实际被点击数达到五万次以上的；④以会员制方式传播他人作品，注册会员达到一千人以上的；⑤数额或者数量虽未达到前4项规定标准，但分别达到其中两项以上标准一半以上的；⑥其他严重情节的情形。

2.销售侵权复制品罪

以营利为目的，销售明知是侵犯著作权罪的侵权复制品，违法所得数额巨大或者有其他严重情节的，处五年以下有期徒刑，并处或者单处罚金。其中，违法所得数额在十万元以上的，属于"违法所得数额巨大"。

如果是单位犯上述罪名的，对单位判处罚金，并对其直接负责的主管人员和其他直接责任人员，依照相关法律规定处罚。

（二）著作权行政违法与行政责任

侵犯著作权的行为如果不仅侵犯了著作权人的合法利益，同时还损害了社会公共利益，侵权人除承担民事责任外，还应承担行政责任。根据《著作权法实施条例》第三十七条，著作权行政查处由地方人民政府著作权行政管理部门负责。国务院著作权行政管理部门可以查处在全国有重大影响的侵权行为。

根据《著作权行政处罚实施办法》第四条，著作权行政管理部门在责令停止侵权行为的同时，可以采取以下行政处罚措施：（1）警告；（2）罚款；（3）没收违法所得；（4）没收侵权制品；（5）没收安装存储侵权制品的设备；（6）没收主要用于制作侵权制品的材料、工具、设备等；（7）法律、法规、规章规定的其他行政处罚。

（三）著作权侵权与民事责任

侵犯著作权的行为如果仅侵犯了著作权人的合法利益，未达到严重的社会危害性，也没有侵犯公共利益，此时一般构成著作权侵权，应承担民事责任。著作权是私权，大多数情况下侵犯著作权的行为都只承担民事责任，其方式包括停止侵害、消除影响、赔礼道歉、赔偿损失等。

1.停止侵害

停止侵害即法院判令侵权人立即停止侵犯著作权的行为，如将侵权歌曲或小说下架、将侵权的新闻作品删除等。

2.消除影响、赔礼道歉

著作权包括有人身权的内容，侵权行为不仅造成了财产的损失，也对著作权人的声誉造成不良影响，因此需要消除此种影响，对著作权人的精神进行抚慰。如公开承认作品的权属、公开赔礼道歉等。

3.赔偿损失

侵权人因其行为造成权利人损失的，应当承担赔偿损失的责任。根据《著作权法》及《最高人民法院关于审理著作权民事纠纷案件适用法律若干问题的解释》，著作权人可以请求法院支持的损失范围包括：

（1）实际损失。实际损失按照权利人因此受到的实际损失或者侵权人的违法所得计算；权利人的实际损失或者侵权人的违法所得难以计算的，可以参照该权利使用费计算。权利人的实际损失、侵权人的违法所得、权利使用费难以计算的，由人民法院根据侵权行为的情节，判决给予五百元以上五百万元以下的赔偿。

（2）合理费用。即权利人为制止侵权行为所支付的合理开支。包括权利人或者委托代理人对侵权行为进行调查、取证的合理费用（如公证、鉴定等）以及诉讼费、律师费等。

（3）惩罚性赔偿。对故意侵犯著作权或者与著作权有关的权利，情节严重的，可以在按照上述方法确定数额的一倍以上五倍以下给予赔偿。

📖 **案例分析**

1.侵犯乐高著作权案 [①]

"Great Wall of China" 拼装玩具等 47 个系列 663 款产品系乐高公司（LEGO A/S）创作的美术作品，乐高公司根据该作品制作、生产了系列拼

---

① （2020）沪 03 刑初 28 号。

装玩具并在市场销售。李海鹏指使杜志豪等人购买新款乐高系列玩具，通过拆解研究、电脑建模、复制图纸、委托他人开制模具等方式，专门复制乐高公司前述拼装积木玩具产品，并冠以"乐拼"品牌通过线上、线下等方式销售。

上海市公安局在被告人李海鹏租赁的厂房内查获注塑模具88件、零配件68件、包装盒289411个、说明书175141件、销售出货单5万余张、复制乐高系列的"乐拼"玩具产品603875件。后经中国版权保护中心版权鉴定委员会鉴定，"乐拼"品牌玩具、图册与乐高公司的玩具、图册均基本相同，构成复制关系。上海市人民检察院第三分院对本案提起公诉。一、二审法院均认为，李海鹏伙同闫龙军、张涛、王沛圳、吕沛丰、王瑞河、余克彬、李恒等人以营利为目的，未经著作权人许可，复制发行乐高公司享有著作权的美术作品，非法经营数额达3.3亿余元，杜志豪作为经销商之一，未经著作权人许可，发行乐高公司享有著作权的美术作品，非法经营数额达621万余元，情节均属特别严重，均已构成侵犯著作权罪。审理法院根据相关法律规定，依法判处主犯李海鹏有期徒刑六年，罚金人民币9000万元，对8名从犯判处有期徒刑4年6个月至3年不等，并处相应罚金，充分体现了人民法院加强刑事保护、严厉打击和震慑侵犯知识产权刑事犯罪的司法导向。

2. "人人影视字幕组"侵犯著作权案 [1]

自2018年起，被告人梁永平先后成立武汉链世界科技有限公司、武汉快译星科技有限公司，指使王某航（另案处理）雇佣万某某、徐某、熊某、姜某某、田某、温某、文某、王某如、胡某某、阳某某（上述人员均另案处理）等人作为技术、运营人员，开发"人人影视字幕组"网站及Android、iOS、Windows、MacOSX、TV等客户端，由谢某洪（另案处理）等人组织

---

[1] （2019）沪03刑初127号。

翻译人员，从境外网站下载未经授权的影视作品，翻译、制作、上传至相关服务器，通过所经营的"人人影视字幕组"网站及相关客户端向用户提供在线观看和下载服务。经审计及鉴定，"人人影视字幕组"网站及相关客户端内共有未授权影视作品32824部，会员数量共计约683万。其间，被告人梁永平以接受"捐赠"的名义通过涉案网站及客户端收取会员费；指使谢某翔（另案处理）以广西三江县海链云科技有限公司等公司的名义，对外招揽广告并收取广告费用；指使丛某某（另案处理）对外销售拷贝有未授权影视作品的移动硬盘。经审计，自2018年1月至案发，通过上述各渠道，非法经营额总计人民币1200余万元。

上海三中院经审理认为，被告人梁永平以营利为目的，未经著作权人许可，复制发行他人作品，属于有其他特别严重情节，其行为已构成侵犯著作权罪，依法应予惩处，以侵犯著作权罪判处被告人梁永平有期徒刑3年6个月，并处罚金人民币150万元；违法所得予以追缴，扣押在案的供犯罪所用的本人财物等予以没收。

3. 著作权侵权纠纷与取证：磊若软件公司与深圳市朗科科技股份有限公司侵害计算机软件著作权纠纷案①

磊若软件公司（简称"磊若公司"）系"Serv-U"系列软件的著作权人。2011年4月11日，磊若公司通过系统命令监测到，深圳市朗科科技股份有限公司（简称"朗科公司"）的官方网站www.netac.com.cn正在使用磊若公司"Serv-UFTPServerv6.3"软件，然而在其销售系统上未见朗科公司的购买记录，于是磊若公司以朗科公司使用盗版软件、侵害了其计算机软件著作权为由，将其诉至法院。

鉴于磊若公司提交的证据不足，一审法院判决驳回磊若公司的全部诉讼请求。二审法院根据双方提交的证据，认为朗科公司在其网站服务器中使用

---

① （2015）粤高法民三提字第2号。

涉案"Serv-UFTPServerv6.3"软件，构成商业使用，遂判决原告胜诉，被告应承担停止侵权、赔偿经济损失的民事责任。朗科公司不服二审判决申请再审。再审经审理，撤销了二审判决，维持一审判决。

本案前后判决结果出现如此大的差距，原因在于对此类案件所涉证据的收集、审查和采信以及在此基础上对相关案件事实的认定是一个复杂而专业的过程。计算机软件的雷同与一般的作品不同，往往涉及源代码及目标程序的比对问题，由于计算机软件安装在被告的电脑上，原告往往难以取证，更无法进行比对程序以证明被告的计算机软件与自己的相同。

原告磊若公司仅凭通过远程登录他人服务器所获得的反馈信息来认定被告侵权，缺乏事实基础，导致了法院在审理过程中，无法将被诉侵权计算机软件与磊若公司请求保护的涉案计算机软件的目标程序和源程序进行比对、判断，最终没有获得法院的支持。

问题与思考

1.当下火热的直播软件，各类网红主播们往往会演唱歌曲进行表演，是否需要获得歌曲著作权人的授权并支付相应报酬？如果没有，音著协是否有权代表著作权人起诉？

【答案要点】网络主播们在平台上若进行的是商业性表演，其商业性体现在收取粉丝的"红包"或"打赏"上，因此不构成著作权合理使用中的"免费表演"，应当获得著作权人的许可并支付报酬。如果这些著作权人加入了音著协，则音著协有权以自己的名义提起诉讼，并向著作权人分配应得的利益。

2.重庆某大学传媒艺术学院学生发现某知名视频网站未经许可盗用了她们制作的微视频，如果要维护权利，应当收集哪些证据？可以提出哪些请求？

【答案要点】证据包括：（1）著作权权属证明，证明自己是作者。包括创作底稿、元素材、讨论过程记录、历史过程文件等。（2）视频网站侵权的电子数据证据。对侵权网页要进行取证，可以委托鉴定中心或者公证处进行保全。（3）视频对比证据。证明侵权视频实际抄袭了自己的原创证据。（4）侵权网页的点击量、影响力等证据，用以证明侵权的后果。（5）证明侵权网站实际运营者的证据等。

可以提出的请求：（1）停止侵权，删除侵权页面；（2）赔礼道歉，要求对方在网站显著位置进行道歉或者书面道歉；（3）赔偿损失，可以根据侵权网站的广告收益、点击数据、视频制作费等综合考虑，提出合理数额。

📖 课程思政

阅读资料：贯彻落实习近平总书记重要讲话精神，努力开创版权保护工作新局面 [①]

加强版权保护工作统筹谋划。适应新形势新特点，立足于保护权利、鼓励创作、促进传播和平衡利益原则，研究制定版权工作"十四五"规划，明确"十四五"时期版权工作的目标、任务、举措和实施蓝图，为贯彻新发展理念，构建新发展格局，推动高质量发展提供有力支撑。

提高版权保护工作法治化水平。准确把握著作权法第三次修改重点内容，落实中央部署，回应时代发展，兼顾各方诉求，积极推进配套法规、规章的修改、制定工作。进一步开发、利用和保护著作权，充分发挥法律制度对版权产业的规范、引导、促进和保障作用。进一步实施版权严格保护，加大保护力度，突出保护重点，拓展保护范围，提升保护效能。不断培育尊重创作、抵制盗版、诚信守法的版权文化，增强全社会尊重和保护版权的意识。

---

① 参见《加强版权保护 促进创新发展》，2021 年 2 月 2 日，https://www.ncac.gov.cn/chinacopyright/contents/12227/353590.shtml。

　　强化版权全链条保护。综合运用法律、政策、经济、行政、技术、社会治理等多种手段，加强部门间协同配合，打通版权创造、运用、保护、管理、服务全链条，促进运用与防止滥用并举，不断推进版权治理体系和治理能力现代化。充分调动社会各方面积极性参与版权治理，努力形成政府监管、司法保护、行业自律、社会监督相结合的版权保护社会共治新格局。

　　完善版权管理体制机制。深入推进文化市场综合执法改革，进一步健全完善版权管理体制机制，提升运用著作权促进创新发展的能力。研究实行差别化的版权产业和区域政策，在有关重点地区开展国家版权创新发展基地试点工作。健全新领域新业态版权保护制度，改进作品登记工作，加强著作权集体管理监管。研究制定民间文艺版权保护条例，促进我国优秀传统文化创造性转化和创新性发展。

第 五 章 ///

其他知识产权法律制度

内容提要

根据《民法典》第一百二十三条规定，知识产权客体不仅包括前述章节介绍的作品、商标以及专利，还包括地理标志、商业秘密、集成电路布图设计、植物新品种以及法律规定的其他客体。考虑到理工类大学生的专业特色，本章将针对集成电路布图设计专用权、商业秘密权、植物新品种权进行详细阐述。通过介绍集成电路布图设计专用权、商业秘密权、植物新品种权的基础概念、构成要件、具体权利及限制等内容，阐明其他知识产权中的重要法律制度。

第一节　集成电路布图设计专用权

关键术语

集成电路；布图设计；商业利用权；反向工程

基础知识

2022 年 3 月，清华大学集成电路学院教授任天令团队以单层石墨烯作为栅极，打造出一种"侧壁"晶体管，创下了 0.34nm 栅极长度的纪录，此项研究登上了最新一期 Nature 期刊，题为《具有亚 1 纳米栅极长度的垂直硫化钼晶体管》（*Vertical MoS2 transistors with sub-1-nm gate lengths*），这无疑对我国集成电路事业的自主创新发展具有重大意义。

晶体管作为信息技术的最小元件，构成的集成电路自 20 世纪 50 年代起发展速度迅猛，这也直接导致新兴产业出现的硬件基础不断提升。正是因为集成电路的革命性意义，国内外无不对此技术给予高度关注，而对其包含的知识产权问题也成为全球法学界的必要议题。

一、集成电路布图设计的概念及构成要件

作为世界上第一部专门针对集成电路知识产权的法律，美国国会于 1984 年通过的《半导体芯片保护法》（*Semiconductor Chip Protection Act*）具有里程碑式的意义，为之后产生的《知识产权集成电路条约》（即华盛顿条约）、TRIPs 协议及其他国家的相关立法奠定了基础。在《知识产权集成电路条约》中，集成电路被定义为"一种产品，在它的最终形态或中间形态，是将多个元件，其中至少有一个是有源元件，和部分或全部互连集成在一块材料之中和／或之上，以执行某种电子功能"；布图设计（拓扑图）则是指"集成电路中多个元件，其中至少有一个是有源元件，和其部分或全部集成电路互连的三维配置，或者是指为集成电路的制造而准备的这样的三维配置"。

我国 2001 年 10 月 1 日开始实施《集成电路布图设计保护条例》，其中对集成电路和布图设计的定义与《知识产权集成电路条约》大致相同，"'集成电路'是指半导体集成电路，即以半导体材料为基片，将至少有一个是有源元件的两个以上元件和部分或者全部互连线路集成在基片之中或者基片之上，以执行某种电子功能的中间产品或者最终产品"；而集成电路布图设计则是指"集成电路中至少有一个是有源元件的两个以上元件和部分或者全部互连线路的三维配置，或者为制造集成电路而准备的上述三维配置"。

通过上述定义可发现，集成电路布图设计需要三个构成要件：一是组成集成电路的元器件；二是将元器件组合成三维配置的线路设计；三是将元器件按照线路设计固定在半导体材料上的工艺。首先，组成集成电路的元器件可理解为晶体管，一般包括发射极（Emitter）、基极（Base）和集电极三个电极。由于晶体管的体积小、响应速度快、准确率高等优点，被广泛运用于各种电子产品中。随着科技的不断发展，电子元件材质与性能的提升，直接决定了集成电路的效能。

其次，布图设计是依据电子学知识将晶体及连线等设置按照一定逻辑进行排列和组合，具有设计者的思考和创意。值得注意的是，我国《集成电路布图设计保护条例》第四条明确提出"受保护的布图设计应当具有独创性"，即"该布图设计在布图设计创作者和集成电路制造者中不是公认的常规设计"，因此作为一种技术方案，布图设计所体现出的图形设计囿于通用模版、统一标准、同一原理等技术限制，在认定"独创性"时要尤其注意思想与表达的混同及区分①。

最后，将元器件按照拟定好的布图设计在半导体材料上进行固定需要一定的工艺技术。晶体管作为最基础的电子元件，并不能单独实现功效，只有将其遵照特定的工艺技术在硅片等半导体材料上放置并以电线联通多个晶体管，才能真正发挥功效。这一点类似于电视的正常播放有赖于开关与电视内部线路的畅通，但凡出现"接触不良"和"地线、零线安装错误"等情形，都将导致电视无法使用，甚至产生损害结果。

二、集成电路布图设计专用权的特性

面对半导体行业的飞速发展，集成电路布图设计的法律保护有关问题进

---

① 参见祝建军：《集成电路布图设计独创性判断存在的争议与解决》，《电子知识产权》2020 年第 3 期。

入立法者的视野。而解决该问题的首要思考则是集成电路布图设计到底是何种权利，应适用何种法律进行规制。1979年美国众议院议员爱德华（Edward）首次提出应修改著作权法以适应集成电路布图设计的保护需求，并创设"掩膜作品"（mask work）的名称作为著作权法保护的新兴客体，该提案最后却并未得到通过。在这之后，集成电路布图设计不断被学者纳入专利法、商业秘密保护法等领域，虽然目前大多数国家采用的是单行立法的方式，但这些讨论无一不显示出集成电路布图设计和知识产权存在着紧密的联系。同时，因为对集成电路布图设计采用的是其他知识产权的保护路径，也说明集成电路布图设计专用权具有区别于著作权和工业产权的特有属性。

（一）具有知识产权的共有特性

相较于物权，知识产权具有以下特性：非物质性、排他性、时间性等。[①] 以下将具体阐述集成电路布图设计具有上述共有特性。

首先，集成电路布图设计专用权保护对象是一种无体财产。集成电路布图设计的价值并不体现在"载体"上，虽然布图设计需要依托晶体管、电线、硅片等材料的呈现，但对于同种电子产品而言，该集成电路布图设计将会被重现无数次，这意味着设计者的专用权并不是针对按布图设计生产出的所有电子产品，而是对集成电路布图的设计方案具有垄断权利。值得注意的是，正是集成电路布图设计专用权的无形特征，设计者、使用者等主体也无法将其"占有"，这一点与物权形成鲜明对比，因而，集成电路布图设计专用权人有可能在毫不知情的情况下，其拥有的布图设计就被他人使用。

其次，集成电路布图设计专用权仍是绝对权（对世权）的一种，非经专用权人许可，他人不得实施集成电路布图设计专用权控制的行为。集成电路

---

① 参见王迁：《知识产权法教程》（第六版），中国人民大学出版社2019年版，第4—11页。

布图设计虽然无法"占有"，但法律赋予专用权人一定垄断地位，目的就在于维护集成电路布图设计者的创新劳动，防止他人通过"搭便车""抄袭""盗版"等行为侵占设计者们的智慧成果。与物权侵权行为具有的"破坏性"不同，侵犯集成电路布图设计专用权的行为并不会产生毁损布图设计的效果，而是指未经权利人许可或不存在法律规定的特殊情形，擅自复制、商业利用集成电路布图设计的行为。

最后，集成电路布图设计对于科技进步及社会福祉的提高具有重要意义，因为使用的人越多，越能够充分发挥集成电路布图设计具有的实用性功能，也才能够促进更多新技术的创造，因此有必要对集成电路布图设计权利人的专用权进行一定限制，设置保护期限则是一种方式。我国《集成电路布图设计保护条例》第十二条规定："布图设计专有权的保护期为 10 年，自布图设计登记申请之日或者在世界任何地方首次投入商业利用之日起计算，以较前日期为准。但是，无论是否登记或者投入商业利用，布图设计自创作完成之日起 15 年后，不再受本条例保护。"

（二）具有区别于著作权和工业产权的特性

最初美国提出将集成电路布图设计纳入著作权法保护框架中时，就激发出对集成电路布图设计和作品之间共性及冲突的讨论。显然，集成电路布图设计存在着作品的"版面"特征，即图形的构成，这也是立法者认为可以将集成电路布图设计作为作品保护的首要理由。但是，著作权法保护的作品是具有文学价值、艺术价值的智力成果，即使集成电路布图设计表现为三维图形，当中也并不体现设计人的任何思想，这种图形亦不是为了艺术的美感进行设计，而是需要通过这种布图发挥电子元件及其连线的科技功能。

同时，作品的多元表达方式也与集成电路布图设计不尽相同，换句话说，集成电路布图设计受到技术限制所拥有的创新空间也使其完全依靠著作权保护机制的路径难以实现。如前所述，集成电路布图设计由元器件、布图设计线路及安装工艺三个要件构成，由于元器件的材料质量、电路参数、物理定律等客观条件的限制，为实现特定电子功能，集成电路布图设计也无法像作者创作一样"天马行空"，而只能根据工学基本原理进行相应设计。加上著作权法对作品保护的超长期限，也无法满足集成电路布图设计存在的技术快速更新需求。

集成电路布图设计的"实用性"特点看似能够成为如专利权一样的工业产权，从而受到专利法的规制，但实际上，集成电路布图设计难以满足专利的构成要件。作为发明或实用新型来看，"新颖性"和"创造性"的要求不可或缺。但正如前面所述，集成电路布图设计目的在于提高集成度，将晶体管用电线相连的三维配置背后是电子功能实现的目的以及电子工学基础理论的支撑，因而这种创造无法像发明和实用新型一样具有"不属于现有技术"的新颖性，也无法具备"实质性的特点和进步"；但若将集成电路布图设计看成外观设计，则存在另一个问题，即布图设计本身的功效并不取决于该设计呈现出的外观，而是这种设计背后蕴含的电子线路及其位置，因此若用外观设计的理论进行规制，也会导致规制对象和价值目标的背道而驰。

通过上述介绍，可以得出以下结论：集成电路布图设计具有作品和专利的双重特性，既具有图形构成的特征，又具备实用功能，但这种图形构成并不体现对美的追求，实用功能之下也并没有如专利一般的创新度，因此著作权法和专利法都难以单独对其进行保护，这也是从集成电路布图设计进入立法者视野开始就引发争议的原因。目前大多数国家采取的手段是单独立法模式，在借用著作权法和专利法的原理之上，形成新的知识产权保护模式。

三、集成电路布图设计专用权的内容及其限制

由于集成电路布图设计兼具著作权法和专利法保护内容的特性，各国在立法时也采取了相对简易的方式，即对集成电路布图设计进行概念的廓清，然后在知识产权通用规则上采纳著作权法和专利法的相关规定，从而形成集

成电路布图设计专用权的内容范围。同时，芯片产业的迅猛发展促使集成电路布图设计的大量实施成为现实需求，法律在赋予权利人垄断地位的同时也必然要防范权利滥用的发生，这就是集成电路布图设计专用权的限制。

（一）集成电路布图设计专用权的内容

参照各国法律文件及国际公约，集成电路布图设计专用权可分为复制权和商业利用权两大类。

1. 复制权

根据《集成电路布图设计保护条例》第二条第四项的解释，复制是指"重复制作布图设计或者含有该布图设计的集成电路的行为"，除法律另有规定外，未经权利人的许可，任何第三人不得复制受保护的布图设计。该条例中，"重复制作"一词体现出集成电路布图设计的复制权并不等同于著作权法中的复制权。一方面，集成电路布图设计的复制，是必须从平面或立体复制到立体的过程，即侵权人需要按照他人持有的集成电路布图设计制作完成自己的集成电路三维配置，如果仅仅是将别人的布图设计进行拍照、录像、摄制等平面复制，并不属于集成电路布图设计的复制；另一方面，在集成电路产业中，反向工程成为普遍且可接受的现象，而反向工程过程中必然要实施他人的集成电路布图设计，因此在本身就不同于著作权法的复制权基础上，还要剔除另一部分合理反向工程中的复制行为。

2. 商业利用权

《集成电路布图设计保护条例》第二条第五项规定："商业利用，是指为商业目的进口、销售或者以其他方式提供受保护的布图设计、含有该布图设计的集成电路或者含有该集成电路的物品的行为。"未经权利人许可，任何人不得将其受保护的集成电路布图设计投入到商业实施中。那么，哪些行为构成商业实施呢？从各国立法规定来看，算作商业利用的有以下行为：（1）进口；（2）销售；（3）出租；（4）转让；（5）许可；（6）为商业目的实施的其他方式。同时，《集成电路布图设计保护条例》第二十三条也规定，对自己独立创作的与他人相同的布图设计进行商业利用的不必经过权利人许可，也可不向其支付报酬。这源于前文谈到的集成电路布图设计本身在图形绘制上的限制，因为工学基本原理等原因，为实现同一电路效果有可能设计出与他人已获得专用权相同的集成电路布图，但只要行为人是在独立创作的前提下完成的设计，法律应予许可。

商业利用权是典型的财产权利，与复制权相分离，这并不是认为复制权不属于财产权利，而是照顾到目前集成电路产业的精细分工模式。可以看出，对于集成电路布图设计而言，法律并不承认其具有的人身权利，这一点正是因为布图设计并不体现思想，从而与著作权法的保护宗旨有所区别。

（二）集成电路布图设计专用权的限制

如同其他知识产权一样，为平衡权利人和社会公众之间的利益，集成电路布图设计专用权也应受到一定限制。《集成电路布图设计保护条例》明确提出，合理使用、反向工程、权利穷竭、强制许可、善意买主等行为，可不经过布图设计权利人许可，不向其支付报酬。

1.合理使用

根据《集成电路布图设计保护条例》第二十三条第一项规定，"为个人目的或者单纯为评价、分析、研究、教学等目的而复制受保护的布图设计的"行为可以不经布图设计权利人许可，不向其支付报酬。这一点与著作权法的规定如出一辙，体现出知识产权背后促进社会文化交流与发展的立法目的。

2.反向工程

《集成电路布图设计保护条例》第二十三条第二项规定，"在依据前项评价、分析受保护的布图设计的基础上，创作出具有独创性的布图设计的"行为不视为侵权行为。集成电路布图设计虽与专利有明显差异，但都是科技进步的产物，代表着最先进的技术动态。集成电路布图设计未能获得专利法的保护，也意味着这种技术并不会像专利一样对社会公开，如果不允许其他人通过反向工程的方式了解这些技术，那么必然导致大量重复创造及劳动的发生。任何新的创造都是建立在对前人创造进行创新的基础上实现的，这也使得反向工程逐渐成为业界惯例。因此，法律也应照顾集成电路布图设计蕴含的社会作用，给予反向工程合法的地位。

3. 权利穷竭

《集成电路布图设计保护条例》第二十四条规定："受保护的布图设计、含有该布图设计的集成电路或者含有该集成电路的物品，由布图设计权利人或者经其许可投放市场后，他人再次商业利用的，可以不经布图设计权利人许可，并不向其支付报酬。"权利穷竭是基于知识产权与物权相分离的原因产生的。固然，知识产权需要一定载体用以呈现，集成电路布图设计的价值也需要以生产产品的方式体现，但无论生产多少电子产品，其中包含的同种布图设计专用权也只有一个，为了防止阻碍商品流通的现象发生，法律认为产品一旦投放市场，在二次市场中的转让、再销售等行为则不再受到集成电路布图设计专用权人的限制。

4. 强制许可

知识产权承载的创新追求，不仅在于赋予创造人一定垄断权以获得经济利益，同时还会向社会释放最新科技文化的合理合法使用渠道，以促进其他人进行再创新。因此，虽然知识产权作为一种民事权利，其转让、许可等权限都最大程度地尊重当事人的意志自由，但若一项技术关乎着国家安全、社会稳定等关键情形时，法律也不得不强制将知识产权许可给相对人使用。《集成电路布图设计保护条例》第二十五条规定："在国家出现紧急状态或者非常情况时，或者为了公共利益的目的，或者经人民法院、不正当竞争行为监督检查部门依法认定布图设计权利人有不正当竞争行为而需要给予补救时，国务院知识产权行政部门可以给予使用其布图设计的非自愿许可。"但应注意，即使是被迫许可，权利人也应该获得相应报酬，而非免费许可。

5.善意买主

我国集成电路布图设计专用权的获得采取登记主义，登记申请需经初步审查，虽然法律并未明确这种初步审查是形式审查还是实质审查，但一般来说，集成电路布图设计公告的内容仅包括著录项目信息，而不包括具体的设计内容。集成电路布图设计相对于作品而言，不会呈现设计人的思想，这也使得设计人的个性难以在布图设计中体现出来，因此，对于非专业，甚至是非设计人的其他专业人员，也难以辨认自己购买的产品中是否存在他人受保护的布图设计。《集成电路布图设计保护条例》第三十三条规定，"在获得含有受保护的布图设计的集成电路或者含有该集成电路的物品时，不知道也没有合理理由应当知道其中含有非法复制的布图设计，而将其投入商业利用的，不视为侵权"，这也再次印证民事侵权构成要件中的过错认定不可或缺。

📖 案例分析

集成电路布图设计独创性的举证：泉芯公司诉微盟公司侵害集成电路布图设计专有权纠纷案 [1]

2010 年 6 月 24 日，国家知识产权局向泉芯公司颁发第 3389 号《集成电路布图设计登记证书》，布图设计权利人为泉芯公司，布图设计申请日为 2009 年 8 月 22 日，布图设计颁证日为 2010 年 6 月 24 日，布图设计创作完成日为 2009 年 1 月 15 日，布图设计首次投入商业利用日为 2009 年 6 月 10 日。2011 年 10 月 28 日，国家知识产权局向微盟公司颁发第 4991 号《集成电路布图设计登记证书》，布图设计权利人为微盟公司，布图设计申请日为 2011 年 6 月 10 日，布图设计颁证日为 2011 年 10 月 28 日，布图设计创作完成日为 2010 年 10 月 31 日。

---

① 广东省高级人民法院（2019）粤知民终 1 号民事判决书。

2012 年 3 月 9 日上午 10 时 20 分，泉芯公司的委托代理人倪文君与深圳市南山公证处公证员史历芳和公证人员张逸宏一同来到某商店购买两圆盘芯片，其封面标有"南京微盟电子有限公司"字样，DATE（生产日期）：2011/07/17。微盟公司认可从被控侵权芯片张贴的标签信息来看是其公司生产的芯片产品。泉芯公司指控微盟公司以复制、销售的商业利用方式侵犯其集成电路布图设计专有权。经一审法院审理查明，微盟公司实施了生产、销售涉案被控侵权芯片的行为。后微盟公司上诉称被诉侵权产品是由上诉人微盟公司独立创作完成的，并主张独创性的依据是其被诉设计也曾经过国务院知识产权行政部门登记，但微盟公司并未进一步举证。

微盟公司上诉理由是否成立？

【答案要点】该案是广东省高级人民法院发布的 2020 年度广东省知识产权审判十大案件之一。根据《集成电路布图设计保护条例》第二十三条第三项规定，对自己独立创作的与他人相同的布图设计进行复制或者将其投入商业利用的，可以不经布图设计权利人许可，不向其支付报酬。微盟公司主张其使用的被诉设计系其独创，应当举证证明。国务院知识产权行政部门在办理登记时，并不对申请登记的布图设计是否具有独创性进行实质审查，在无相反证据的情况下，相关的备案登记可以作为该布图设计具有独创性的初步证据，但若存在相反证据，则需要申请人进一步对独创性进行证明。

问题与思考

1.分析集成电路布图设计的不同保护模式。

【答案要点】结合集成电路布图设计专用权的特性，即具有的知识产权共同特性和区别于著作权和工业产权的特性，比较分析著作权法保护、专利法保护以及专门立法保护模式。

2.分析集成电路布图设计专用权的内容与限制。

【答案要点】集成电路布图设计专用权的内容包括复制权和商业利用权，

限制包括合理使用、反向工程、权利穷竭、强制许可、善意买主。

📖 课程思政

阅读材料：努力成为世界主要科学中心和创新高地（节选）①

当前，我国科技领域仍然存在一些亟待解决的突出问题，特别是同党的十九大提出的新任务新要求相比，我国科技在视野格局、创新能力、资源配置、体制政策等方面存在诸多不适应的地方。我国基础科学研究短板依然突出，企业对基础研究重视不够，重大原创性成果缺乏，底层基础技术、基础工艺能力不足，工业母机、高端芯片、基础软硬件、开发平台、基本算法、基础元器件、基础材料等瓶颈仍然突出，关键核心技术受制于人的局面没有得到根本性改变。我国技术研发聚焦产业发展瓶颈和需求不够，以全球视野谋划科技开放合作还不够，科技成果转化能力不强。我国人才发展体制机制还不完善，激发人才创新创造活力的激励机制还不健全，顶尖人才和团队比较缺乏。我国科技管理体制还不能完全适应建设世界科技强国的需要，科技体制改革许多重大决策落实还没有形成合力，科技创新政策与经济、产业政策的统筹衔接还不够，全社会鼓励创新、包容创新的机制和环境有待优化。

第二节　商业秘密权

☑ 关键术语

商业秘密；秘密性；价值性；保密性

---

① 习近平：《努力成为世界主要科学中心和创新高地》，2021 年 3 月 15 日，求是网，http://www.qstheory.cn/dukan/qs/2021-03/15/c_1127209130.htm。

📄 **基础知识**

古罗马繁荣的经济社会使商业秘密逐渐进入大众的视野，但当时对商业信息的保护更多是出于一种尊重商业道德的态度，其目的是为了维护市场交易秩序。直至第一次工业革命，新生产关系的出现使一些生产力较为发达的西方国家开始从法律角度给予商业秘密合法保护地位，例如美国、德国、法国、日本等国家先后确定了商业秘密法律保护制度。

我国对商业秘密的保护较晚，随着国家改革开放，本土企业纷纷参与到国际交流与合作中，而国外企业在我国的投资及经营活动也日益增长。在这个过程中，国外企业特别是跨国大型企业，具备较为成熟和敏锐的情报搜集能力，国内企业在斗争中往往损失惨重。直到此时，国内开始意识到"情报"，也就是商业秘密的重要性，着手对商业秘密保护的法律文件及司法实践不断进行完善。

一、商业秘密的概念

我国《反不正当竞争法》第九条规定："商业秘密，是指不为公众所知悉、具有商业价值并经权利人采取相应保密措施的技术信息、经营信息等商业信息。"根据以上定义，商业秘密是包括技术信息、经营信息等在内的商业信息，在现今信息社会的大力发展下，"信息"本身具有的价值毋庸置疑，但何谓技术信息和经营信息呢？

根据2020年公布的《最高人民法院关于审理侵犯商业秘密民事案件适用法律若干问题的规定》（以下简称《规定》）中的解释，技术信息是指"与技术有关的结构、原料、组分、配方、材料、样品、样式、植物新品种繁殖材料、工艺、方法或其步骤、算法、数据、计算机程序及其有关文档等信息"；经营信息则是"与经营活动有关的创意、管理、销售、财务、计划、样本、招投标材料、客户信息、数据等信息"，其中，客户信息"包括客户的名称、地址、联系方式以及交易习惯、意向、内容等信息"。我国企业过去长时间以来忽视了对商业秘密的保护，尤其对经营信息不够重视，认为只有技术信息才对企业创收产生影响，但实际上，经营信息往往涉及一个企业的经营战略，对于公司发展和壮大具有重要意义。

二、商业秘密的构成要件

如前定义所述，并非所有商业信息都可以成为商业秘密，只有满足"不为公众所知悉"、"具有商业价值"以及"采取相应保密措施"三个条件时，相应的技术或经营信息才属于法律意义上的商业秘密，而这三个条件通常被称之为"秘密性"、"价值性"以及"保密性"。

（一）秘密性

秘密性是商业秘密最核心的特质，也是一项商业信息构成商业秘密的先决条件，这一要素并不是由法律强加的标准，而是商业秘密先天存在的"基因"。那么，什么是"不为公众所知悉"呢，其中最为关键的就是对"公众""知悉"等术语的理解。

《规定》第三条规定："权利人请求保护的信息在被诉侵权行为发生时不为所属领域的相关人员普遍知悉和容易获得的，人民法院应当认定为反不正当竞争法第九条第四款所称的不为公众所知悉。"由此可知，"公众"应局限于所属领域的相关人员，而非普罗大众，一是因为商业秘密的价值体现在竞争优势上，对于非该领域的其他人而言，手握这些信息也并不能发挥商业秘密应有的商业价值；二是因为无论是技术信息还是经营信息，往往都具有一定专业度的要求，这意味着即使其他普通人获得该信息，也未必能理解甚至有效利用这些信息当中所蕴含的关键技术和经营理念。另外，对于"所属领域的相关人员"和"一般公众"之间的理解，还可以从二者之间的关系出发，即普遍公众都已知悉的信息，可推定所属领域的相关人员也已掌握，从而推翻该信息具有秘密性，但反之并不一定成立，由于所属领域相关人员的从业经验和知识储备，常常大众并不知晓的信息却是该领域的普遍认知，那么也同样不具有秘密性。

"知悉"应包括"普遍知悉"和"容易获得"两种情形。"普遍知悉"的核心在于"普遍"二字，也就是说，商业秘密即使具有秘密性，但不代表着这种秘密不能被任何人所知。事实上，一项商业秘密之所以要被保护起来，并不是因为这种保密行为可以产生效益，反而是相关必要使用人员知晓后的利用、辅助等才能实现商业秘密的效用，但这种"知悉"如果达到"普遍"的程度，则代表着并非必要使用人员，而是其他员工、合作商甚至是竞争对手都已知晓，商业秘密也当然失去了应有的价值。同时，"容易获得"的关键点也在于"容易"二字，可被理解为"轻易通过公开渠道"，这种理解存在两个层面：一是"轻易"，商业秘密虽然作为知识产权也具有垄断性，但这种垄断并不能阻碍他人的合法创新。也就是说，任何人都可以基于本领域已有的知识体系进行新的创造，在不断累积经验、独立完成实验、投入财力或人力到测试、推断、研究等活动的基础上，即使创造出的技术或经营方案与权利人持有的商业秘密完全吻合，不管这种巧合多么的罕见，也无法认定后来创新者属于侵犯他人秘密。这一点在《规定》第四条第二款中也得到了印证。二是"公开渠道"，这一点则刚好是对前者"轻易"的限制，后来创新当然值得尊重，但若这种创新是基于"偷盗""收买""贿赂"等"非公开""不合法"的渠道获得，则无论这种渠道是否轻易，也不能认为被获取的信息"被公众所知悉"。

法律为更明确何谓"为公众所知悉"，在《规定》第四条中细化为"具有下列情形之一的，人民法院可以认定有关信息为公众所知悉：（一）该信息在所属领域属于一般常识或者行业惯例的；（二）该信息仅涉及产品的尺寸、结构、材料、部件的简单组合等内容，所属领域的相关人员通过观察上市产品即可直接获得的；（三）该信息已经在公开出版物或者其他媒体上公开披露的；（四）该信息已通过公开的报告会、展览等方式公开的；（五）所属领域的相关人员从其他公开渠道可以获得该信息的"。在这一法条中，特别提到"一般常识或者行业惯例"的信息被认为是"为公众所知悉"，这也就谈到商业秘密与新颖性之间的联系。通常认为，由于一般常识或行业惯例属于公知信息，该行业的所有从业人员都极有可能知晓，若这种信息被某家企业垄断为自己的商业秘密，那么必将扰乱市场秩序和阻碍创新，所以商业秘密也应该具有一定程度的"新颖性"。显然，这种"新颖性"虽不像著作权法中的"独创性"标准只要求创造人的独自创意，但也不必要求如同专利法中的"新颖性"那样"前无古人"。

（二）价值性

商业秘密的第二构成要件"价值性"是"秘密性"的结果，也是"保密性"的原因。

TRIPs 协议第 39 条 2（b）项规定"因属秘密而具有商业价值"正是说明商业秘密的价值性基于秘密性产生。同时，也正是因为商业秘密具有价值，才能够像专利、作品、商标这些无形智慧产品一样被认定为是一项财产权利，[①] 从而以知识产权的方式得到法律的保护。

《规定》第七条规定"权利人请求保护的信息因不为公众所知悉而具有现实的或者潜在的商业价值的，人民法院经审查可以认定为反不正当竞争法第九条第四款所称的具有商业价值。生产经营活动中形成的阶段性成果符合前款规定的，人民法院经审查可以认定该成果具有商业价值"。这体现出商业价值并未要求具有现实有用性，倘若是潜在的、尚未得到实现的经济价值，也依然能够构成法律意义上的"商业价值"，这也是为什么我国 2017 年修订的《反不正当竞争法》取消了原来关于商业秘密"具有实用性"要求的原因。

---

① 参见黄武双：《商业秘密的理论基础及其属性演变》，《知识产权》2021 年第 5 期。

进一步说，商业秘密的价值要求只体现在"有或无"的回答上，并非"现在有或无"，也并非对价值本身的大小具有标准。即使这项商业秘密并不会为企业带来巨大的经济利益，甚至只是一组失败的实验数据，但只要这些信息于公司而言具有现实或潜在的有用性，那就具备可被企业认定为商业秘密的理由。当然，价值的高低在认定是否是商业秘密时，并没有太多实际影响，但在被认定属于商业秘密之后，无论是定密分级还是侵权赔偿，商业秘密的价值评估则成为尤其重要的环节，而这也属于实践中的一大难题，需要考虑商业秘密本身内容、企业规模、技术构成、市场份额、上下游合作企业等多方面因素，有时候还需要专业评估机构的介入辅助。

（三）保密性

如果说上述的"秘密性"与"价值性"是商业秘密客观存在的自然属性，那么"保密性"则代表着权利人的主观意志。一项商业秘密之所以能够得到法律的认可，并不在于这项信息包含的内容是什么，而是只有对于人而言有价值的信息才有被法律保护的必要。持有信息的主体若本身就没有将其保密的意愿，那么法律作为第二重保障，也当然不应该"越位"替当事人保护这些无所谓是否可被公开的信息。

保密性的要求虽然落脚点在持有商业秘密主体的保密意图，但法律也无法直接窥探行为人的内心，只能通过当事人的具体行为来判定是否"采取相应保密措施"。在司法实践中，侵权人主张知晓或获得的信息不构成商业秘密的常用借口就是商业秘密的持有人并未采取相应保密措施，其中对"相应"的合理程度认定往往是案件审理的重难点。

依据保密措施的性质不同，常见保密措施包括物理类保密措施（如设置保密房间、物理遮挡等）、技术类保密措施（如屏蔽、监控、密码锁等）、管理类保密措施（制定保密制度、生产制度等）以及法律类保密措施（签订保密协议、竞业禁止协议等）。企业可以依据自身发展规模、方向、理念、市场影响力以及商业秘密的形态、属性、特点等内容，采取其中一种或多种保密措施，而具体到方式则又会有万千不同的选择。

我们不可能要求每个企业都采取相同的保密措施，也难以对保密措施的合理程度拟定统一的标准。世界知识产权组织 WIPO 制定的《关于反不正当竞争保护的示范规定注释》中特别提到"在确定是否为信息保密采取了合理步骤时，应考虑到权利持有人开发该秘密信息所花费的精力和金钱、该信息对于他和他的竞争对手的价值、权利持有人为该信息保密所采取措施的范围以及该信息为他人所合法获得的难易程度"，虽然该文件已经相对时间久远，但可以看出，保密措施是否与商业秘密"相应"需要结合多重因素考虑。《规定》第五条第二款则提出"相应"保密措施应当根据商业秘密及其载体的性质、商业秘密的商业价值、保密措施的可识别程度、保密措施与商业秘密的对应程度以及权利人的保密意愿等因素进行考察。

为更加明确"相应"的含义，《规定》第六条认为以下情形可认定权利人采取了相应保护措施：（1）签订保密协议或者在合同中约定保密义务的；（2）通过章程、培训、规章制度、书面告知等方式，对能够接触、获取商业秘密的员工、前员工、供应商、客户、来访者等提出保密要求的；（3）对涉密的厂房、车间等生产经营场所限制来访者或者进行区分管理的；（4）以标记、分类、隔离、加密、封存、限制能够接触或者获取的人员范围等方式，对商业秘密及其载体进行区分和管理的；（5）对能够接触、获取商业秘密的计算机设备、电子设备、网络设备、存储设备、软件等，采取禁止或者限制使用、访问、存储、复制等措施的；（6）要求离职员工登记、返还、清除、销毁其接触或者获取的商业秘密及其载体，继续承担保密义务的；（7）采取其他合理保密措施的。

三、商业秘密权的法律保护

商业秘密由于秘密性这一特性，并不会对外公示具体内容，因而商业秘密权的保护首先应该立足于权利人自力防范，当出现商业秘密被窃取、偷盗等侵权行为时，再求助于法律以获得权利救济，这也使得法律在保护商业秘密权中处于相对被动以及作为防线的地位。

（一）侵犯商业秘密的行为

根据《反不正当竞争法》第九条的规定，侵犯商业秘密的具体行为可以分为以下四种表现形式。

1. 以不正当手段获取商业秘密

不正当手段包括以盗窃、贿赂、欺诈、胁迫、电子侵入或者其他方式非法获取商业秘密。盗窃是指以秘密手段获取他人商业秘密，盗窃不仅发生在外部人员身上，有时候还会存在内部人员盗取甚至内外部勾结盗窃的情况；贿赂是指向知晓或掌握商业秘密的人员提供财物或其他优惠条件，收买其透漏商业秘密；欺诈是指以欺骗手段导致掌握商业秘密人员出现错误认知从而主动提供商业秘密；胁迫是指用威胁、强迫等手段使他人处于受制状态从而不得不提供商业秘密，与之前所列行为不同，这种侵权行为带有一定暴力色彩，会令受胁迫对象具有担心、恐惧等心理；电子侵入是《反不正当竞争法》修订后新加入的条款，随着网络发展的迅猛之势，采用接入线路、窃听、窃照、网络病毒等技术手段成为更为常见的侵权行为，这种行为隐蔽性更强，也更难破解，因此给权利人带来更多的维权挑战。

虽然上述行为已囊括目前实践中大部分有可能采取的不正当手段，但社会生活的烦杂致使法律也无法滴水不漏，因而也在最后用"其他方式"的表达作为兜底条款。同时《规定》第八条明确"以违反法律规定或者公认的商业道德的方式"获取商业秘密的，应当属于不正当手段，这意味着除了本身违法行为以外，"商业道德"这一行业准则也会成为行为是否合法的考量依据。

2. 披露、使用或者允许他人使用以不正当手段获取的商业秘密

这一行为是在第一种以不正当手段获取商业秘密的基础之上从事的二次侵权行为，可以肯定的是，若获取商业秘密的人与披露、使用或者允许他人

使用的人是同一主体时，当然需要承担侵权责任。披露是指行为人向外界公开商业秘密，公开的范围大小在所不计，关键在于公开的对象。若披露的对象具有合法知晓商业秘密的资格，则并不会构成侵权；但若是没有合法依据，即使行为人只是向一个人透露，也存在侵权情形，更何况，当这一个人是商业秘密持有人的竞争对手时，后果则不堪设想。

那么另外一种不能完全肯定的情况，就是披露、使用或者允许他人使用商业秘密的行为人与以不正当手段获取商业秘密的人并不是同一人，甚至披露、使用或者允许他人使用商业秘密的人并不知道该商业秘密是非法获得的，又应该如何认定侵权呢？《反不正当竞争法》第九条补充规定，"第三人明知或者应知商业秘密权利人的员工、前员工或者其他单位、个人实施本条第一款所列违法行为，仍获取、披露、使用或者允许他人使用该商业秘密的，视为侵犯商业秘密"。这意味着，侵权行为的主观意志构成要素在此依然有效，即披露、使用或者允许他人使用商业秘密的人在有过错时，也就是"明知或应知"时当然构成侵权行为；但若第三人存在善意的情况，即第三人合法获得商业秘密，且并不知晓前手是以不正当手段获取的该商业秘密，是否一定构成侵权，目前学界仍有争议。

对于"使用"的理解，《规定》第九条罗列出三种情形，一是"直接使用商业秘密"，二是"对商业秘密进行修改、改进后使用"，三是"根据商业秘密调整、优化、改进有关生产经营活动"。第一种可被理解为不做任何改动的直接完全利用商业秘密，后两者则是在他人持有的技术信息及经营信息之上经过改进或修订之后的使用。这种行为的前提依然是通过不正当手段获取的商业秘密，如果行为人使用"反向工程"或者"逆向推理"（两者都是通过对公开信息的搜集、整理、分析等获得商业秘密的行为，但前者针对的是技术信息，后者针对的是经营信息）的方式获得商业秘密，且并不存在与商业秘密权利人之间达成的不得实施反向工程等行为的保密协议，那么对这些商业秘密的披露和使用，也不会构成侵权行为。

3.违反保密义务，披露、使用或者允许他人使用其所掌握的商业秘密

《规定》第十条对"违反保密义务"作出了相应解释，保密义务包括法定义务及合同义务两种。前者基于法律规定产生，后者则是基于合同保密条款产生，保密条款并不一定只存在于保密协议中，例如劳动合同、竞业限制协议、承揽合同、委派合同等协议中也有可能对保密义务进行约定。并且，根据《规定》进一步明确，"当事人未在合同中约定保密义务，但根据诚信原则以及合同的性质、目的、缔约过程、交易习惯等，被诉侵权人知道或者应当知道其获取的信息属于权利人的商业秘密的，人民法院应当认定被诉侵权人对其获取的商业秘密承担保密义务"。

构成这一侵权行为需要具备以下三个要件。首先是具有保密义务的人是除商业秘密权利人以外的人，因为商业秘密权利人是决定能否将商业秘密公开、向谁公开、何时公开、如何公开等事宜的权利主体，可以说是"话事人"，也当然不对任何其他人承担保密义务；其次是行为人是合法获得商业秘密的，否则也就不会有法律保密规定或合同保密条款存在的必要，因为通过不正当手段获得的商业秘密在任何情况下都不能被公开；最后则是行为要求，即行为人需要在未经过商业秘密权利人许可的情况下，披露、使用或者允许他人使用其所掌握的商业秘密。

4.教唆、引诱、帮助他人侵犯权利人的商业秘密

侵犯商业秘密的行为不仅包括直接侵权行为，也就是那些通过自己的行为，直接获取、利用、披露他人商业秘密的行为，也包括间接侵权，即第三人并未直接实施侵权，但从事了教唆、引诱、帮助他人的辅助行为，这在我国侵权责任理论体系中会被认定为共同侵权行为，因此也同样需要承担侵权责任。

（二）侵犯商业秘密的法律责任

商业秘密是一种民事权益，同时也是商业竞争中极其重要的资源，因此，侵犯商业秘密的行为可同时被民事法律、行政法律以及刑事法律所规

制，对应地，也能产生相应的民事责任、行政责任以及刑事责任。

1.民事责任

由于商业秘密具有的秘密性、保密性等属性，涉及商业秘密的民事诉讼程序也显现出一定特殊之处。根据《反不正当竞争法》第三十二条可知，首先是由商业秘密权利人提供初步证据，证明其已经对所主张的商业秘密采取保密措施，且合理表明商业秘密被侵犯，然后再由涉嫌侵权人证明权利人所主张的商业信息并不属于商业秘密。倘若权利人能够提供一定证据证明涉嫌侵权人存在侵犯商业秘密的行为，则举证责任再次倒置，由涉嫌侵权人自证并不构成侵权。

以上提到的可证明侵犯商业秘密行为存在的证据包括以下情形：一是有证据表明涉嫌侵权人有渠道或者机会获取商业秘密，且其使用的信息与该商业秘密实质上相同；二是有证据表明商业秘密已经被涉嫌侵权人披露、使用或者有被披露、使用的风险；三是有其他证据表明商业秘密被涉嫌侵权人侵犯。其中，针对"有渠道或者机会获取商业秘密"，《规定》第十二条列出认定员工、前员工是否有渠道或者机会获取权利人商业秘密的各项因素：一是职务、职责、权限；二是承担的本职工作或者单位分配的任务；三是参与和商业秘密有关的生产经营活动的具体情形；四是是否保管、使用、存储、复制、控制或者以其他方式接触、获取商业秘密及其载体；五是需要考虑的其他因素。同时，《规定》第十三条规定法院在认定"实质上相同"时，应该考虑以下因素：一是被诉侵权信息与商业秘密的异同程度；二是所属领域的相关人员在被诉侵权行为发生时是否容易想到被诉侵权信息与商业秘密的区别；三是被诉侵权信息与商业秘密的用途、使用方式、目的、效果等是否具有实质性差异；四是公有领域中与商业秘密相关信息的情况；五是需要考虑的其他因素。

侵犯商业秘密所需承担的民事责任，最为常见的形式是停止侵害和损害赔偿，以下将对这两种方式作简要说明。

第一，停止侵害。停止侵害的前提是侵害一直进行当中，因此只有立即停止侵权行为，才能及时止损，防止损失扩大。由于商业秘密只要处于保密之中就会一直被法律保护，因此商业秘密并不像其他知识产权一样具有保护期限，也就是说，人民法院对于侵犯商业秘密行为判决停止侵害的时间一般应当持续到该商业秘密已为公众所知悉时为止。但在有些情况下，例如侵权人已经擅自将商业秘密公开，导致公众已知悉，此时再仅仅判定停止披露已经没有意义，那么法院可以在依法保护权利人的商业秘密竞争优势的情况下，判决侵权人在一定期限或者范围内停止使用该商业秘密。

第二，损害赔偿。我国目前主要采用的有补偿性赔偿、惩罚性赔偿和法定赔偿三种赔偿金确定规则。（1）补偿性赔偿规则。《规定》第二十条第一款提出以商业秘密许可使用费的方式补偿权利人受到的实际损失，并明确了"许可的性质、内容、实际履行情况以及侵权行为的性质、情节、后果等"考量因素。（2）惩罚性赔偿规则。相较于补偿性赔偿，惩罚性赔偿更侧重于彰显法律的威慑力，对于商业秘密这样主要依靠权利人自力保护的权益来说更能防范侵权行为的发生。《反不正当竞争法》第十七条第三款规定，对于恶意侵犯商业秘密的行为，可以判处权利人所受实际损失 1 倍以上 5 倍以下的赔偿。（3）法定赔偿规则。《反不正当竞争法》第十七条第四款规定，权利人因被侵权所受到的实际损失、侵权人因侵权所获得的利益难以确定的，由人民法院根据侵权行为的情节判决给予权利人五百万元以下的赔偿，提高了过去三百万元的最高赔偿限额，更符合我国目前的商事发展趋势。

2.行政责任

侵犯商业秘密的行政责任主要有停止侵权和行政处罚。《反不正当竞争法》第二十一条规定："经营者以及其他自然人、法人和非法人组织违反本法第九条规定侵犯商业秘密的，由监督检查部门责令停止违法行为，没收违法所得，处十万元以上一百万元以下的罚款；情节严重的，处五十万元以上五百万元以下的罚款。"

3.刑事责任

《中华人民共和国刑法》第二百一十九条规定了侵犯商业秘密罪，行为方式主要有以下四种：一是以盗窃、贿赂、欺诈、胁迫、电子侵入或者其他不正当手段获取权利人的商业秘密的；二是披露、使用或者允许他人使用以前项手段获取的权利人的商业秘密的；三是违反保密义务或者违反权利人有关保守商业秘密的要求，披露、使用或者允许他人使用其所掌握的商业秘密的；四是明知前款所列行为，获取、披露、使用或者允许他人使用该商业秘密的。

仅仅从行为表现上看，侵犯商业秘密罪与商业秘密侵权行为的表现形式一致，唯一有区别的在于情节的严重程度，构成犯罪应满足情节严重的标准，且处三年以下有期徒刑，并处或者单处罚金，对于情节特别严重的，处三年以上十年以下有期徒刑，并处罚金。

实践中，刑民交叉问题在侵犯商业秘密民事案件审判中较为突出。据此，《全国法院民商事审判工作会议纪要》（法〔2019〕254号）第一百三十条规定："人民法院在审理民商事案件时，如果民商事案件必须以相关刑事案件的审理结果为依据，而刑事案件尚未审结的，应当根据民事诉讼法第一百五十条第五项的规定裁定中止诉讼。待刑事案件审结后，再恢复民商事案件的审理。如果民商事案件不是必须以相关的刑事案件的审理结果为依据，则民商事案件应当继续审理。"

📖 案例分析

1.商业秘密的"保密措施"构成要件认定：昆山和准测试有限公司、富士和机械工业（昆山）有限公司与重庆三友机器制造有限责任公司、林信宏侵害技术秘密纠纷案[①]

林信宏（中国台湾居民）于2005年9月入职六和股份公司，先后在铸

---

① 重庆市高级人民法院（2019）渝民终80号民事判决书。

加开发课、F群研发中心任工程师、资深工程师、F群研发中心副课长职务，具体负责产品设计、分析及测试、现场产品生产等工作。2013年7月起任营运总部副课长，负责管理研发中心（昆山）所有对内及对外之事务。2015年2月起，林信宏入职昆山和准测试有限公司（以下简称"和准测试公司"），任执行经理，管理该公司所有对内及对外事务。2015年3月，林信宏从和准测试公司离职。本案中，和准测试公司、富士和公司主张系商业秘密权利人，但该两公司提交的关于保密措施的证据仅为案外人六和股份公司与林信宏签订的《六和机械股份有限公司员工约定书》，其中有林信宏"保证基于职务上所得知之机密（包括公司经营上之各项机密及公司对他公司之保密约定）"的内容，但未提交以该两公司作为主体采取保密措施的证据。

【答案要点】该案是重庆法院2019年知识产权司法保护十大典型案例之一。即使和准测试公司、富士和公司能够证明六和股份公司系涉案技术信息的原始权利人且采取了保密措施，但在相关技术信息资料由原始权利人转移至和准测试公司之后，和准测试公司仍应举证证明在其持有相关信息期间也采取了保密措施，以确保在正常情况下涉密信息不会泄露。否则，法院无法认定涉案技术信息经权利人采取了保密措施。

2. 侵犯商业秘密的惩罚性赔偿：广州天赐公司等与华某等侵害技术秘密纠纷案——"卡波"技术秘密惩罚性赔偿案①

广州天赐公司主要从事卡波产品技术的自主研发。2007年12月，华某与广州天赐公司签订《劳动合同》及《商业保密、竞业限制协议》，并签收了公司的《员工手册》，就商业秘密的保密义务、竞业限制等方面进行了约定。2012—2013年期间，华某利用其卡波产品研发负责人的身份，以撰写论文为由索取了卡波生产工艺技术的反应釜和干燥机设备图纸，还违反广州

---

① 最高人民法院（2019）最高法知民终562号民事判决书。

天赐公司管理制度，多次从其办公电脑里将天赐公司的卡波生产项目工艺设备的资料拷贝到外部存储介质中。华某非法获取公司卡波生产技术中的生产工艺资料后，先后通过 U 盘拷贝或电子邮件发送的方式将公司的卡波生产工艺原版图纸、文件发送给刘某、朱某、胡某等人，并且对卡波生产工艺技术进行了使用探讨，后由胡某对设计图进行修改，并负责相关设备的采购。以刘某为法定代表人的安徽纽曼公司利用华某非法获取的卡波生产工艺及设备技术生产卡波产品，且生产规模巨大，销售额已超过 3700 万，销售范围多至二十余个国家和地区。在本案之前，2018 年 1 月 19 日江西省湖口县人民法院认定华某、刘某等人的行为构成侵犯商业秘密罪，后江西省九江市中级人民法院确认原审判决认定的事实，除改判其中一人的刑事处罚外，其余维持原判。

天赐公司于 2017 年 10 月向广州知识产权法院提起诉讼，主张华某、刘某、安徽纽曼公司等共同侵害了天赐公司卡波配方、工艺、流程、设备的技术秘密，且侵权行为给天赐公司造成了巨大的经济损失，要求华某、刘某、安徽纽曼公司等立即停止侵害技术秘密，销毁生产卡波的原材料、专用生产设备、配方及工艺资料，共同赔偿天赐公司经济损失及维权费用。

【答案要点】该案是最高人民法院知识产权法庭 2020 年十件技术类知识产权典型案例之一，也是最高人民法院作出的首例惩罚性赔偿案。《反不正当竞争法》第十七条第三款规定了判决惩罚性赔偿的条件以及惩罚性赔偿的倍数范围。可见，若经营者存在恶意侵害他人商业秘密的行为且情节严重的，权利人可请求侵权人承担赔偿金额相应倍数的惩罚性赔偿。本案中，安徽纽曼公司自成立以来，便以生产卡波产品为经营业务，此外，当其前法定代表人刘某因侵害商业秘密行为被追究刑事责任，相关生产工艺、流程及设备涉嫌侵害权利人技术秘密后，安徽纽曼公司仍未停止生产，销售范围多至二十余个国家和地区，足见其侵权主观故意之深重、侵权情节之严重。

反不正当竞争法设立惩罚性赔偿制度的初衷在于强化法律威慑力，打击恶意严重侵权行为，威慑、阻吓未来或潜在侵权人，有效保护创新活动，对长期恶意从事侵权活动之人应从重处理。本案最终确定了法定的惩罚性赔偿最高倍数 5 倍的惩罚倍数，明确传递了加强知识产权司法保护力度的强烈信号。

问题与思考

1. 商业秘密的构成要件。

【答案要点】秘密性、价值性、保密性。

2. 侵犯商业秘密的行为类型。

【答案要点】（1）以盗窃、贿赂、欺诈、胁迫、电子侵入或者其他不正当手段获取权利人的商业秘密；（2）披露、使用或者允许他人使用以前项手段获取的权利人的商业秘密；（3）违反保密义务或者违反权利人有关保守商业秘密的要求，披露、使用或者允许他人使用其所掌握的商业秘密；（4）教唆、引诱、帮助他人违反保密义务或者违反权利人有关保守商业秘密的要求，获取、披露、使用或者允许他人使用权利人的商业秘密。

课程思政

阅读材料：试析知识产权制度与诚信的契合（节选）[①]

现实生活中，普遍存在员工跳槽事件，对商业秘密的保护提出了严峻的信守诚信的挑战。尽管在《劳动合同法》中，对禁业限制已经给予了严格的规范，在《民事诉讼法》中也就知识产权纠纷的取证规定了"临时措施"的

---

① 文强：《试析知识产权制度与诚信的契合》，《西南民族大学学报（人文社会科学版）》2013 年第 9 期。

程序，但是禁业限制合同的信守完全取决于离职员工的诚信度，而动用"临时措施"来对违背诚信的窃取商业秘密的行为进行制约，对于遭遇失信泄密的企业来说，代价是巨大的，尤其是核心的商业秘密遭遇窃取后，损失是难以逆转的。

在现代商业竞争日益白热化的背景下，各企业之间有时为了赢得竞争的胜利，取得发展的先机，会突破竞争的合理规则甚至铤而走险触犯法律，靠商业贿赂等手段获取竞争对手的商业秘密（包括技术秘密、客户名录、采购信息等等）。因此加大对商业秘密的保护，制止对商业秘密的非法侵犯，也是对商业竞争中各方主体诚信素养的培育。

服务贸易中的"跨境交付"贸易模式的发展，尤其需要对服务外包的发包方的商业秘密给予保护，服务贸易的发展尤其需要良好的诚信环境。而在国内的服务产业发展中，要求提供服务的行业和从业人员，比如会计师事务所和会计、律师事务所和律师等，对因在服务过程中所接触到的客户的所有商业秘密都必须予以保护，不能泄露客户商业秘密，更不能出卖客户商业秘密获取非法利益。保护客户的商业秘密是服务行业及其从业人员的基本执业操守，也是服务行业赖以生存的基本底线。

第三节　植物新品种权

☑ 关键术语

植物新品种；新颖性；特异性；一致性；稳定性

🗐 基础知识

2021 年 5 月 22 日，"杂交水稻之父"袁隆平院士与世长辞，他以毕生钻研为世人留下了杂交水稻这份珍贵的瑰宝，为我国粮食安全、农业科学发展和世界粮食供给作出了举世瞩目的贡献。事实上，袁隆平院士不仅致力于生物科学的创新研发，也一直密切关注我国对植物新品种的知识产权保护事业，对我国相关制度的建立及完善发挥了巨大的推动作用。植物新品种的培育并不像著作权一样是对思想的表达或传播，同时，若用专利权的形式对其进行保护，又无法满足专利法要求的新颖性、创造性等要求，这种"遗孤"的局面无疑削弱了科研人员的创新动力。但正是因为杂交水稻研究的深入，袁隆平院士等杂交水稻专家亦提出农作物知识产权保护问题，促使我国加快了建立植物新品种知识产权保护制度的脚步。

一、植物新品种权概述

自然界中已存在的野生植物并不属于任何人的创造，而是既成的、单纯的事实，因而无法受到知识产权法的保护。随着农业经济的不断发展，植物新物种不断显现出对国民经济及人类生活水平提高的重要意义。人们也开始意识到，培育植物新品种需要人的智力活动，理应得到法律的认可，但这种活动又与过去传统的知识创造产品有所不同，具有自己的特性，这也导致对于植物新品种的法律保护制度历经了复杂的变迁。

（一）植物新品种权的概念

根据 2014 年修订的《中华人民共和国植物新品种保护条例》（以下简称《植物新品种保护条例》），植物新品种是指"经过人工培育的或者对发现的野生植物加以开发，具备新颖性、特异性、一致性和稳定性并有适当命名的植物品种"。其中，对于"品种"的理解，可采《国际植物新品种保护公约》1991 年文本中的定义，即"已知植物最低分类单元中单一的植物群，不论授予育种者的权利的条件是否充分满足，该植物群可以是：以某一特定基因型或基因型组合表达的特征来确定；至少表现出上述的一种特性，以区别于任何其他植物群，并且作为一个分类单元其适用性经过繁殖不发生变化"。

由此可推，植物新品种权是权利人对植物新品种享有排他的独占权，权利人是完成育种的单位或者个人，但植物新品种权并不像著作权一样一旦育种完成就可能获得，而是需经国务院农业、林业主管部门授权才可以取得植物新品种权。另外，如同其他知识产权一样，植物新品种权也存在一定期限，并不是永久有效，例如藤本植物、林木、果树和观赏树木为20年，其他植物为15年，这也是法律为了调节品种权人合法利益和农业发展之间平衡所作出的努力。

（二）植物新品种权保护制度的沿革

1. 起源：植物新品种专利权保护

植物新品种的法律属性在最初就面临着是否能够成为发明的争论。"自然学说"认为植物新品种即使涵盖着"新"的特性，但也依然是自然的产品，遵循着生命学本身的内在逻辑和运行规律，人的介入虽然对植物品种产生了影响，但这并不是人类的"创造"所得，因此也不符合发明所需要的新颖性、创造性及实用性的要求，无法获得专利法的保护。

第一次世界大战之后，美国面临着粮食短缺的问题，一些私营主开始培育新的植物品种，这也让私营育种产业得到迅速发展，而后这些集团也开始向立法机构施压，以尝试通过法律赋权的方式使自己通过育种赚取利益。1930年美国的《植物专利法》出台在当时引起不小的轰动，因为植物可专利性的话题并未因此得到统一的答案，反而对此的反对意见居高不下。

欧盟则对植物新品种的可专利性显示出更为决绝的态度。1973年，欧盟大多数成员国一并签署了《欧洲专利公约》，其中特别强调，植物产品存在复制性，且若被专利法保护的话，植物产品的创造人会因享有垄断权对公共健康产生巨大的威胁，因此，明令禁止授予植物新品种以专利权。但随着生物技术的进步，植物新品种的研发得到快速发展，对专利权保护的呼声更为强烈，欧盟也开始不断尝试植物新品种的专利权保护途径，并在1998

年通过了《欧洲议会与欧洲联盟理事会关于生物技术发明的法律保护指令》（98/44/EC），将生物技术发明纳入专利权保护体系中，并规定保护范围包括"选择对相互依存的植物品种和发明（或者反之）颁发非排他的强制许可"。

2. 转折：植物新品种权保护

受到美国《植物专利法》的影响，得到启发的欧盟也意识到植物新品种知识产权保护渠道的重要性，这对于激励创新来说无疑具有重大的作用。1957年，欧盟在巴黎召开第一次国际大会，在各国发表意见的基础上，欧盟最终放弃以专利法保护植物新品种的模式，而是转而选择一种特殊的方式，即赋予专门的植物新品种权以能为培育和研发植物新品种付出劳动的人提供法律保护。1961年，比利时、法国、联邦德国、意大利和荷兰签订了《保护植物新品种国际公约》（UPOV），这一举动成为植物新品种发展中的里程碑，标志着植物新品种权在法律中获得了专门的认可。而后，该公约分别于1972年、1978年和1991年先后进行修改，每一次新的修订都向更加明确、清晰的植物新品种权范围及内容更进了一步，不断提高了对植物新品种的保护力度。

UPOV从建立到持续完善的过程中，也不断得到其他国家的认可和陆续加入。我国也不例外，在1999年加入UPOV。UPOV是目前世界上对植物新品种权保护最为完整和详细的公约，尤其是1991年的文本是目前现存法律中最为权威和全面的。但我国当时加入的是1978年版本，虽然在一些部门规章中也依据1991年文本进行一定完善，但尚且没有与1991年文本规定相同的权威法律文件，这导致我国在国际交流合作中有时面临相对滞后的局面。

其实像中国一样选择参加1978年文本的国家并不是少数，归根结底，导致这一现象的缘由是1991年的文本在发展中国家遭到了质疑。对植物新品种权的高水平保护，固然可以促进创新，但对于经济发展相对不足、生物资源相对匮乏、生物技术相对欠缺的发展中国家而言，极有可能因产权势力不均衡导致投入研发的成本激增，从而破坏或阻碍生物多样性及科研创新水平。①

3.现状：植物新品种的专利权保护及植物新品种权保护的协调

正是因为 UPOV 对发达国家持有生物先进技术的现状更为友好，因此，事实上，在很长一段时间内，植物新品种权保护制度在全世界推广的节奏并不快，大部分参加公约的国家都是欧美发达国家，直到 TRIPs 协定的签订。TRIPs 协定对成员国提出了保护知识产权的高要求，其中就包括对植物创新的知识产权保护。UPOV 构建的植物新品种权保护制度满足 TRIPs 协定的标准，这导致各个成员国为符合 TRIPs 协定的要求纷纷选择加入 UPOV，UPOV 的成员国数量也因此暴增。

UPOV 的有效实现，有赖于国内法的确定，植物新品种权与专利权之间的协调也成为各个国家自行规制的内容。目前全世界对植物新品种的保护模式主要有两种：一种是双轨制，也可以说是一种自由选择的模式，典型国家是美国，育种人可以根据自身情况选择单一的专利权保护或植物新品种权保护，也可以选择二者双重保护；另一种则是单一制，也就是强制选择的模式，以欧盟为典型，植物新品种权保护的客体只有植物品种的产品，而专利权的客体则是植物发明。目前，大多数国家都采用该模式，我国也是其中之一。我国《专利法》第二十五条明确规定"动物和植物品种"不授予专利权，但为培育植物新品种使用的方法或技术可以获得专利权保护。

二、植物新品种权的构成要件

我国虽然加入的是 UPOV 的 1978 年文本，但对植物新品种权的构成要件也参照的是 1991 年文本的表述。② 依据前述对植物新品种的定义，植物

---

① 参见董银果、张琳琛、王悦：《种业知识产权保护制度与植物育种创新的协同演化——基于历史回顾和文献综述视角》，《中国科技论坛》2022 年第 3 期。

② 参见刘春田主编：《知识产权法》（第五版），高等教育出版社 2019 年版，第 396 页。

新品种权的保护客体需要的构成要件是新颖性、特异性、一致性和稳定性。

（一）新颖性

新颖性是植物新品种申请中的审查重点，也是在实践中引起纠纷最多的问题。我国《植物新品种保护条例》第十四条对新颖性的定义为"申请品种权的植物新品种在申请日前该品种繁殖材料未被销售，或者经育种者许可，在中国境内销售该品种繁殖材料未超过 1 年；在中国境外销售藤本植物、林木、果树和观赏树木品种繁殖材料未超过 6 年，销售其他植物品种繁殖材料未超过 4 年"，基本承袭了 UPOV 的 1978 年文本内容。

但 UPOV 在 1991 年对新颖性的判断规则作出了一定修改，规定为"一个品种应被认为具有新颖性，如果在育种者权利申请书提交之日，该品种的繁殖或收获材料尚未因利用该品种之目的被育种者本人或经其同意出售或转让他人：(i) 在提交申请书的缔约方领土上距该提交日未超过 1 年；(ii) 在提交申请书的缔约方以外的领土上，距该提交日未超过 4 年，或在树木或藤本的情况下未超过 6 年"。同时关于新文本对前两个文本的溯及力也规定为"凡缔约方在对以前未实施本公约或先前文本的某一植物属或种实施本公约时，对在申请之日已有的某一品种可以看作符合（1）款规定的新培育的品种，即使其销售或转让他人早于该款规定的期限"。可以看出，1991 年文本较之 1978 年文本有两个更加明确的地方：一是强调植物新品种被育种者本人或经其同意出售及转让的目的必须是"以利用该品种"才会导致新颖性丧失的结果，当然，对"利用"如何理解，还需要各个国家通过国内法予以明确；二是将"收获材料"也作为申请品种权的植物新品种是否已被销售的考察对象，这与生物技术的不断发展息息相关，例如苹果树作为拟申请的植物新品种，从生产出的果实中有可能提取物质并培育出该苹果树，这就让这种收获材料与植物新品种之间有着无法分割的关系，因此收获材料的销售公开也会导致新颖性的丧失。

我国虽加入的是 UPOV 更早的文本，但也有一些规章制度根据 1991 年文本进行了相应修改，如 2014 年修订的《中华人民共和国植物新品种保护条例实施细则（农业部分）》（以下简称《植物新品种保护条例实施细则（农业部分）》）补充了新列入植物新品种保护名录的植物属或者种的新颖性规则，即"从名录公布之日起 1 年内提出的品种权申请，凡经过育种者许可，申请日前在中国境内销售该品种的繁殖材料未超过 4 年，符合《条例》规定的特异性、一致性和稳定性及命名要求的，农业部可以授予品种权"。

（二）特异性

所有的知识产权都具有一个特点，就是"区别"。著作权的要求之一是作者需要有独创性的表达；商标权的获得需要商标与其他人的商标之间能被区分；专利权的区别则体现在"新颖性"，即较之已有技术存在突出的、明显的进步；植物新品种权也不例外。这就是特异性的意义所在。我国《植物新品种保护条例》第十五条对特异性的定义为"申请品种权的植物新品种应当明显区别于在递交申请以前已知的植物品种"。

"区别"一词的含义并不属于法律问题，而是技术问题，只有具备相关专业知识的人才能够厘清这种差异，因此，在此不作讨论。但有另一个问题值得思考，就是"已知的植物品种"应作如何理解。《植物新品种保护条例》对此并没有作出解释，但寻回 UOPV 的 1978 年文本，当中对"已知"的参考因素规定为"已在进行栽培或销售，已经或正在法定的注册处登记，已登在参考文献中或已在刊物中准确描述过"，且强调"使品种能够确定和区别的特性，必须是能准确辨认和描述的"。2014 年修订的《植物新品种保护条例实施细则（农业部分）》并未采用以上说法，而是表达为"包括品种权申请初审合格公告、通过品种审定或者已推广应用的品种"。

我国立法文件中虽尚未明确"已知"的认定问题，但司法实践已有相关尝试。例如最高人民法院发布人民法院种业知识产权司法保护典型案例（第一批）中的"黑龙江阳光种业有限公司诉植物新品种复审委员会植物新品种申请驳回复审行政纠纷案"①。案件中，植物新品种复审委员会 2019 年 1 月 17 日作出《关于维持〈哈育 189 品种实质审查驳回决定〉的决定》，认定黑龙江阳光种业有限公司（简称"阳光种业公司"）于 2015 年 6 月 29 日提交"哈育 189"玉米品种权申请时，"利合 228"品种已于 2015 年 4 月 14 日公告初步审查合格，选择"利合 228"品种作为本申请的近似品种符合《中华人民共和国植物新品种保护条例》规定。阳光种业公司不服，认为"利合 228"在国内首次申请品种审定或品种权保护的时间均晚于"哈育 189"，不能作为评价"哈育 189"特异性的近似品种，诉请判决撤销被诉决定，并判令植物新品种复审委员会重新作出决定。北京知识产权法院一审认为，申请品种权的植物新品种是否具备特异性，其比较对象是递交申请以前的已知植物品种。"利合 228"品种权初审合格公告时间在"哈育 189"递交品种权申请之前，构成"哈育 189"品种权申请递交前已知的植物品种，可以作为判断"哈育 189"品种是否具有特异性的比较对象。本案品种权申请针对的是"哈育 189"，其何时申请品种审定对本案已知植物品种的判断不产生影响。上诉后，最高人民法院二审再次确认，"哈育 189"品种在 2015 年 6 月 29 日申请植物新品种权时，"利合 228"品种已经完成了品种权申请初审，被诉决定将"利合 228"玉米品种作为"哈育 189"品种权申请日之前的已知品种，就其相关特征、特性进行测试，与申请品种进行性状对比，于法有据。

（三）一致性

《植物新品种保护条例》第十六条将一致性定义为"申请品种权的植物

① 最高人民法院（2021）最高法知行终 453 号行政判决书。

新品种经过繁殖，除可以预见的变异外，其相关的特征或者特性一致"。这一定义其实更加接近于 UPOV 的 1991 年文本：一个品种从其繁殖的特点预期可能出现变异的情况下，如果其有关特性表现足够整齐一致，则该品种应被认为具有一致性。《最高人民法院关于审理侵害植物新品种权纠纷案件具体应用法律问题的若干规定（二）》进一步明确"受品种权保护的繁殖材料应当具有繁殖能力，且繁殖出的新个体与该授权品种的特征、特性相同"。

UPOV 制定的《植物新品种特异性、一致性和稳定性审查及性状统一描述总则》（*General Introduction to the Examination of Distinctness, Uniformity and Stability and the Development of Harmonized Descriptions of New Varieties of Plants*）完全引用了 UPOV 中的定义，且对"有关特性"的含义解释为"一个品种的相关性状至少包括用于 DUS 测试的所有性状，或该品种授权时包括在该品种描述中的全部性状"，其中，DUS 测试是植物新品种特异性（Distinctness）、一致性（Uniformity）和稳定性（Stability）测试工作，是植物新品种申请品种权必经的程序。

（四）稳定性

《植物新品种保护条例》第十七条将稳定性定义为"申请品种权的植物新品种经过反复繁殖后或者在特定繁殖周期结束时，其相关的特征或者特性保持不变"。其中对包括上述一致性定义提到的"相关的特征或者特性"，《植物新品种保护条例实施细则（农业部分)》解释为"至少包括用于特异性、一致性和稳定性测试的性状或者授权时进行品种描述的性状"。

稳定性看起来似乎和一致性相同，但事实上，前者更加强调时间纵轴上的表征，即代际之间应维持相同的性状，后者则是明确申请品种权的繁殖材料和授权品种应具有同一性。不过在实践中，由于稳定性和一致性在 DUS 测试周期内具有相同表现，因此也常常会结合起来。TGP/1 文件对是否"保持不变"提供了两种方案：一是直接根据一致性表现来评价稳定性；二是通过种植下一代与先前提供的材料进行比对。在新提交品种的 DUS 测试中，一般并不会设置专门针对稳定性的实验，而是直接根据一致性的结果进行稳定性的判断。

稳定性的判断亦只能通过实验结果完成，一般都会选择田间测试的方式。目前植物新品种权的审批单位所做的测试一般持续两个生长周期，多的时候也能达到三至四个周期，虽然看似时间不短，但对于一个植物品种来说，是否在不断繁殖的过程中出现特性的改变，是难以在这段时间里发现的。因此，在审批机关授权之后，认为有必要再次审视某植物新品种的稳定性时，可要求权利人再次提供新种植的一代，以同过去提交的品种进行特性比对。

三、植物新品种权的法律保护

（一）植物新品种权的内容

在我国植物新品种权保护的立法文件及司法实践中，常常出现育种者、申请人、品种权人等多种身份，而不同的身份也相应具有不同的权利内容。

1.育种者的权利

UPOV 的 1991 年文本中明文规定，"'育种者'系指：培育或发现并开发了一个品种的人；上述人员的雇主或按照有关缔约方的法律规定代理雇主工作的人；或视情况而定，上述第一个人或第二个人的继承人"。我国法律并未像 UPOV 一样对育种者的定义详细说明，但通过《植物新品种保护条例》第六条、第八条以及《植物新品种保护条例实施细则（农业部分）》的第八条，可知我国现行法规将"完成新品种育种的单位或者个人"算作育种者，这一概念与 UPOV 的规定存在一定差异，即对"新物种"的要求更为明确。

对于育种者的地位，实际上可以类比"作者"的内涵，从创新主体以及实际工作的角度来看，完成新品种育种就好比作者完成作品的创作。因此在职务育种、委托育种和合作育种情形下，权利归属规则与著作权一样，即职务育种的申请权属于单位；委托育种和合作育种由当事人在合同中约定，没有合同约定的，品种权属于受委托完成或者共同完成育种的单位或者个人。值得注意的是，育种者和作者仍然存在巨大的差别，著作权是"天赋人权"，作者只要完成创作即可自动获得；但育种者与植物新品种权之间还有一道桥梁，也就是申请程序，在这个过程中，如果申请人并不是育种者本身，那么育种者也无法成为品种权人。

根据《植物新品种保护条例》第六条的规定，完成育种的单位或者个人对其授权品种，享有排他的独占权。这种独占权并非育种者一直持有，独占权的具体内容是后文中品种权人的权利。一般情况下，完成育种的单位或者个人与品种权人是同一人，那么育种者也就当然具有完整的排他独占权；但在权利发生转移的情况下（例如职务育种、委托合同约定委托人是品种权人、育种者转让自己的申请权等），育种者便丧失了这种独占权，而与品种权人产生了分离。

除此之外，育种者也有像著作人身权一样的"署名权"，例如 2021 年修订后的《中华人民共和国种子法》（以下简称《种子法》）、《植物新品种保护条例》都规定"对植物新品种的特征、特性或者育种者身份等容易引起误解的"不得用于授权品种的命名。

2. 申请人的权利

申请人是向审批机关提出品种权申请的主体。顾名思义，这是一个阶段性的身份，持续时间为递交申请开始直至审批结果公布。若被授予品种权，申请人则转为品种权人；若未被授权，申请人的身份也因行政程序的终止而结束。总体而言，申请人的权利内容为修改权、撤回权以及转让权。对于转让权而言，转让申请权的，当事人应当订立书面合同，且应向行政主管部门登记，并经予以公告的才能生效；如果是国有单位转让或向外国人转让，还应当首先向行政主管部门申请审批。

3.品种权人的权利

品种权人是植物新品种权的主体，其所享有的权利是植物新品种权保护制度的基础条件，比起前述育种者及申请人，品种权人的权利无疑是最完整的。《植物新品种保护条例》第六条规定，"完成育种的单位或者个人对其授权品种，享有排他的独占权。任何单位或者个人未经品种权所有人（以下称"品种权人"）许可，不得为商业目的生产或者销售该授权品种的繁殖材料，不得为商业目的将该授权品种的繁殖材料重复使用于生产另一品种的繁殖材料；但是，本条例另有规定的除外"。具体而言，品种权人的权利主要有以下几项。

（1）生产权

植物新品种之所以能被法律保护，就是因为这种新品种可以通过代代繁殖获得一定商业利益，繁殖的过程就是生产。生产权是品种权人最基本的权利，只有将植物新品种产品种植出来，才有后续销售、许可、转让等活动的展开。生产权的侵犯必须要以商业目的为前提，植物新品种权不仅应犒劳品种权人的创新劳动，同时也应照顾到社会进步的创新资源，因此非商业目的的情况下，例如为科研活动生产未被授权的繁殖材料时，不构成侵权。

另外，对于繁殖材料的理解，《种子法》第二条规定，"本法所称种子，是指农作物和林木的种植材料或者繁殖材料，包括籽粒、果实、根、茎、苗、芽、叶、花等"；《植物新品种保护条例实施细则（农业部分）》也定义"繁殖材料是指可繁殖植物的种植材料或植物体的其他部分，包括籽粒、果实和根、茎、苗、芽、叶等"。在这里要注意一个逻辑，即籽粒、果实和根、茎、苗、芽、叶等只是有可能构成繁殖材料的各种样态，只有在满足所涉植物体繁殖出的植物的一部分或整个植物的新个体具有与该授权品种相同的特征特性这一前提要件时，才能被认定为属于繁殖材料。

（2）销售权

销售权的使用是品种权人获利最直接的方式。《植物新品种保护条例实施细则（农业部分）》列出销售形式包括：以买卖方式将申请品种的繁殖材料转移他人；以易货方式将申请品种的繁殖材料转移他人；以入股方式将申请品种的繁殖材料转移他人；以申请品种的繁殖材料签订生产协议；以其他方式销售的情形。当然，该规定本身针对的是《植物新品种保护条例》第十四条新颖性中的"销售"一词，但仍然可以为我们理解销售的多重形式提供借鉴。同时，《最高人民法院关于审理侵害植物新品种权纠纷案件具体应用法律问题的若干规定（二）》作出补充：以广告、展陈等方式作出销售授权品种的繁殖材料的意思表示的，人民法院可以以销售行为认定处理，这也是我国首次将许诺销售植物新品种的行为纳入规制范围。

（3）使用权

《种子法》《植物新品种保护条例》均规定，在未经品种权人许可的情况下，不得为商业目的将该授权品种的繁殖材料重复使用于生产另一品种的繁殖材料。使用权当中"使用"一词的范围要比平日里的理解更为狭窄，并不是只要利用了就可被认定为使用，而是要求"重复使用"及"生产另一品种的繁殖材料"这两个条件，其中，"重复使用"不应简单理解为次数的多少，应理解为重复以授权品种的繁殖材料为亲本与其他亲本另行繁殖的行为。在《最高人民法院关于审理侵害植物新品种权纠纷案件具体应用法律问题的若干规定》中也明确"被诉侵权人重复以授权品种的繁殖材料为亲本与其他亲本另行繁殖的，人民法院一般应当认定属于为商业目的将授权品种的繁殖材料重复使用于生产另一品种的繁殖材料"。

（4）许可权

《种子法》第二十八条规定："植物新品种权所有人可以将植物新品种权许可他人实施，并按照合同约定收取许可使用费；许可使用费可以采取固定价款、从推广收益中提成等方式收取"，这不仅授予了品种权人许可他人实施的权利，同时对许可费的类型也进行了建议，即固定价款或者提成价款的方式收取。

被许可人可在许可范围内进行生产、销售等活动，超出该领域也有可能构成侵权行为。《最高人民法院关于审理侵害植物新品种权纠纷案件具体应用法律问题的若干规定（二）》第七条规定，"受托人、被许可人超出与品种权人约定的规模或者区域生产、繁殖授权品种的繁殖材料，或者超出与品种权人约定的规模销售授权品种的繁殖材料，品种权人请求判令受托人、被许可人承担侵权责任的，人民法院依法予以支持"。

许可模式包括独占实施许可、排他实施许可、普通实施许可三种，具体选择由双方当事人协商决定。但不同许可模式对于被许可人而言，权利存在区别。例如《最高人民法院关于审理侵害植物新品种权纠纷案件具体应用法律问题的若干规定》第一条规定，"独占实施许可合同的被许可人可以单独向人民法院提起诉讼；排他实施许可合同的被许可人可以和品种权人共同起诉，也可以在品种权人不起诉时，自行提起诉讼；普通实施许可合同的被许可人经品种权人明确授权，可以提起诉讼"。

（5）转让权

转让与许可最大的区别在于前者是权利的移转，后者则是权利人（并不一定能享有完整品种权）的增加。转让人将自己的品种权转让给他人后，自己即不再享有该品种权。与申请权的转让一样，当事人除了订立转让合同以外，还必须要向相关主管部门登记并由主管部门公告，国有单位转让或向外国人转让的还必须先行主管部门报批。以上不仅仅只是单纯的公示程序，也是权利发生移转的必要条件，未通过主管部门登记及公告的主体无法在法律上被认定为品种权人。在《最高人民法院关于审理侵害植物新品种权纠纷案件具体应用法律问题的若干规定（二）》中就规定，"品种权转让未经国务院农业、林业主管部门登记、公告，受让人以品种权人名义提起侵害品种权诉讼的，人民法院不予受理"。

（6）追偿权

《植物新品种保护条例》第三十三条规定，"品种权被授予后，在自初步审查合格公告之日起至被授予品种权之日止的期间，对未经申请人许可，为商业目的生产或者销售该授权品种的繁殖材料的单位和个人，品种权人享有追偿的权利"。初步审查一般是申请人缴纳申请费后审批机关对植物品种的属种、申请人国籍、新颖性以及品种命名等情况的形式审查，通过初审后才会启动对植物品种的三性（特异性、一致性、稳定性）进行实质审查。这一阶段的审查使用的就是 DUS 测试，常常采取田间观察检测、基因指纹图谱检测等方法，检测一般需要观察两个周期，时间较长，很难保证在该段时间以内不会出现其他人为商业目的生产或者销售该授权品种的繁殖材料的情形。但此时，申请人尚未获得品种权，无法向行为人提出侵权之诉，故法律规定在品种权被授予后，可以向之前实施侵权行为的单位和个人主张追偿利益损失，且人民法院可以按照临时保护期使用费纠纷处理，并参照有关品种权实施许可费，结合品种类型、种植时间、经营规模、当时的市场价值等因素合理确定该使用费数额。

（二）植物新品种权的限制

植物新品种权作为一种知识产权，由于无形性的特征，亦无法对其占有，加之知识产权都肩负着促进创新的社会责任，因此对植物新品种权的垄断性也应具有一定限制。

1.合理使用

《种子法》第二十九条、《植物新品种保护条例》第十条规定，利用授权品种进行育种及其他科研活动，以及农民自繁自用授权品种的繁殖材料，可以不经植物新品种权所有人许可，不向其支付使用费。

一方面，对于科研活动而言，利用授权品种培育新品种是科研活动尚无争议，但实践中，培育出新品种后育种人常常会选择申请新的品种权，申请时需要提交一定样品，也就必然需要繁殖生产授权品种。对此，《最高人民法院关于审理侵害植物新品种权纠纷案件具体应用法律问题的若干规定（二）》明确，利用授权品种培育形成新品种后，为品种权申请、品种审定、品种登记需要而重复利用授权品种的繁殖材料的行为属于科研活动。具体适用本项规定时，应严格注意生产繁殖材料的目的，若育种人获得植物新品种权后，继续利用他人授权品种的繁殖材料生产新品种，且面向市场进行销售等行为，则属于"为商业目的"，应当取得授权品种的权利人许可。

另一方面，农民自繁自用的例外限制，体现出我国对农民群体的重视，保护了农民的合法权益。但《最高人民法院关于审理侵害植物新品种权纠纷案件具体应用法律问题的若干规定（二）》也特别解释，"农民在其家庭农村土地承包经营合同约定的土地范围内自繁自用授权品种的繁殖材料，权利人对此主张构成侵权的，人民法院不予支持。对前款规定以外的行为，被诉侵权人主张其行为属于种子法规定的农民自繁自用授权品种的繁殖材料的，人民法院应当综合考虑被诉侵权行为的目的、规模、是否营利等因素予以认定"。

2.强制许可

农业直接关乎着国民的生活质量，在有些紧急情况下一个植物新品种的生产有可能解决国家或社会的燃眉之急，若此时仍固守品种权人的绝对排他权利，无疑对国家利益及社会利益造成一定损害。因此，《种子法》及《植物新品种保护条例》都规定，为了国家利益或者公共利益，具有相关权限的主管机关可以作出实施植物新品种强制许可的决定，并予以登记和公告，取得实施强制许可的单位或者个人不享有独占的实施权，并且无权允许他人实施。同时，取得实施强制许可的单位或者个人应当付给品种权人合理的使用费，其数额由双方商定，双方不能达成协议的，由审批机关裁决。

3.合法来源

我国侵权损害赔偿责任的归责以行为人存在过错为原则，因此，当行为人并无过错时，也不应承担侵权损害赔偿责任。《最高人民法院关于审理侵害植物新品种权纠纷案件具体应用法律问题的若干规定（二）》就特别说明：销售不知道也不应当知道是未经品种权人许可而售出的被诉侵权品种繁殖材料，且举证证明具有合法来源的，人民法院可以不判令销售者承担赔偿责任，但应当判令其停止销售并承担权利人为制止侵权行为所支付的合理开支。且此时销售者应当承担相应的举证责任，证明其具有合法来源，包括购货渠道合法、价格合理、存在实际的具体供货方、销售行为符合相关生产经营许可制度等。

4.权利用尽

知识产权因为无形性等特性，存在权利用尽这一制度，其原理在于知识产权可以与物权相分离。适用该制度的目的是为了防止知识产权人对物权的垄断，从而影响及阻碍商品的正常市场流通。植物新品种权作为知识产权，理应同样适用权利用尽制度，但由于植物新品种具有繁殖性，为避免合法购买之后的无限繁殖现象，植物新品种权的权利用尽制度也会受到更多限制。为此，《最高人民法院关于审理侵害植物新品种权纠纷案件具体应用法律问题的若干规定（二）》第十条特别提出了两个例外：一是对该繁殖材料生产、繁殖后获得的繁殖材料进行生产、繁殖、销售的行为；二是为生产、繁殖目的将该繁殖材料出口到不保护该品种所属植物属或者种的国家或者地区的行为。

（三）侵犯植物新品种权的法律责任

侵犯植物新品种权的行为可被民事法律、行政法律以及刑事法律规制，根据造成的侵权结果的严重程度划分，可能承担民事责任、行政责任以及刑事责任。

1.民事责任

有侵犯植物新品种权行为的，由当事人协商解决，不愿协商或者协商不成的，可以直接向人民法院提起诉讼。人民法院审理侵害植物新品种权纠纷案件，应结合案件具体情况，判决侵权人承担停止侵害、赔偿损失等民事责任。关于赔偿数额，2021年新修订的《种子法》第七十二条规定：侵犯植物新品种权的赔偿数额按照权利人因被侵权所受到的实际损失确定；实际损失难以确定的，可以按照侵权人因侵权所获得的利益确定。权利人的损失或者侵权人获得的利益难以确定的，可以参照该植物新品种权许可使用费的倍数合理确定。故意侵犯植物新品种权，情节严重的，可以在按照上述方法确定数额的一倍以上五倍以下确定赔偿数额。权利人的损失、侵权人获得的利益和植物新品种权许可使用费均难以确定的，人民法院可以根据植物新品种权的类型、侵权行为的性质和情节等因素，确定给予五百万元以下的赔偿。赔偿数额应当包括权利人为制止侵权行为所支付的合理开支。

2.行政责任

《种子法》第七十二条第六款及第七款规定：县级以上人民政府农业农村、林业草原主管部门处理侵犯植物新品种权案件时，为了维护社会公共利益，责令侵权人停止侵权行为，没收违法所得和种子；货值金额不足五万元的，并处一万元以上二十五万元以下罚款；货值金额五万元以上的，并处货值金额五倍以上十倍以下罚款。假冒授权品种的，由县级以上人民政府农业农村、林业草原主管部门责令停止假冒行为，没收违法所得和种子；货值金额不足五万元的，并处一万元以上二十五万元以下罚款；货值金额五万元以上的，并处货值金额五倍以上十倍以下罚款。

3.刑事责任

其一，在上述假冒授权品种的行为中，若情节严重，构成犯罪的，将依法追究刑事责任。其二，侵犯植物新品种权的犯罪行为，在刑法中并没有设置专门罪名，实践中，会依据具体案情，可能会被认定为生产、销售伪劣产品罪，生产、销售伪劣农药、兽药、化肥、种子罪，假冒注册商标罪，诈骗罪，非法经营罪等。

📖 **案例分析**

植物新品种权的保护范围：蔡新光诉广州市润平商业有限公司侵害植物新品种权纠纷案 ①

蔡新光于 2009 年 11 月 10 日申请"三红蜜柚"植物新品种权，于 2014 年 1 月 1 日获准授权，品种权号为 CNA20090677.9，保护期限为 20 年。农业农村部植物新品种保护办公室作出的《农业植物新品种 DUS 测试现场考察报告》载明，品种暂定名称三红蜜柚，植物种类柑橘属，品种类型为无性繁殖。田间考察结果载明，申请品种的白皮层颜色为粉红，近似品种为白，具备特异性。考察结论为该申请品种具备特异性、一致性。所附照片载明，三红蜜柚果面颜色暗红、白皮层颜色粉红、果肉颜色紫，红肉蜜柚果面颜色黄绿、白皮层颜色白、果肉颜色红。以上事实有《植物新品种权证书》、植物新品种权年费缴费收据、《意见陈述书》、《品种权申请请求书》、《说明书》、《著录项目变更申报书》、《农业植物新品种 DUS 测试现场考察报告》等证据予以佐证。

蔡新光于 2018 年 3 月 23 日向广州知识产权法院提起诉讼，主张广州市润平商业有限公司（以下简称"润平公司"）连续大量销售"三红蜜柚"果实，侵害其获得的品种名称为"三红蜜柚"的植物新品种权。二审庭审中，蔡新光所请的专家辅助人称，柚子单胚，容易变异，该品种通过枝条、芽条、砧木或者分株进行繁殖，三红蜜柚果实有无籽粒以及籽粒是否退化具有不确定性。经审查，即便专门的科研单位，也难以通过三红蜜柚果实的籽粒繁育出蜜柚种苗。

【答案要点】 该案是最高人民法院 2021 年发布的指导案例 160 号。本案主要争议问题为润平公司销售被诉侵权蜜柚果实的行为是否构成对蔡新

---

① 最高人民法院〔2019〕最高法知民终 14 号民事判决书。

光三红蜜柚植物新品种权的侵害，其中，判断三红蜜柚植物新品种权的保护范围是本案的焦点。我国相关法律、行政法规以及规章对繁殖材料进行了列举，但是对于某一具体品种如何判定植物体的哪些部分为繁殖材料，并未明确规定。判断是否为某一授权品种的繁殖材料，在生物学上必须同时满足以下条件：其属于活体，具有繁殖的能力，并且繁殖出的新个体与该授权品种的特征特性相同。被诉侵权蜜柚果实是否为三红蜜柚品种的繁殖材料，不仅需要判断该果实是否具有繁殖能力，还需要判断该果实繁殖出的新个体是否具有果面颜色暗红、果肉颜色紫、白皮层颜色粉红的形态特征，如果不具有该授权品种的特征特性，则不属于三红蜜柚品种权所保护的繁殖材料。

对于三红蜜柚果实能否作为繁殖材料，本案被诉侵权蜜柚果实的籽粒及其汁胞均不具备繁殖授权品种三红蜜柚的能力，不属于三红蜜柚品种的繁殖材料。被诉侵权蜜柚果实是收获材料而非繁殖材料，不属于植物新品种权保护的范围。

问题与思考

1.植物新品种权的构成要件。

【答案要点】新颖性、特异性、一致性、稳定性。

2.植物新品种权的内容。

【答案要点】在我国法律文本及实务操作中，经常出现育种者、申请人、品种权人等身份概念，根据不同的身份，分析其享有的植物新品种权具体内容。

3.植物新品种权的限制。

【答案要点】合理使用、强制许可、合法来源、权利用尽。

第六章

知识产权管理

内容提要

本章主要从知识产权财产属性的角度，对知识产权创造、运用、保护过程中涉及法律和管理的相关事务进行分析。主要介绍专利权、商标权、著作权等在内的知识产权，并结合知识产权战略针对企业技术开发、成果转化、成果保护阐述知识产权管理的主要内容和手段。

第一节 知识产权管理概述

关键术语

知识产权管理；特征；职能；体系

基础知识

一、知识产权管理的概念与特征

（一）知识产权管理的概念

亨利·法约尔（Henri Fayol）在其名著《工业管理与一般管理》中给出"管

理"的概念之后，整整影响了一个世纪。法约尔认为：管理是所有的人类组织都有的一种活动，这种活动由计划、组织、指挥、协调和控制五项要素组成。因此，管理是管理者对管理对象加以计划、组织、指挥、协调和控制，使其发展符合组织目标的活动和过程。顾名思义，知识产权管理是知识产权人对知识产权实施计划、组织、指挥、协调和控制，使知识产权的发展能够符合组织目标的活动和过程。

知识产权管理主体包括政府机构、高校、科研院所、企业或自然人等知识产权人，知识产权人主要针对知识产权中的财产权实施管理。虽然知识产权无形，但我们仍然可以对知识产权中的无形财产进行科学管理，提高知识产权的价值。

（二）知识产权管理的特征

1. 合法性

知识产权行政管理机构实施知识产权管理应当依据有关的知识产权法律规范、规章制度和具体的管理规则进行，其包括管理主体资格合法、管理行为合法、管理方式合法与管理制度合法四个方面。

2. 市场性

知识产权管理活动必须遵循市场经济规律，知识产权的转让、许可等交易活动必须符合价值规律，以市场机制为导向，以市场效益为目标。

3. 动态性

知识产权管理市场的特点决定了管理者应当根据市场变化及时对知识产权管理工作作出相应调整，知识产权管理活动应该随着知识产权的法律状态的变化而变化，应该随着国家知识产权制度和政策的调整而变化。

4. 文化性

知识产权管理蕴含着深厚的文化底蕴，体现了知识产权管理者所具有的文化素养，促进知识产权文化的建构与形成。知识产权文化是人类在知识产权及相关活动中产生的影响知识产权事务的精神现象的总和，主要是指人们关于知识产权的认知、态度、信念、价值观以及涉及知识产权的行为方式。

5.国际性

知识产权制度作为国际上通行的一种法律制度，各国都有不同形式的知识产权管理。特别是在我国加入 WTO 以后，作为当代知识产权国际保护核心法律制度的 TRIPs 协议的实施，意味着知识产权保护的基本原则与标准在全球范围内实现了普遍性与一致性。

（三）知识产权管理的原则

知识产权管理不仅与知识产权创造、保护和运用一起构成了知识产权制度及其运作的主要内容，而且贯穿于知识产权创造、保护和运用的各个环节之中。

1.政府引导的原则

知识产权的授予利用以及知识产品的流通往往涉及多个主体之间的利益，因此政府对知识产权进行适当的管理就十分必要。政府引导的基本含义是指各级政府利用法律法规和行政政策等来确保权利人所有或控制的知识产权资源，按照其所期待的方式进行管理和利用，维护社会的创新活力。

2.依法管理的原则

管理者进行的管理活动既要遵循国家法律法规，也要遵循行业或企业的有关规定，同时还要遵守有关国际条约和惯例。

3.相互协作的原则

知识产权管理是一项综合复杂的工作，涉及许多部门和诸多方面。我国知识产权行政管理呈现出多头多级的局面，只有各部门相互协作，互相监督，知识产权管理工作才能顺利实行。

4.遵循价值规律的原则

知识产权运用是平等主体间的法律行为，因此，知识产权管理活动必须遵循市场经济的基本规律，充分利用知识产权制度与市场运行机制。

二、知识产权管理体系

（一）知识产权管理体系的概念

知识产权管理是一个系统的工程，有赖于高效的知识产权管理体系。知识产权管理体系是指将知识产权放在国家、行业、地区以及企业管理的战略层面，将知识产权管理理念、管理制度、管理机构、管理模式、管理人员等方面视为一个整体，界定并努力实现知识产权使命的系统工程。建立健全知识产权管理体系是知识产权管理的基础，也是管理方法、管理理念的全面革新。

（二）知识产权管理层次

知识产权管理在层次上可以分为宏观层面的管理和微观层面的管理。宏观层面的管理一般包括知识产权战略的制定、知识产权的规划实施、组织机构建设、管理规范的健全等层面。微观层面涉及事务型管理，主要立足基层管理和业务管理。知识产权日常管理包括知识产权管理办法的制定和执行，知识产权申请、登记、运用，知识产权保护方式和策略的选择等事务性管理活动。企业的知识产权管理大部分是微观层面的事务型管理。

对于国家来说，推进知识产权管理体系的建设，要求全面、系统地协调知识产权各方面的宏观调控和微观操作。各项规章制度的制定、相应措施的实施和经营活动的政策，都应以使知识产权发挥最大的经济效益和社会效益为目标。

对于地方来说，区域经济发展水平不平衡与消费者购买力不同等因素均影响着知识产权管理体系的制定与实施。沿海发达地区知识产权管理体系与西部知识产权管理体系的重点和模式应当因地制宜，发挥地方优势，地方政府应当协同行业共同推进知识产权管理体系的改革与完善。

对于企业来说，知识产权管理的使命随企业的不同而不同。有的着眼于服务创新，有的力图防范知识产权法律风险，有的争取知识产权资产的保值增值。总的说来，都是为了企业知识产权利益的最大化，从而为企业赢得竞争优势，实现企业的使命。

（三）我国知识产权行政管理机构

我国已经形成完备的全国知识产权行政管理体系，建立了自上而下的知识产权行政管理机构。在国家层次上有国家市场监督管理总局、国家知识产权局、公平交易局、国家标准化委员会、工业和信息化部等知识产权行政管理机构。在地方层次上，各省市都设有地方知识产权局等与中央相对应的部门和机构，负责本地区的知识产权管理工作。

国家市场监督管理总局的主要职责是负责市场综合监督管理，统一登记市场主体并建立信息公示和共享机制，组织市场监管综合执法工作，承担反垄断统一执法，规范和维护市场秩序，组织实施质量强国战略，负责工业产品质量安全、食品安全、特种设备安全监管，统一管理计量标准、检验检测、认证认可工作等。

国家知识产权局负责知识产权保护工作，推动知识产权保护体系建设，负责商标、专利、原产地地理标志的注册登记和行政裁决，指导商标、专利执法工作等。国家知识产权局的主要职责是负责拟订和组织实施国家知识产权战略，负责保护知识产权，负责促进知识产权运用，负责知识产权的审查注册登记和行政裁决，负责建立知识产权公共服务体系，负责统筹协调涉外知识产权事宜，完成党中央和国务院交办的其他任务等。

国家知识产权局与其他部门有关知识产权管理的职责分工：

（1）与国家市场监督管理总局的职责分工。国家知识产权局负责对商标专利执法工作的业务指导，制定并指导实施商标权、专利权确权和侵权判断标准，制定商标专利执法的检验、鉴定和其他相关标准，建立机制，做好政策标准衔接和信息通报等工作。国家市场监督管理总局负责组织指导商标专利执法工作。

（2）与商务部的职责分工。国家知识产权局负责统筹协调涉外知识产权事宜。商务部负责与经贸相关的多双边知识产权对外谈判、双边知识产权合作磋商机制及国内立场的协调等工作。

（3）与国家版权局的职责分工。有关著作权管理工作，按照党中央、国务院关于版权管理职能的规定分工执行。

（四）企业知识产权管理机构及职能

企业知识产权管理机构的职责是专门履行且执行知识产权管理事务。企业根据内部组织结构、企业涉及的知识产权种类、知识产权管理事务在企业管理中的重要程度，以及企业对知识产权的重视程度等，根据企业的不同需求，构建不同的知识产权管理机构，使其行使相应的管理职责。

1.企业知识产权管理体系的制定原则

（1）知识产权管理体系的科学性

企业在制定自身的知识产权管理体系时，应当符合我国知识产权法律制度的基本原则，符合知识产权管理的科学规律，符合企业科技进步与经济发展的客观需要，符合国际交流合作及国际惯例的共同准则。

（2）知识产权管理体系的系统性

企业制定的知识产权管理体系应当全面准确地反映知识产权管理活动的全貌，实现管理制度中部分与整体的协调统一。管理制度对可能出现的各种现象能充分有效地调整规制，管理制度与企业相关制度能实现高度的和谐一致。

2.企业知识产权管理机构类型

企业知识产权管理是一个动态管理过程。随着企业发展到不同阶段，知识产权在企业研发和经营活动中的重要程度会发生变化。企业知识产权管理机构一般包括三种类型：直属企业总部型、隶属于企业法务部门型和隶属于企业研发部门型。

（1）直属企业总部型。知识产权管理机构由公司总部直接管辖，作为独立部门配合技术部门和法务部门，对企业的知识产权实施全面管理，如制定企业知识产权战略、建立知识产权管理制度、构建知识产权激励机制等。直属管理机构可与公司高层及时沟通，与其他部门协调，但企业管理成本高，对管理人员要求较高，需要既熟悉法律事务又拥有相关技术背景的复合型管理人员。

（2）隶属于企业法务部门型。知识产权管理机构是设置在企业法务部门下一个相对独立的机构，负责知识产权法律相关事务。这种设置能够充分发挥法务人员在知识产权事务中的作用，且知识产权管理人员对企业知识产权法律事务较熟悉，但管理机构无法参与企业研发和产品布局等决策，不利于其与研发部门的沟通协调。

（3）隶属于企业研发部门型。知识产权管理机构设置在企业研发部门下，可充分发挥知识产权管理在技术研发中的作用，如在技术研发过程中进行专利挖掘、对研发人员进行必要的专利知识指导等工作。但知识产权管理机构在企业决策事务上影响较小，不利于与其他部门的沟通配合。

企业在组建知识产权管理机构时，应当根据所处行业的特点及企业自身的情况而定。随着企业发展阶段、知识产权种类和数量的增加，知识产权在企业发展中起着越来越重要的作用，可根据需要在企业的不同层级设置知识产权管理机构。

三、知识产权战略

（一）知识产权战略的概念

当今世界伴随着经济发展和科学技术的进步，特别是经济全球化和贸易自由化的发展，知识产权的创造、运用与保护面临的外部环境日益复杂和难以预测。面对竞争环境的快速变化、产业全球化竞争的加剧、竞争者富于侵略性的竞争行为以及竞争者对一系列竞争行为进行反应所带来的挑战，战略思维被越来越多地运用到知识产权领域。知识产权战略是一定时期内知识产权管理的长远性、全局性、指导性的发展规划，与国家、地区、行业与企业的整体发展战略相匹配。知识产权战略目标通常需要满足可接受性、可理解性、可实现性、可衡量性、一致性、灵活性的标准。知识产权战略的制定要考虑国家、地区与企业所处的知识产权的环境，只有认真分析和把握内外部环境变迁规律，才能科学地制定并实施知识产权战略。

（二）知识产权战略分类

以制定和实施知识产权战略的主体或层次为依照，知识产权战略可以划分为国家知识产权战略、区域（地方）知识产权战略、行业知识产权战略和企业知识产权战略四个层次。[①] 每一层次的知识产权战略不是分割独立的。其中国家知识产权战略着眼于宏观规划，是制定和实施其他层次知识产权战略时应遵循的指导原则和支撑体系。企业战略则着眼于微观管理，是国家战略、地区战略、行业战略最终落实的基础。企业知识产权战略是国家知识产权战略在微观层面的最为重要的组成部分，企业实施知识产权战略的能力直接关系到企业核心竞争力的培育以及地区乃至国家宏观战略目标的实现。

按战略目标预期实现的时间为参照标准，可以将知识产权战略目标分为长期目标和短期目标。知识产权战略的长期目标是国家、地区与企业在特定时期内对知识产权管理的结果的要求，而短期目标则是把长期的宏伟计划转化为年度的知识产权管理行动计划。如 2008 年颁布的《国家知识产权战略纲要》就分阶段地提出了我国的知识产权战略目标，根据规划，2008 年到

---

① 参见吴汉东：《中国知识产权蓝皮书（2007—2008）》，北京大学出版社 2009 年版，第 233 页。

2014年为战略转型期，2014年至2020年为跨越发展期。而2021年出台的《知识产权强国建设纲要（2021—2035年）》则提出了新时期、新阶段的知识产权战略目标，要求到2025年，知识产权强国建设取得明显成效，知识产权保护更加严格，社会满意度达到并保持较高水平，知识产权市场价值进一步凸显，品牌竞争力大幅提升。

（三）企业知识产权战略

对于企业来说，知识产权受制度和法律的调整与保护，有关知识产权政策和法律的变动必然会对企业知识产权战略产生直接影响。知识产权战略的制定需要紧密结合国家的政治法律环境、经济环境、社会文化环境与技术环境。此外，企业需要考虑其涉及所在的行业结构、性质、变动趋向、经营特征等内容，从行业规模、行业内制造商数量和分布、行业限制情况、行业技术变化和市场竞争范围、行业销售分布情况等方面分析企业所在行业的结构，对企业进行知识产权战略定位明确，在行业中建立自己的优势地位。要分析企业所在行业的竞争者的地位和布局、竞争者采取的竞争战略，以明确企业自身的竞争优势与劣势，为企业知识产权战略决策的拟定提供充分依据。

📖 案例分析

1.结合案例，谈谈你对企业知识产权管理重要性的理解。

重庆大学高校国家知识产权信息服务中心全程嵌入重庆三磨海达磨床有限公司技术研发、成果管理等环节，提供知识产权创造、保护、分析、管理全链条"多源信息融合服务"，助推企业创新发展。在上述企业申报2020年度国家技术发明奖的过程中，该中心将"多源信息融合服务"模式引入砂带磨削领域专利分析过程，完成对砂带磨削领域世界范围内竞争者的专利分析与评定，并从技术研发、专利布局等维度给予建议。此外，该中心搭建定制化的砂带磨削专题数据库，及时推送领域内知识产权公告信息，助力企业可持续发展。

近几年，重庆大学高校国家知识产权信息服务中心帮助企业形成了比较完善的知识产权管理体系，辅助企业制定行业标准带动行业发展。上述企业目前获得发明专利 13 件，以曲面精密砂带磨削、机器人自适应加工等技术为核心的新增发明专利申请 12 件。

【答案要点】知识产权一头连着创新，一头连着市场。在竞争激烈的创新之路上，知识产权管理无疑会对企业发展起到护航、助力的重要作用。尤其对于科技型企业而言，加强知识产权管理，可以使企业独享知识产权带来的市场利益，免于知识产权的流失，规避侵权风险，保证企业的经营安全。

2.结合案例，谈谈什么是企业知识产权管理。

1992 年 2 月，海尔集团成立了国内企业第一家知识产权办公室，由此拉开了企业知识产权工作的序幕。经过三十多年来在实践工作中的探索、改进，至今已形成了一套具有"海尔"特色的知识产权管理模式，使知识产权工作在企业的发展中发挥了巨大作用。在海尔，有关重大的知识产权规划、发展策略均由集团副总裁负责。集团总裁对专利工作提出的要求是："新产品立项前必须进行专利分析论证，而且专利的申请保护必须在产品实际生产前抢先进行"，这已成为企业专利工作者的工作准则。1998 年，海尔集团共申报专利 538 项，涉及全年开发出的所有 262 项新产品、新技术，为集团的技术创新工作提供了强有力的保障。在发展壮大过程中，坚持以技术创新求发展，加强对知识产权的保护，制定并实施一整套知识产权工作管理办法，是海尔集团成功的法宝之一。

【答案要点】企业知识产权管理制度是指针对企业的性质、经营目标、市场策略、技术开发与国际国内法律环境等因素，对企业的知识产权加以分析、评估、融合所建立的一套经营管理和法律保护制度。

问题与思考

1. 简述知识产权管理体系的基本内容。

【答案要点】知识产权管理体系是指将知识产权放在国家、行业、地区以及企业管理的战略层面,将知识产权管理理念、管理制度、管理机构、管理模式、管理人员等方面视为一个整体,界定并努力实现知识产权使命的系统工程。

2. 知识产权管理有哪些特征?

【答案要点】(1)合法性,知识产权管理应当依据有关的知识产权法律规范、规章制度和具体的管理规则进行。(2)市场性,知识产权管理活动必须遵循市场经济规律。(3)动态性,管理者应当根据市场变化及时对知识产权管理工作作出相应调整。(4)文化性,知识产权管理蕴含着深厚的文化底蕴,促进知识产权文化的建构与形成。(5)国际性,知识产权制度作为国际上通行的一种法律制度,各国都有不同形式的知识产权管理。

课程思政

阅读材料:加快推进知识产权强国建设(节选)①

党的十九届六中全会将强化知识产权创造、保护、运用写入《中共中央关于党的百年奋斗重大成就和历史经验的决议》,这是党对知识产权事业发展成就的充分肯定。回顾我国知识产权事业发展走过的非凡历程,从新中国成立之后的初步探索,到改革开放之后逐步走上正规化轨道,尤其是党的十八大以来,在以习近平同志为核心的党中央坚强领导下,知识产权事业实现大发展大跨越大提升,取得了举世瞩目的巨大成就。

---

① 《加快推进知识产权强国建设》,2022年9月5日,中国共产党新闻网,http://theory.people.com.cn/n1/2022/0905/c40531-32519158.html。

一是法律制度日益完善。我国建立了符合国际通行规则、门类较为齐全的知识产权法律制度，实现了从制度引进到适应国情、植根本土的重要转变。同时，我国加入了几乎所有主要的知识产权国际公约。特别是党的十八大以来，将知识产权写入了民法典，确立了依法保护知识产权的重大法律原则。对专利法、商标法、著作权法作了新一轮的修改，建立了国际上最高标准的惩罚性赔偿制度，为严格知识产权保护提供了有力的法律保障。推动第一个在中国签署并以中国城市命名的《视听表演北京条约》正式生效，加入了《工业品外观设计国际注册海牙协定》和版权方面的《关于为盲人、视力障碍者或其他印刷品阅读障碍者获得已出版作品提供便利的马拉喀什条约》，积极履行国际公约规定的各项责任义务，成为知识产权国际规则的坚定维护者、重要参与者和积极建设者。

二是管理体制不断健全。党的十八大以来，习近平总书记就知识产权工作作出一系列重要指示，多次主持召开中央全面深化改革委员会(领导小组)会议，审议通过《关于强化知识产权保护的意见》《关于开展知识产权综合管理改革试点总体方案》等重要文件，作出一系列重大部署。国务院印发《深入实施国家知识产权战略行动计划（2014—2020 年)》《关于新形势下加快知识产权强国建设的若干意见》《"十三五"国家知识产权保护和运用规划》等一系列重要文件，建立了知识产权战略实施工作部际联席会议制度，加强国家层面的宏观统筹。2018 年党和国家机构改革，组建了国家市场监督管理总局，重新组建国家知识产权局，实现了专利、商标、原产地地理标志、集成电路布图设计的集中统一管理和专利、商标的综合执法，解决了知识产权管理多头分散的问题，知识产权管理效能大幅提升。建立了多层级的地方知识产权管理机构，形成了横向协同、纵向贯通的管理体制和运行机制，极大提升了知识产权领域的治理能力和治理水平。

三是改革发展成就斐然。创造方面，持续提升知识产权审查质量和效率，截至 2022 年 6 月底，我国发明专利有效量达到 390.6 万件，有效注册商标量达到 4054.5 万件，累计批准地理标志产品 2493 个，核准地理标志作为集体商标、证明商标注册 6927 件，集成电路布图设计登记累计发证 5.7 万件。特别是通过实施专利质量提升工程、商标品牌战略和地理标志运用促进工程，核心专利、知名商标、优质地理标志产品等持续增加。保护方面，统筹推进严保护、大保护、快保护、同保护各项工作，知识产权保护社会满意度达到 80.61 分，整体步入良好状态。运用方面，统筹推进建机制、建平台、促产业各项工作，2020 年，专利密集型产业增加值达到 12.13 万亿元，占 GDP 的比重达到 11.97%，成为经济高质量发展的重要支撑。全球领先的 5000 个品牌中，中国占到 408 个，总价值达 1.6 万亿美元。我们还通过专利技术强农、商标品牌富农、地理标志兴农，打造了知识产权助力精准脱贫的中国样本。服务方面，持续深化知识产权领域"放管服"改革，实施知识产权公共服务能力提升工程，公共服务的标准化、规范化、便利化水平不断提升。

四是国际影响显著提升。我国在世界知识产权组织发布的《全球创新指数报告》中的排名，由 2013 年的第 35 位提升至 2021 年的第 12 位，稳居中等收入经济体之首，是世界上进步最快的国家之一。特别是在多个细分指标上表现良好，PCT 国际专利申请量自 2019 年起连续三年居世界首位，知识产权收入在贸易总额中的占比持续提高，进入全球百强的科技集群数量跃居全球第二，表明我国正在从知识产权引进大国向知识产权创造大国转变。世界知识产权组织表示，中国排名持续稳步上升，预示着全球创新地理格局正在向东方转移。

第二节　知识产权创造管理

☑ 关键术语

技术开发；著作权管理；商标申请

📄 **基础知识**

知识产权创造是知识产权管理、运用和保护的前提。有效取得知识产权对创新型企业来讲尤为重要，一国知识财产存量的增加也意味着国际竞争力的提升。本节主要探讨技术开发与专利申请、文化创意产品的著作权管理、商业标志的设计与申请等问题。

一、技术开发与专利申请

（一）技术开发的概念和作用

技术开发是指利用现有知识，为生产新的材料、产品和装置，建立新的工艺、系统和服务以及对已生产和已建立的上述各项进行实质性改进而进行的系统性工作。包括：产品开发、设备和工具开发、工艺开发、能源和原材料开发、改善环境技术开发等。技术开发的实质是企业为了提升产品的市场竞争力而进行的有目的的发明创造活动。

科技是第一生产力，技术开发活动对科技型企业的发展起着很重要的作用，现代大中型企业的发展壮大无不是以技术的进步为基石。技术不仅是企业的无形资产，同时也是企业在市场中获得最大利润的有力保障，企业之间的竞争大都是技术开发间的竞争。技术开发的作用主要体现在以下几点。

1.技术开发有利于降低成本，增加企业利润

企业的技术开发可以提高产品工艺和制造水平，淘汰落后生产工艺，减少原材料消耗，提高生产效率，合理降低生产成本。同时技术开发可以使产品满足消费者最新需求，比市场其他同类产品更具竞争力，企业利润也会因产品销量的上涨而增加。企业通过技术开发活动获得本行业具有领先水平的科技成果，从而增强企业的科技实力和行业影响力。

2.通过专利申请，获得技术的独占实施权

企业研发出新工艺、新产品后，可通过向国家知识产权局专利申请的方式来获得对该专利的独占实施权，其后的企业即使独立研发出相同的专利也不能实施该技术。专利权具有极强的独占性和垄断性，能够排斥其他人未经许可实施专利权人的专利技术，还能对抗其他人自己取得的与专利权人的技术相同的技术。企业可以通过许可、信托、转让等方式利用该项技术，同时专利申请可与企业不同发展阶段的知识产权战略相结合，在市场竞争中帮助企业始终处于主导地位，成为企业发展的助推器。

3.获得竞争性产品，有利于占领市场

新产品投入市场时一般同类产品较少，竞争不太激烈，同时在产品功能、外观上有更优的改造，加之消费者有求新的特点，企业在做好宣传的基础上，容易占领市场，在消费者中树立行业领导者的形象，赢得消费者的信任；可以更好适应市场需求，对后续跟随的企业来讲具有先发优势，聚焦关键技术的革新与开发，得以实现企业最佳经济效益。

（二）专利检索

专利检索是指从众多的专利信息数据库中，根据一项或几项数据特征，迅速而准确地查找到与这些数据特征相匹配的专利文献或信息的方法和过程。当今世界，正处于第五次技术革命向第六次技术革命转变的时期，只有善于掌握并应用最新技术，企业和国家才能在激烈的竞争中立足。世界上专利众多，任何企业或个人都不能保证自己的发明创造是独一无二且之前没有任何人提出专利申请。为了保证技术开发的新颖性和创造性，了解相关技术领域最新发展状态，避免重复研制，需要对专利信息进行检索。据 WIPO 统计，世界上每年发明创造成果中的 90%—95%能在专利文献中查到，且其中大部分发明创造成果未通过其他途径予以公开，无法通过专利文献以外的方式查找公开。第二十一届中国专利奖中，海尔以"一种双滚筒洗衣机"专利（专利号：ZL201310285065.0）入选专利奖金奖名单。该产品也使海尔通过全球专利检索及情报分析，真正实现了"用户需求在哪里，研发就在哪里"，让用户需求与产品功能精准对接，使研发流程大大缩短。在全球范围内进行研发资源共享，这也让海尔在国际上赢得了更多的话语权。专利文献包含丰富的法律、经济、技术信息，专利检索的重要性和意义可以归纳为以下几点。

1.缩短研制周期，提高科研水平

通过专利检索，技术人员可以通过充分公开的专利，从已有的技术方案中得到启发，研发出新产品或提供新的解决方案。同时可以充分挖掘失效专利或因某种原因被放弃的专利，这些专利往往存在很大的市场前景和商业价值，技术人员通过这些公开的专利文书，避免了重复开发。据世界知识产权组织统计分析，科学利用专利信息，可以减少60%的研发时间和40%的研发费用，专利检索对企业的发展也起着至关重要的作用。

2.完善技术方案，为专利的新颖性、创造性提供依据

通过申请前的初步检索，可以获得与该技术发明相关的对比文件，若存在可借鉴之处，则申请人可据此完善技术方案，找到专利最佳的保护效果，帮助专利代理人更好地起草专利文书。同时根据搜集到的专利文献，能很好地评价专利是否有获得授权的可能，为专利的新颖性、创造性提供依据。

3.预测技术发展趋势，及时调整企业发展重心

技术预测是科研人员通过调查某一技术领域中的科学技术发展的历史和现状，研究其发展规律，从而对它的发展趋势作出定性和定量的分析和判断。通过对某技术领域专利申请的变化情况进行观察和追溯检索，就可以了解该项技术现状和动向，预测其发展趋势。通过对某技术领域专利申请量变化、专利主要申请企业等分析，可以对该技术的发展趋势作出研判，在他人的技术上开发出更有竞争力的产品，及时调整企业发展战略，制订新的研发计划。

（三）专利分析

专利分析指通过对专利检索获得的相关技术领域的专利信息进行分析、

加工，利用统计学的方法和技巧将这些专利信息转化为总揽全局及预测功能的技术情报，为企业的科技研发、产品研制、市场开发决策提供服务。专利分析是企业研发创新、专利管理、商业决策的重要工具，知名高科技企业均设有专门的专利分析团队，如索尼、丰田、辉瑞等。通过专利分析可以帮助企业制定正确的市场发展战略，高效地进行专利布局和专利侵权监控预警。

专利分析根据对专利文献提取信息要素不同，可以分为以下几类。

1. 申请人情况分析

申请人情况分析是指在特定技术领域，按照申请人或授权专利数量，进行统计分析。企业的核心产品和研发项目都可以通过专利申请得到一定反映，通过分析某一技术领域的专利申请量和专利申请人，可以大致了解该领域的技术领先者和技术强势领域，为企业实施技术合作、技术授权和研发战略制定提供帮助。

2. 专利种类分析

我国专利分为发明、实用新型和外观设计。通过比较某一技术领域三种不同类型专利申请量的占比，可以分析某一技术领域发展进程。如果某一技术领域只有发明专利，多为技术基础性研究成果，说明该技术领域处于起步阶段；如果某一技术领域在一定的发明专利基础上，还有较多的实用新型和外观设计，则该技术领域已经处于成长成熟阶段。

3. 时间趋势分析

指以时间为轴，将企业、技术领域的专利数量作为变量考察其随实践的变化规律。专利申请量在一定程度上体现了市场需求，通过逐年专利申请量变化的分析，企业可以对技术发展趋势和市场需求变化作出预测。

4. 专利家族分析

专利家族包括狭义和广义两种。狭义的专利家族是指同一件专利在不同国家申请的集合。广义的专利家族是指同一件专利后续衍生出的不同申请案，包括分割案、连续案和部分连续案等，也即为同一技术发明揭露后，后续持续衍生的不同专利申请情况。企业申请专利是为了获得技术垄断权,获取最大经济效益,只有在一国市场有利可图时,企业才会在该国申请专利。通过分析企业在哪些国家提交了专利申请,可以了解申请人的经营策略和战略布局,有助于企业的市场开拓和产业布局。

(四)专利地图与专利申请

1.专利地图

专利地图是将检索到的各类专利信息,通过整理、加工、综合和归纳,制作成各种具有直观性、可供分析解读的图表,从中展现蕴含专利数据内的各类有价值信息,帮助分析技术布局,为企业制定经营、生产、研发、专利等战略服务。专利地图不仅可以从宏观数据统计层面分析得出技术发展趋势、热点技术分布、核心专利权人、法律状态等信息,还可以将专利技术进行人工分类,将不同类别的专利汇总在一起形成关于此项技术的专利数据库。通过数据库,阅读者可以直接查看专利全文信息,使其能在自己感兴趣的领域迅速查找专利文献。而且,专利地图查找专利文献的查全率和查准率都非常高,省去了编辑专利检索式,以及在网站进行检索、筛选和判断的过程,从而为专利部门和研发部门使用专利信息提供了优秀工具。

专利地图的应用不仅体现在产品研发和专利申请中,在应对专利侵权时其作用也会得到很好的发挥。2019年,我国按摩器具行业知名企业奥佳华智能健康科技集团股份有限公司(简称"奥佳华")接到美国一销售按摩椅产品的L公司的律师函,声称奥佳华美国子公司销售的12款带触控平板的按摩椅侵犯了其发明专利权。奥佳华积极利用"专利地图"数据,通过全球按摩椅"专利地图",共同对该公司的美国专利进行了侵权分析和无效分析,最终发现,一家日企在先公开的发明专利可以构成L公司涉案专利无效的证据。于是,奥佳华按照美国专利法撰写了英文版涉案专利无效报告,并将报告发送给L公司。经过沟通,L公司接受了奥佳华的意见,放弃继续投诉奥佳华。

2.专利申请

（1）确定是否申请专利

技术成果是否申请专利主要应考虑以下几方面的因素：①产品或技术生命周期的长短：如果技术不易破解、技术不会随着产品的销售而公开，经济效益长久，可采用技术秘密方式来保护技术成果，否则应该申请专利来保护技术成果。②产品或技术是否容易被反向工程破解：如果产品加密性很好，不容易被反向工程破解其核心技术，可采用技术秘密保护方式，否则应该申请专利。③技术应用前景：专利申请和维持需要较高的花费，如果技术成果没有好的市场预期，可以不申请专利；但如果技术应用前景广泛，能够为企业带来可观的经济利益，则应该申请专利，如苹果公司的滑动解锁技术专利，为公司带来了可观的经济利益。④技术的创造性程度：创新较低的技术，不容易获得专利授权，如果是一些技术诀窍，采取技术秘密保护方式更合适。专利权有保护期限，自申请日起，发明专利 20 年，实用型新专利 10 年，外观设计专利 15 年，商业秘密没有保护期限限制。

（2）确定是否委托专利代理人

专利申请是一项专业性很强的工作，提交的专利申请文件需要符合严格的规定，且一件专利从申请到授权经历的时间长、程序复杂，需要懂法律和技术的专业人才与专利局审查员沟通交流。具体来说，专利代理人能够指导和协助发明人检索专利文献，进一步明确专利要解决的技术问题和发明点，突出专利的创新性，撰写专业的专利说明书和权利要求书，提高专利申请质量，在专利审查过程中利用专业知识答复审查意见，缩短专利审查周期，监控申请文件的各种期限，等等。

（3）确定申请何种类型的专利

我国专利法保护的客体包括发明、实用新型和外观设计。发明专利既可以是产品，也可以是方法，且经过形式审查和实质审查才能授权，权利状态相对稳定，但授权条件严格，获得权利的时间较长，保护期限较长。实用新型专利和外观设计专利的保护对象只能是产品，且必须是有固定形状的工业产品，仅经过形式审查即可授权，权利的稳定性相对较差，但获授权的时间短，保护期限也较短。

选择申请何种专利类型，既需要考虑技术成果本身的特性、保护对象的要求，还需要考虑技术成果的市场前景、技术的生命周期、产品更新换代的时间等因素。一般来说，如果技术成果为开创性的发明，或者创新程度较高，且产品的市场占有周期较长，或技术成果是方法创新，则适宜申请发明专利。如果技术成果为技术革新、小发明，仅涉及产品的结构和构造的改进，且需要将产品尽快推向市场，产品的更新换代快，则适宜申请实用新型专利。如果技术成果仅仅是产品的形状、构造和色彩的改进，主要的创新点在于产品的新颖外观，则适宜申请外观设计专利。

（4）确定提出专利申请的时机

我国专利申请采取先申请原则，即对于同样的发明创造，专利权授予先提出申请的申请人。在通常情况下，申请人应尽早申请专利，以防止他人申请在先而使自己丧失权利，或自己的使用受到限制。例如，英国工业家威廉的人造茜素专利申请仅比德国克虏伯公司的申请晚一天，但就是这一天之差使德国克虏伯公司的专利技术占领英国市场达 14 年之久。但专利申请未必越早越好，如果市场还不成熟，或者不具备实施的条件和环境，申请专利权不仅不能从中获得应有的经济回报，反而还需要支付专利维持费。因此，发明人要对自己的技术成果进行准确的评价和认识，最好在发明创造基本完成、发明构思成熟、技术方案完整、技术实施路线清晰、请求保护的范围比较明确时就提出专利申请。

（5）确定请求保护的专利权的范围

对专利申请人来说，专利权的保护范围越大越好。专利权的范围越大，其他人侵权的可能性越大，在专利侵权诉讼中对专利权人就越有利。如果保护范围过小，将导致获得的专利权不能对申请人的发明创造成果进行有效保护，使申请人蒙受损失。但在专利审查过程中，如果撰写的权利要求保护范围过大，容易导致专利不具备新颖性或创造性而不能获得授权。因此，知识产权管理人员应该指导技术开发人员对自己的发明创造与现有技术有清楚的认识，正确界定专利权保护范围。

(6) 确定专利申请国别

专利具有地域性，一个国家授予的专利权只在该国有效，因此，申请人应根据自己专利产品的销售地区和专利技术的主要应用地区来决定申请专利的国家或地区。也有很多跨国公司在产品或业务进入其他国家或地区之前就提前在进行专利布局，为企业的发展开疆拓土。

二、文化创意产品的著作权管理

文化创意产品是指通过创造性的智力劳动成果，进行研究、开发、生产、交易、使用或体验的文化产品。[①]文化创意产品来源于文化创意产业，文化创意产业的概念最早出现在 1998 年出台的英国创意产业路径文件中，该文件明确提出，"所谓创意产业，就是指那些从个人的创造力、技能和天分中获取发展动力的企业，以及那些通过对知识产权的开发可创造潜在财富和就业机会的活动"[②]。在科技飞速发展的今天，文化创意产业包括但不限于数字出版、网络游戏、动漫、广播影视、雕塑、手工艺、音乐、视觉艺术、表演艺术、工艺与设计等产业部门。文化创意产业是创造财富的产业，文化创意产业的发展依赖于著作权的保护水平。目前我国《著作权法》及相关法律法规对作品保护范围基本涵盖了文化创意产品的类别。

---

① 参见安雪梅：《知识产权管理》，法律出版社 2015 年版，第 193 页。
② 转引自李玉香：《文化产业及著作权保护》，《人民司法》2010 年第 21 期。

（一）著作权的定义及分类

著作权又称为版权，是指自然人、法人或其他组织对文学、艺术和科学等作品依法享有的财产权利和人身权利的总称。著作权存在于文学、艺术、科学领域，是与文化领域有关的智力成果权。

根据我国《著作权法》的规定，著作权分为著作人身权、著作财产权两部分。著作人身权是作者对其作品所享有的各种与人身相联系或者密不可分而又无直接财产内容的权利，作者通过创作表现个人风格的作品而依法享有获得名誉、声望和维护作品完整性的权利。该权利由作者终身享有，不可转让、剥夺和限制。著作人身权包含发表权、署名权、修改权和保护作品完整权。著作财产权是对作品的使用、收益和处分的权利，包括复制权、发行权、出租权、展览权、表演权等权利。

广义的著作权还包括邻接权，邻接权是作品传播者对在传播作品过程中产生的劳动成果依法享有的专有权利，又称为作品传播者或与著作权有关的权益。在传播作品的过程中，邻接权人的利益也受到法律保护。

（二）软件著作权登记管理

根据我国《著作权法》的规定，著作权自作品创作完成之日起自动产生，无须经过任何批准或登记手续。此外，无论作品是否发表，只要作品已经创作完成就能取得著作权的保护。对企业知识产权管理来说，主要涉及的是对著作财产权的管理。对于大多数工业企业来说，主要从事产品的生产、制造和销售。随着互联网的发展，各种互联网公司、动漫企业、网络平台等蓬勃发展，著作权是这些企业的生命线，没有著作权，这些企业就难以在市场竞争中立足和发展壮大。软件著作权是软件企业的生命，美国微软公司能在短短二十几年就成为世界软件开发的引领者，美国发达的计算机软件著作权保护制度功不可没。一个软件产品的开发，需要企业投入大量的人力、财力和时间，而软件的盗版却是轻而易举、低成本就能实现。如果没有著作权的保护，市场上将充斥盗版软件，企业的投资将得不到回报，企业开发者就没有进一步创新的积极性，社会公众也不能享用功能越来越完善和强大的计算机软件。根据我国《计算机保护条例》的规定，计算机软件是指计算机程序及有关文档。计算机程序是指为了得到某种结果而可以由计算机等具有信息处理能力的装置执行的代码化指令序列，或者可以被自动转换成代码化指令序列的符号化指令序列或者符号化语句序列。同一计算机程序的源程序和目标程序为同一作品。对计算机软件著作权的保护，不延及开发软件所用的思想、处理过程、操作方法或者数学概念等。

软件著作权人可以向国务院著作权行政管理部门认定的软件登记机构办理登记。软件登记机构发放的登记证明文件是登记事项的初步证明。软件著作权的取得虽不以登记为前提，但办理软件著作权登记无论对企业还是个人都是百利而无一害的，《软件著作权登记证书》是在软件著作权发生争议时证明软件权利的最有利证据，同时也是企业拥有自主知识产权的证明。软件著作权自软件开发完成之日起产生。自然人的软件著作权，保护期为自然人终生及其死亡后 50 年，截止于自然人死亡后第 50 年的 12 月 31 日；软件是合作开发的，截止于最后死亡的自然人死亡后第 50 年的 12 月 31 日。法人或者其他组织的软件著作权，保护期为 50 年，截止于软件首次发表后第 50 年的 12 月 31 日。但软件自开发完成之日起 50 年内未发表的，不再保护。

（三）民间文学艺术作品管理

民间文学艺术作品随着知识经济时代的到来，其经济价值、文化价值得以凸显，但在利用过程中产生的滥用和利益冲突问题越来越引起民间文学艺术作品来源群体的忧虑。我国民间文学艺术作品种类繁多，传统文化资源丰富多样。中华文明历经几千年的积淀，有着丰富的文化资源。完善相关产业链，利用好这些传统文化资源，不仅助力社会主义文化强国建设，还是参与国际规则制定、争夺国际话语权的重要手段。《花木兰》《功夫熊猫》等国外创作的以我国传统文化元素为背景的电影在我国收益巨大，而我国民间文学艺术作品的传承人和参与者在巨大利益分配中处于劣势。不公平的利益分配机制越来越成为人们关注的焦点，知识产权法下民间文学艺术作品管理机制研究成为热点。2005 年，张艺谋导演的电影《千里走单骑》上映。影片拍摄时，安顺市詹家屯的八位地戏演员应邀前往丽江，表演了"安顺地戏"传统剧目中的《战潼关》和《千里走单骑》。这些表演被剪辑到《千里走单骑》影片中，但影片却称之为"云南面具戏"。于是 2010 年贵州省安顺市文化体育局将剧组告上法庭，认为被告将特殊地域性、表现唯一性的非遗作品安顺地戏误导成云南面具戏，侵犯了原告的署名权。此案在北京一中院经一审及终审宣判，法院认为涉案影片《千里走单骑》使用"安顺地戏"进行一定程度创作虚构，并不违反我国著作权法的规定，且"安顺地戏"是剧种，不是作品，不受著作权法保护。此案号称"中国第一起非物质文化遗产侵权的案件"，引发了各界对于非物质文化遗产法制建设的广泛讨论。2011 年公布施行的《非物质文化遗产法》中将涉及非遗使用和利用中产生的民事权利的保护明确指向了知识产权法的运用，它不仅明确了非遗保护私法模式建构的理论途径和法律依据，也对知识产权法的实践运用提出了新的理论要求和完善方向。

1976 年，联合国教科文组织和世界知识产权组织联合制定了《发展中国家突尼斯版权示范法》，将民间文学艺术定义为在某一国家领土范围内可认定由该国国民或者种族群落创作的、代代相传并构成其传统文化遗产之基本组成部分的全部文学、艺术和科学作品。《民间文学艺术作品著作权保护条例（征求意见稿）》第二条指出，民间文学艺术作品，是指由特定的民族、族群或者社群内不特定成员集体创作和世代传承，并体现其传统观念和文化价值的文学艺术的表达。民间文学艺术作品包括但不限于民间故事、传说、诗歌、歌谣、谚语等以言语或者文字形式表达的作品；民间歌曲、器乐等以音乐形式表达的作品；民间舞蹈、歌舞、戏曲、曲艺等以动作、姿势、表情等形式表达的作品。

我国《著作权法》第六条规定，民间文学艺术作品的著作权保护办法由国务院另行规定。《知识产权强国建设纲要和"十四五"规划实施年度推进计划》中提到要推进《民间文学艺术作品著作权保护条例》的制定。2014年9月，国家版权局向社会公布了《民间文学艺术作品著作权保护条例（征求意见稿）》（以下简称"《条例》意见稿"），其目的是保护民间文学艺术作品，保障民间文学艺术作品的有序使用，鼓励民间文学艺术传承和发展。《条例》意见稿第五条规定了民间文学艺术作品的著作权属于特定的民族、族群或社群。民间文学艺术作品具有很强的集体性，是特定群体的世代创作与传承，面对世界发达国家的主流文化输入与不断增强的版权保护，利用好我国丰富的民间文学艺术作品，是弘扬我国优秀传统文化、提升文化软实力、在激荡的各国文化交流碰撞中站稳脚跟的关键。

三、商业标志的设计与申请

商业标志作为无形资产，承载了企业的商誉，是生产经营者在商业活动中使用的，用以表明商品或服务一定特征的统称。商标的取得，一般来说通过使用商标和商标注册两种方式。我国采取自愿注册的原则，商标注册与否均可使用，未注册的商标同样可以使用。但是，《商标法》中规定的获得保护的商标是注册意义上的商标；对于未注册的商标，不能依据《商标法》进行保护，只能按照《民法典》的一般原则以及《反不正当竞争法》的有关规定予以保护。因此，企业发展到一定阶段时应对其使用的商标进行注册。

（一）商业标志设计与构成

《商标法》第八条规定，任何能够将自然人、法人或者其他组织的商品与他人的商品区别开的标志，包括文字、图形、字母、数字、三维标志、颜色组合和声音等，以及上述要素的组合，均可以作为商标申请注册。商标的构成要素可以是文字、图形、颜色组合、三维构型和声音等，这几种要素可以单独作为商标注册，也可以选择两个或者更多要素组合起来，注册组合商标。但《商标法》第十条和第十一条对哪些标志不能作为商标使用予以规定，如国家名称、国旗、军旗等。企业在选择注册商标时应当予以重视。

（二）驰名商标与商标申请

驰名商标是指为相关公众所熟知的商标，驰名商标的保护范围要广于普通商标。普通商标的保护范围仅及于与注册商标所注册的商品相同或类似的商品上不得使用与注册商标相同或近似的商标或者其他商业标记，而驰名商标采用跨类保护原则，无论驰名商标的权利人是否在其他商品类别上从事商品经营活动，都有权禁止其他人再使用与驰名商标相同或近似的标志。一般来说，驰名商标的商业价值远大于普通商标，商标权人通过提升商品或服务质量，提高企业竞争力，有时商标等无形资产的价值比企业的固定资产占比重。以下是2021年全球十大最佳品牌排行表。

排名	1	2	3	4	5	6	7	8	9	10
品牌	苹果	亚马逊	微软	谷歌	三星	可口可乐	丰田	梅赛德斯-奔驰	麦当劳	迪士尼
品牌价值（亿美元）	4082	2492	2101	1968	746	574	541	508	458	441

数据来源：世界著名品牌顾问公司"Interbrand 国际品牌"2021 全球最佳品牌排名表。

企业申请注册商标应该突出企业产品特色，结合企业的品牌形象进行商标设计。企业在进行商标注册申请前应该进行商标检索，确定是否有其他企业在相同或近似的商品或服务上注册了与企业拟注册商标相同或近似的商标，应该突出自己拟申请注册商标与在先注册商标的区别点，使商标满足显著性要求。[①] 两个或两个以上的申请人，在相同或类似的商品或服务上以相同或者类似商标申请注册时，商标权授予最先申请的人。如果他人申请注册的商标与自己已经使用的商标完全相同或近似，应该利用商标注册中的异议程序，及时对他人申请注册的商标提出异议。

根据《商标法》的规定，在申请注册商标时必须按照商品与服务分类申请注册，每一商品或服务类别都必须单独申请注册。根据《商标注册用商品和服务国际分类尼斯协定》的规定，商品和服务一共分为 45 大类。类似商品的划分原则，以商品的功能和用途为主要依据，[②] 兼顾商品的销售渠道和消费习惯；类似服务的划分原则以提供服务项目的方式和对象为主要依据。企业只能在核准注册的商品和服务上使用注册商标，对于没有注册的商品和服务类别，商标权人不能享有商标权。因此，企业在选择商标注册类别时，需要考虑自己的商品或服务属于商品或服务分类表中的哪一类，同时要考虑企业今后经营和发展的领域与方向。根据本企业生产经营的产品或服务的类别及今后的品牌发展战略，可申请注册联合商标和防御商标等。申请注册联合商标和防御商标是企业将商标侵权的事后保护、被动保护变为商标注册时的事前保护、主动保护。这样在商标侵权发生后，可免除烦琐、困难的举证要求。

📖 案例分析

1.技术型企业为什么要申请专利？

新疆联合机械（集团）有限公司，在全国联合收割机生产领域处于龙头

---

① 参见高富平：《中小企业知识产权管理指南》，法律出版社 2011 年版，第 198 页。

② 参见杨黎明、杨敏锋：《企业商标全程谋略：运用、管理和保护》，法律出版社 2010 年版，第 296 页。

地位，其生产的"新疆·D2"联合收割机红遍中国，国内市场占有率高达70%，并且创造了3年连续产量上万台的奇迹。然而，由于企业经营者缺乏专利保护这根弦，12年间该公司对于花费700多万元巨资不断研制、开发出的用于改进"新疆·D2"的众多技术创新成果，居然没有申请一件专利。由于"新疆·D2"市场销售形势很好，很快市场上就出现了多种与"新疆·D2"一模一样的克隆品，从而挤掉了真"新疆·D2"数千台的市场份额。由于没有专利这把保护伞，"新疆·D2"也只能忍气吞声。吃一堑长一智，该公司于1998年连续申请了12项专利，自此走上了"自主创新和注重知识产权保护"的健康发展之路。

【答案要点】尽快占领市场，发挥竞争优势；提升行业影响力，技术主导创新；减少不必要的专利诉讼麻烦。在高端技术领域，专利就是企业发展的基石，没有专利，企业难以得到长远发展，申请专利，还可以避免自己的技术被竞争对手窃取和使用。

2.如何保护影视作品名称带来的经济利益？

电影《奇迹·笨小孩》以温暖励志的创业故事深深打动人心，截至2022年3月，影片已斩获逾13亿元票房，成为当年春节档电影市场里的一匹当之无愧的"黑马"。电影热映后，影片方联合北京海纳星云文化传播有限公司进行"奇迹笨小孩"商标的注册申请，涉及办公用品及广告销售、金融物管、教育娱乐、科技服务等商品与服务类别，对双方合作开发衍生品提前进行布局。① 口碑票房双丰收的电影《八佰》《你好，李焕英》等电影出品方，也申请了许多与电影名称相关的商标。

【答案要点】影视作品名称可以通过注册商标进行保护，司法实践也通过虚假宣传规范保护影视作品名称。《著作权法》保护范围有限，根据具体

① 《奇迹·笨小孩遭遇抢注？》，中国知识产权网，http://www.cnipr.com/sj/al/sb/202202/t20220223_246513.html。

情况，权利人可综合运用《商标法》《反不正当竞争法》等不同保护模式，选择不同路径对影视作品名称进行保护。

3.苹果公司与深圳唯冠的"iPad"商标之争带给你哪些启示？

2000年，当时苹果公司并未推出iPad平板电脑，唯冠旗下的唯冠台北公司在多个国家与地区分别注册了iPad商标。2001年，唯冠国际旗下深圳唯冠科技公司又在中国内地注册了iPad商标的两种类别。2009年12月23日，唯冠国际CEO和主席杨荣山授权麦世宏签署了相关协议，将10个商标的全部权益转让给英国IP申请发展有限公司，其中包括中国内地的商标转让协议。协议签署之后，英国IP公司向唯冠台北公司支付了3.5万英镑购买所有的iPad商标，然后英国IP公司以10万英镑的价格，将上述10个iPad商标所有权转让给了"苹果"。但唯冠深圳方面表示，iPad的中国内地商标权并没有包含在3.5万英镑的转让协议中。而且，深圳唯冠才是iPad商标权在中国内地的拥有者，唯冠台北公司没有出售权利，所以iPad的中国内地商标权不属于苹果公司。

2012年初，深圳唯冠向深圳市福田区人民法院、惠州市中级人民法院、上海浦东新区人民法院提起了对苹果iPad商标侵权诉讼，并指出苹果公司"盗用"了深圳唯冠的商标，并以iPad的名义涉嫌非法销售平板电脑。2012年2月10日，一审宣判：苹果公司败诉，法院颁布苹果iPad 2禁售令。国内多地区工商局接到相关律师函，调查侵权iPad。2014年7月2日，苹果公司与深圳唯冠就iPad商标案达成和解，苹果公司向深圳唯冠公司支付6000万美元。

【答案要点】在经济全球化背景下，国际贸易发展带来了跨法域的商标保护新问题。企业要想走国际化的道路，就一定要重视知识产权保护，并且要把知识产权管理融入企业的日常经营管理中。在品牌走向海外的过程中，许多中国企业也遭遇了商标在海外市场被提前抢注的情况，不少企业为维权付出了巨大的经济代价。为避免这类事件的发生，我们非常有必要认真对待和处理商标转让过程中的商标所有权的争议问题，必须尊重知识产权法律规范。

问题与思考

1. 知识产权与技术创新的关系。

【答案要点】创新是知识产权的源泉，知识产权实际上是受法律保护的智力财产，是人类智力成果的产权化，如果没有智力创造和技术创新，就不可能有知识产权。保护知识产权的目的是要建立公平竞争的市场秩序来促进创新和知识产权进步，知识产权制度是促进技术创新的重要机制之一。

2. 企业对技术成果选择知识产权保护类型考虑的主要因素有哪些？

【答案要点】企业主要是从保护效力、保护期限、管理成本、风险控制等方面考虑是运用专利还是软件登记抑或商业秘密的方式来保护企业的技术成果。

3. 专利申请需要考虑哪些因素？

【答案要点】确定是否申请专利、是否委托专利代理人、申请何种类型的专利、提出专利申请的时机、请求保护的专利权的范围、专利申请国别。

课程思政

习近平：增强文化自觉坚定文化自信 展示中国文艺新气象铸就中华文化新辉煌（节选）①

中国文学艺术界联合会第十一次全国代表大会、中国作家协会第十次全国代表大会于 2021 年 12 月 14 日上午在北京人民大会堂开幕。中共中央总书记、国家主席、中央军委主席习近平出席大会并发表重要讲话强调，一百年

---

① 《习近平：增强文化自觉坚定文化自信 展示中国文艺新气象铸就中华文化新辉煌》，2021 年 12 月 14 日，人民网，http://politics.people.com.cn/n1/2021/1214/c1024-32308043.html。

来，党领导文艺战线不断探索、实践，走出了一条以马克思主义为指导、符合中国国情和文化传统、高扬人民性的文艺发展道路，为我国文艺繁荣发展指明了前进方向。实践充分证明，文艺事业是党和人民的重要事业，文艺战线是党和人民的重要战线，广大文艺工作者无愧于党和人民的期待与要求。

习近平强调，当代中国，江山壮丽，人民豪迈，前程远大。时代为我国文艺繁荣发展提供了前所未有的广阔舞台。推动社会主义文艺繁荣发展、建设社会主义文化强国，广大文艺工作者义不容辞、重任在肩、大有作为。广大文艺工作者要增强文化自觉、坚定文化自信，以强烈的历史主动精神，积极投身社会主义文化强国建设，坚持为人民服务、为社会主义服务方向，坚持百花齐放、百家争鸣方针，坚持创造性转化、创新性发展，聚焦举旗帜、聚民心、育新人、兴文化、展形象的使命任务，在培根铸魂上展现新担当，在守正创新上实现新作为，在明德修身上焕发新风貌，用自强不息、厚德载物的文化创造，展示中国文艺新气象，铸就中华文化新辉煌，为实现第二个百年奋斗目标、实现中华民族伟大复兴的中国梦提供强大的价值引导力、文化凝聚力、精神推动力。

第三节　知识产权运用管理

☑ 关键术语

知识产权许可；知识产权转让；知识产权质押；知识产权出资

📋 基础知识

一、知识产权运用概要

知识产权运用是知识产权战略的落脚点，也是知识产权保护的目的。

无论《知识产权强国建设纲要（2021—2035 年）》还是《"十四五"国家知识产权保护和运用规划》，都强调了知识产权运用。中国发明专利申请量和有效发明专利拥有量已双双突破 100 万件。伴随中国知识产权运用加速推进，如何把大量知识产权资源盘活用好，推动产业转型升级和新兴产业创新发展，成为至关重要的问题。高效促进知识产权运用，对激发全社会创新活力、推动构建新发展格局具有重要作用。知识产权作为国家发展战略性资源和国际竞争力核心要素的作用愈加凸显。以专利交易市场为例，"十三五"期间，我国专利转让、许可、质押等运营的总次数达 138.6 万次，是"十二五"期间的 2.5 倍，年均增速达到 23.7%，超过"十二五"平均增幅 9 个百分点。专利交易市场在迅速扩容，但与之相匹配的资源供给和融资体系却尚未健全，如美国的专利质押直接融资占比超过 55%，而我国仅为 3%—5%，可见需求端与供给端的联动关系亟须找到突破和平衡。

二、知识产权许可

（一）知识产权许可的概念

知识产权许可是指权利人依法通过与他人签订合同的方式，允许他人依据约定条件在约定期限和地域范围内行使知识产权的行为。在知识产权许可中，许可人对被许可人的许可是知识产权使用的授权，不产生权利归属和主体的变化。知识产权权利人允许被许可人行使或实施该知识产权，被许可人不拥有知识产权的处分权。

（二）知识产权许可的类型

按被许可人享有实施权的排他程度不同，知识产权许可类型可分为：独占实施许可、排他实施许可、普通实施许可。独占实施许可是指在约定期限和地域范围内，被许可人以约定方式使用知识产权客体，并排除许可人以及第三人使用知识产权客体的许可形式。排他实施许可是指许可人在约定的期间、地域，以约定的方式，将知识产权客体仅许可一个被许可人使用，知识产权许可人可以使用该知识产权，但不得另行许可他人使用该知识产权。普通实施许可是指许可人在约定的期间、地域，以约定的方式，许可他人使用其知识产权客体，同时，许可人自身仍可使用知识产权客体，并且还可以许可其他人使用该知识产权。

（三）知识产权许可合同审查

知识产权许可合同是指知识产权人作为许可人许可被许可人在约定的方式、范围、期间内实施知识产权，被许可人支付使用费的合同。许可人需要根据市场需求、技术发展前景等实际情况综合考虑是否进行知识产权许可，同时选择何种类型的知识产权许可。许可人还需考虑的其他因素包括：期望获得许可的人、知识产权商业化需花费的研发成本、知识产权是否可以分割使用在不同领域、许可人使用该知识产权的目的和计划。

在签订许可合同时，要确定许可的是知识产权的哪些权利，如发明专利和实用新型专利拥有制造权、使用权、许诺销售权、销售权、进口权，外观设计专利拥有制造权、许诺销售权、销售权、进口权等权利。著作权包括复制权、发行权、改编权、翻译权、信息网络传播权等权利。许可合同需要明确权利人许可的是什么知识产权的哪些权利。例如，企业生产的专利产品需要扩大销量，于是将专利权许可给经销商，但又希望独家垄断制造专利产品的权利，只能授予被许可人销售、许诺销售专利产品的权利。对于制造权的许可，应明确被许可人是自己制造还是可以委托他人制造，在许可合同中将这两种权利分开。如，当被许可人因订单量大而需委托其他工厂制造时，在协商许可合同时，需要确认委托他人制造的权利。有的知识产权人希望将被许可人的使用限制在某个行业、产业甚至某个产品上，这种领域的限制常见于某种专利技术可明显地分别使用在不同产品上。这种情况下，专利权人可能只希望授予被许可人在某个领域的使用，而保留在其他领域自己使用或许可第三人使用的权利。专利保护具有期限限制，许可人对专利许可的期限范围，不能超出专利保护的剩余期限，许可人可以在专利权的有效期限内自由约定许可的期限。

对专利实施许可合同，需要明确交付实施专利有关的技术资料，提供必要的技术指导，并保证所提供的技术完整，保证被许可人按约定的方式实施技术达到约定的技术指标。商标实施许可合同，需要明确许可人应当监督被许可人使用其注册商标的商品质量，被许可人应当保证使用该注册商标的商品质量。对商标许可合同，许可人应当监督被许可人使用其注册商标的商品质量，被许可人应当保证使用该注册商标的商品质量，还应当履行许可合同中的有关商品质量的条款，接受许可人的质量监督，保证同一商标的商品质量。被许可人必须在使用该注册商标的商品上标明被许可人的名称和商品产地。集体商标不得许可非集体成员使用。使用集体商标的企业须是集体组织的成员，集体商标不得许可非集体成员使用，非集体成员要使用集体商标，必须加入该集体组织。

三、知识产权转让

（一）知识产权转让的定义

知识产权转让，是指知识产权出让主体与知识产权受让主体，根据与知识产权转让有关的法律法规和双方签订的转让合同，将知识产权权利由出让方转移给受让方的法律行为。知识产权转让完成后，出让方丧失该权利，受让方取得相应的权利。知识产权转让主要有两种形式：一是合同转让，即在出让方和受让方达成合意的前提下，双方签订书面知识产权转让协议，在办理手续后发生法律效力的转让。二是法定转让，因出现继承、破产等法律事实而发生知识产权权利主体的变更。

(二) 知识产权转让的类型

根据知识产权的类型不同，知识产权转让可以分为专利权转让、著作权转让和注册商标专用权转让三类。

1.专利权转让包括专利权的转让和专利申请权的转让，转让的结果是原专利权人不再享有专利权或专利申请权。根据《专利法》及《专利法实施细则》的规定，转让专利申请权或者专利权的，当事人应当订立书面合同，并向国务院专利行政部门登记，由国务院专利行政部门予以公告。专利申请权或者专利权的转让自登记之日起生效。中国单位或者个人向外国人转让专利申请权或者专利权的，必须经国务院有关主管部门批准。可见登记是专利权或专利申请权转让的生效要件，但不是转让合同的生效要件。

2.著作权转让只包括著作财产权部分，著作人身权是不能被转让的，永远属于原著作权人。著作权转让分为全部转让和部分转让。对部分转让而言，著作权人仍享有未转让的著作财产权。著作权转让合同中应明确转让的权利，如表演权、放映权、汇编权等，未经著作权人同意，另一方当事人不得行使未转让的著作权。根据《著作权法》和《著作权法实施条例》的相关规定，转让著作权，应订立书面合同，可以向著作权行政管理部门备案。不同于专利强制许可登记备案，著作权转让不以登记备案作为转让生效的前置要件。

3.注册商标专用权的原则有两种。一是连同转让原则，指在转让注册商标时必须连同使用该注册商标的企业或者与注册商标相关的业务和生产要素一并转让，不能只转让注册商标。采用这种原则的国家主要有美国、德国、瑞典等少数国家。实行连同转让原则的理由是，商标的本质功能是区别相同或类似商品的来源，商标不仅不能与其核定的商品相分离，而且不能与该商品的生产者或者生产者所使用的生产要素相分离。二是自由转让原则，指注册商标人既可以把注册商标连同营业一起转让，也可以将注册商标与营业分离，单独转让其注册商标。目前大多数国家的商标法采用自由转让原则，主要是考虑到消费者特别关心的是商品或服务的质量，而不是生产者或者经营者以及生产投入要素。注册商标可以独立于企业或者其经营而单独转让给其他企业，但是，受让人应保证使用该注册商标的商品质量。我国《商标法》采用自由转让原则，其中第四十二条规定："转让注册商标的，转让人和受让人应当签订转让协议，并共同向商标局提出申请。受让人应当保证使用该注册商标的商品质量。"

注册商标专用权转让存在限制。即在同一种或类似商品上注册的相同或近似的注册商标不得分开转让。商标注册人对其在同一种或类似商品上注册的相同或近似的商标，应当一并转让，未一并转让的，由商标局通知其限期改正，期满不改正的，视为放弃转让该注册商标的申请。集体商标和证明商标转让存在限制。申请转让集体商标、证明商标的，受让人应当具备相应的主体资格，并符合商标法的相关规定。受让人必须保证使用该注册商标的商品或服务质量。注册商标的转让不能引起不同厂家商品的混淆或者商品质量的下降，转让行为不得有损于第三人或公众的利益。

四、知识产权质押融资

（一）知识产权质押的概念

知识产权质押是指债务人或第三人将其知识产权作为债权的担保，当债务人不能履行债务时，债权人有权依法以该知识产权折价或拍卖、变卖的价款优先受偿的担保方式。2021年，全国专利商标质押融资金额为3098亿元，其中1000万元以下的普惠性贷款惠及企业达到1.1万家，占到整个惠企总数的71.8%。

（二）知识产权质押的作用

知识产权质押是体现和间接实现知识产权经济价值的重要方式。随着社会经济的发展，知识产权在财产制度中的地位日益提高。知识产权质押作为一种特殊的权利质押，既具有质押的一般共性，又具有质押的特殊性——质押标的无形性。知识产权质押既能有效担保债权安全，又能充分利用稀缺资源——知识产品。知识产权质押贷款还能扩大现代经济社会的融资途径，又有助于智力资源的最大化使用。

（三）国内知识产权质押的三种模式

整体而言，从国内各地方的知识产权质押融资运作模式来看，主要以北京、上海浦东、武汉三种模式为代表。北京模式是"银行＋企业专利权/商标专用权质押"的直接质押融资模式；上海浦东模式是"银行＋政府基金担保＋专利权反担保"的间接质押模式；武汉模式则是在借鉴北京和上海浦东两种模式的基础上推出的"银行＋科技担保公司＋专利权反担保"混合模式。这几种模式主要涉及银行、企业、政府、中介机构、担保公司等多方主体。

政府角色。北京模式中，北京市科委充分发挥政府的引导、协调、扶持和服务功能，对知识产权质押贷款业务给予一定比例的贴息支持，并承担了相应的服务功能。上海浦东模式中，浦东生产力促进中心提供企业贷款担保，企业以其拥有的知识产权作为反担保质押给浦东生产力促进中心，然后由银行向企业提供贷款，与上海银行约定承担95%—99%的贷款风险，而浦东知识产权中心（浦东知识产权局）等第三方机构则负责对申请知识产权贷款的企业采用知识产权简易评估方式，简化贷款流程，加快放贷速度，各相关主管部门充当了"担保主体＋评估主体＋贴息支持"等多重角色，政府成为参与的主导方。武汉模式中，武汉市知识产权局与武汉市财政局共同合作，对以专利权质押方式获得贷款的武汉市中小企业提供贴息支持，知识产权局负责对项目申请进行受理、审核及立项，财政局负责对所立项目发放贴息资金，并和知识产权局共同监督，各主管部门发挥了"服务型政府"的相关职能，并且在具体职能上做了一定科学合理的分工。

银行角色。北京模式中，交通银行根据支持服务科技型中小企业的市场定位，不仅推出了以"展业通"为代表的中小企业专利权和商标专用权质押贷款品种，而且还推出了"文化创意产业版权担保贷款"产品；北京银行则推出了"小巨人"知识产权质押贷款业务。可以说，交通银行和北京银行充当的是主动参与的"创新者"角色。上海浦东模式中，上海银行浦东分行承担风险为1%—5%，在知识产权质押贷款方面持非常谨慎的态度，认为控制风险最重要，在发放贷款方面比较被动。武汉模式中，相关金融机构在专利权质押融资方面表现颇为积极。

中介服务机构角色。北京模式中，律师事务所、资产评估公司等中介机构共同参与提供专业服务，收取一定的费用，各自按工作职责承担风险。其中律师事务所主要通过职业责任承担的是法律风险，资产评估公司则主要通过职业责任承担专利权、商标权等无形资产价值评估风险，同时引入保险公司的职业责任险，为中介机构分担风险。正是因为这些专业中介机构的参与，使专利权、商标权等知识产权无形资产成为真正的担保物，使知识产权价值得以体现，基本上解决了知识产权质押融资业务中的一系列难题，使得北京地区的质押融资工作得以顺利开展。上海浦东模式中，浦东生产力中心作为政府职能延伸承担了95%以上的风险，在评估方面主要是由该中心综合企业经营状况等各方面因素进行简单评估，因此并没有引入专业中介机构参与运作。武汉模式中，引入的中介机构主要是武汉科技担保公司，该公司在武汉市科技局和知识产权局的要求与支持下，尝试以未上市公司的股权、应收账款、专利权、著作权等多种权利和无形资产作为反担保措施，其中以专利权质押的方式由尝试走向推广。

五、知识产权出资

（一）知识产权出资的概念

知识产权出资是指知识产权所有人将能够依法转让的知识产权专有权或使用权作价，投入标的公司以获得股东资格的一种出资方式。知识产权资本与实物资本一样具有经济价值的增值性。《公司法》第二十七条规定:"股东可以用货币出资,也可以用实物、知识产权、土地使用权等可以用货币估价并可以依法转让的非货币财产作价出资;但是,法律、行政法规规定不得作为出资的财产除外。"

知识产权出资应符合的条件:(1)出资的知识产权应当为出资人合法所有,知识产权许可使用人不能仅以知识产权许可使用权出资。(2)出资的知识产权只能是其中的财产权,不能是人身权。(3)向一般法人企业出资的知识产权在出资以前不得设定质押,如《公司登记管理条例》规定:股东不得以劳务、信用、自然人姓名、商誉、特许经营权或者设定担保的财产等作价出资。知识产权成为企业资产后,企业有权设定质押。(4)根据原《公司法》第二十七条规定,包括专利权、专有技术、商标权、著作权、土地使用权等在内的无形资产都可以直接用来投资融资,出资比例最高可以达到70%。2013年《公司法》修改后取消了上述70%比例的限制,企业注册时可以以实物、知识产权和土地使用权出资,这样放开后就使得知识产权可以100%作为注册资本注资。(5)外国出资人投资于中国境内企业的知识产权必须是受中国法律保护的知识产权。(6)出资知识产权不得违反法律和社会公德,如:拥有知识产权的国家公务员不得投资个人独资企业。

(二)知识产权出资的标的范围

《公司法》《中外合资经营企业法》都明确规定知识产权的出资范围为工业产权和非专利技术(也称"专有技术")。在我国,工业产权包括专利权和商标权这两类权利。因而,应注意到知识产权出资标的中不包括著作权。另外,外商投资企业法律中还要求,作为外国合营者出资的工业产权或专有技术必须符合下列条件之一:(1)能生产中国急需的新产品或出口适销产品的;(2)能显著改进现有产品的性能、质量,提高生产效率的;(3)能显著节约原材料、燃料、动力的。

（三）知识产权出资的程序

1. 评估作价

为了确定投资资本，必须对知识产权评估作价，既可以由出资人协商评估作价，也可以委托评估机构评估作价。

2. 权利移转

知识产权的转让出资和用益出资应当按照知识产权转让和许可情况，在相应管理机关办理登记或备案手续。

3. 验资

企业出资人缴纳出资后，必须经依法设立的验资机构验资并出具出资证明。

4. 检查或审批

《外资企业法实施细则》要求，对作价出资的工业产权、专有技术，应当备有详细资料，包括所有权证书的复制件，有效状况及其技术性能、实用价值，作价的计算根据和标准等，作为设立外资企业申请书的附件一并报送审批机关。作价出资的工业产权、专有技术实施后，审批机关有权进行检查。外资企业注册资本的增加、转让，应当经审批机关批准。

5. 设立、变更登记

在合伙企业设立登记中，以知识产权出资，由全体合伙人协商作价的，应当向企业登记机关提交全体合伙人签署的协商作价确认书。由全体合伙人委托法定评估机构评估作价的，应当向企业登记机关提交法定评估机构出具的评估作价证明。

📖 案例分析

1. 是什么原因造成三千多万元购买的商标只是 18 年后的商标权期权？

2006 年广州立白公司以三千多万元的价格通过法院的拍卖购得重庆奥

妮公司"奥妮"商标专用权。正当广州立白公司打算推出"奥妮"洗发水时，香港奥妮公司却发布了"奥妮"商标长达 20 年的独占使用声明。原来 2004 年重庆奥妮公司与香港奥妮公司签订了商标独家许可合同，期限为 20 年，范围是中华人民共和国境内。

【答案要点】 知识产权质押融资由于知识产权转让不影响转让前知识产权许可的法律效力，故广州立白公司购买的商标权只是 18 年后的期权，而在这 18 年间广州立白公司并不享有使用权。在涉及知识产权的权利转移、产权变动等事务时，广州立白公司没有对权利的有效性、权属瑕疵等进行认真审核，获得权属有瑕疵、不能拥有完整支配权的知识产权，导致企业的经济利益受到损失。

2. 浅析知识产权质押融资的作用。

A 公司成立于 2004 年 10 月，是一家致力于以 rfid 技术（无线射频识别技术）提供图书馆物联网解决方案的科技型企业。经过十余年发展，已为全国 1000 余家客户提供专业智慧系统解决方案，可以满足图书馆馆内系统建设和馆外延伸系统服务建设等全方位需求。公司最主要的两项发明专利为"自助存取设备"和"24 小时馆外还书机中图书收入装置"，以此两项专利技术开发出的"自助借还系统设备"及其后续各型号产品，是公司未来十年重要的产品线。同时，公司产品商标也成为细分领域的"金字招牌"，有较大的品牌号召力。但其下游企业主要为财政预算单位，账期较长且年末集中付款，年中资金有较大短缺。虽然公司已形成一定的专利储备，但苦于无法变现。交通银行徐汇支行基于与 A 公司的合作基础，根据公司实际资金需求情况，为公司新增了两百万元的"专利＋商标"知识产权混合质押贷款额度，成为徐汇区专利商标混合质押的首个获批授信案例。

【答案要点】 知识产权质押融资一是缓解科技型中小企业的融资难题，使一些拥有自主知识产权的科技型中小企业从中获益；二是提升了企业的竞争力，提升企业形象，促进企业发展；三是提高企业创造和运用知识产权的意识，通过知识产权质押，是把企业的"知本"变成了"资本"，对企业知识产权价值予以肯定。

🔲 问题与思考

1.知识产权转让与知识产权许可的异同。

【答案要点】知识产权许可是指许可方将所涉知识产权授予被许可方，被许可方按照约定使用的活动。知识产权转让是指知识产权出让主体与知识产权受让主体，根据与知识产权转让有关的法律法规和双方签订的转让合同，将知识产权由出让方转移给受让方的法律行为。这两者之间最主要的差别是知识产权许可不涉及权利主体的变动，知识产权转让涉及权利主体的变化。

2.简述知识产权许可的种类及各自的特点。

【答案要点】独占实施许可：在许可期限和范围内，只有被许可人能够实施被许可的知识产权，包括许可人在内的任何人不能实施。排他实施许可：被许可人和许可人均可以实施被许可的知识产权，其他任何人不能实施。普通实施许可：可以有多个被许可人，许可人和被许可人都可以实施被许可的知识产权。

3.知识产权质押的痛点和难点在哪儿？

【答案要点】一是知识产权价值不易确定，缺乏完善的知识产权评估制度。二是知识产权质押存在较大风险，相关法律制度不完备。由于其产品类型多样，客户层次不同，尤其是其风控体系的严格要求等原因，大部分银行对知识产权质押融资避而远之。三是由于自身不够重视以及代理机构水平等原因，部分中小企业拥有的知识产权质量不佳，难以提升竞争优势。中小企业多为初创型企业，融资经验不足，还可能存在自视甚高的情况，导致进行知识产权质押融资时出现不少问题。

📖 **课程思政**

阅读材料：更好发挥知识产权制度效能 ①

习近平总书记指出："知识产权保护工作关系国家治理体系和治理能力现代化，关系高质量发展，关系人民生活幸福，关系国家对外开放大局，关系国家安全。"实现高质量发展，必须坚持科技创新在国家现代化建设全局中的核心地位，把科技自立自强作为国家发展的战略支撑。知识产权制度对创新具有重要的激励和保障作用。这就要求我们进一步加强知识产权保护，坚持固根基、扬优势、补短板、强弱项，着力提升知识产权保护水平，更好促进创新链、产业链、价值链深度融合，发挥好知识产权制度激发市场主体活力和社会创造力的效能。

聚焦关键领域。党的十八大以来，以习近平同志为核心的党中央把知识产权保护工作摆在更加突出的位置，部署推动了一系列改革，出台了一系列重大政策、行动、规划，实行严格的知识产权保护制度，坚决依法惩处侵犯合法权益特别是侵犯知识产权行为。我国知识产权事业不断发展，走出了一条中国特色知识产权发展之路，知识产权保护工作取得了历史性成就。同时应看到，与高质量发展、建设知识产权强国的要求相比，我国知识产权保护还存在一些薄弱环节。我们要提高对知识产权保护工作重要性的认识，从加强知识产权保护工作方面为贯彻新发展理念、构建新发展格局、推动高质量发展提供有力保障。更好发挥知识产权制度激励创新的作用，需要把握知识产权制度建设规律和知识产权工作特点，建立贯穿知识产权创造、运用、保护、管理、服务全链条的制度机制。重点加强关键核心技术和重点领域、新兴产业的知识产权保护，引导市场主体发挥专利、商标、版权等多种类型知

---

① 马一德：《更好发挥知识产权制度效能》，2022年4月22日，求是网，http://www.qstheory.cn/qshyjx/2022-04/22/c_1128586162.htm。

识产权组合的作用，培育一批知识产权竞争力强的世界一流企业。完善基础研究激励机制，加强知识产权源头保护，健全高质量创造支持政策。提高知识产权审查质量和效率，强化知识产权申请注册质量监管，健全知识产权侵权惩罚性赔偿制度，依法严格保护知识产权。

形成保护合力。习近平总书记指出："创新是引领发展的第一动力，保护知识产权就是保护创新。"新形势下做好知识产权保护工作，需要立法保护、行政保护和司法保护等多种保护手段形成合力，健全统一领导、衔接顺畅、快速高效的协同保护格局，筑牢知识产权立体保护网。构建门类齐全、结构严密、内外协调的法律体系，在严格执行民法典相关规定的同时，加快完善相关法律法规，统筹推进专利法、商标法、著作权法、反垄断法、科学技术进步法等修订工作，增强法律之间的一致性。健全便捷高效、严格公正、公开透明的行政保护体系，加强人工智能、大数据、工业互联网、量子信息等新领域的知识产权行政保护，顺应市场规律推动知识产权创新、增值。健全知识产权审判组织，优化审判机构布局，完善上诉审理机制，深入推进知识产权民事、刑事、行政案件"三合一"审判机制改革，构建案件审理专门化、管辖集中化和程序集约化的审判体系。鼓励行业协会、商会等建立知识产权保护自律和信息沟通机制，鼓励企业组建创新联合体和知识产权联盟，把各方面力量拧成一股绳，提升知识产权保护的整体效能。

参与全球治理。当今时代，知识产权日益成为企业之间乃至国家之间竞争的重要领域，与知识产权相关的涉外法律事务不断增多。必须加强我国涉外法治工作、加快我国法域外适用的法律体系建设，推进我国知识产权有关法律规则域外适用，妥善处理涉外知识产权纠纷，切实保护我国公民、企业境外安全和合法权益。形成高效的国际知识产权风险预警和应急机制，建设知识产权涉外风险防控体系，加强对我国企业海外知识产权维权援助。统筹推进知识产权领域国际合作和竞争，坚持开放包容、平衡普惠的原则，维护和发展知识产权多边合作体系，深度参与世界知识产权组织框架下的全球知识产权治理。加强与各国知识产权审查机构合作，推动审查信息共享。完善国际对话交流机制，推动完善知识产权及相关国际贸易、国际投资等国际规则和标准，促进全球知识产权治理体制向着更加公正合理方向发展。

第四节　知识产权保护管理

☑ 关键术语

保护策略；行政保护；司法保护

📋 基础知识

当今世界正经历百年未有之大变局，新一轮科技革命和产业变革深入发展，国际力量对比深刻调整，国际环境日趋复杂，不稳定性不确定性明显增加，新冠疫情影响广泛深远。《"十四五"国家知识产权保护和运用规划》中指出，创新是引领发展的第一动力，保护知识产权就是保护创新，知识产权保护工作关系国家治理体系和治理能力现代化。

一、知识产权保护模式

（一）我国知识产权保护模式

我国在知识产权保护方面采取行政保护模式和司法保护模式相结合的做法。对于知识产权侵权行为，当事人既可选择向法院起诉，也可向知识产权主管部门申请行政裁决，在对行政裁决不满时再向法院提起侵权诉讼。

（二）保护模式的选择

一般来说，行政保护程序相对简便、快捷，可快捷启动侵权救济程序，能够及时地惩治侵权人。但是，我国现行的知识产权行政保护还缺乏相应的程序保障。司法程序完善，但比较复杂。对于行政保护和司法保护的选择需考虑多方面的因素，主要包括以下几点。

1.救济途径是否方便

行政保护可由被请求人所在地或者侵权行为地的知识产权主管部门管辖，当事人可以就近请求知识产权主管部门进行相应处理。司法保护必须向具有管辖权的法院提出请求，而对知识产权诉讼有管辖权的法院一般位于省会城市或为直辖市的中级以上人民法院。如果侵权行为地等没有具有管辖权的法院，且如果不及时制止侵权行为，可能给企业带来巨大损失，则可以考虑首先寻求行政保护。在有多个侵权人时，如果企业针对每个侵权人提出诉讼，需要花费大量的人力和金钱；若由知识产权主管部门统一协调、联合执法，则可以快速、有效地制止侵权行为，保护权利人的合法权益。

2.权利人行使权利是否方便

在向法院起诉知识产权侵权时，可以在诉讼请求中提出停止侵权、赔偿损失、赔礼道歉等要求；而向知识产权主管部门提出请求时，主要是要求停止侵权和赔偿损失。知识产权主管部门只能责令被请求人停止侵权，被请求人不起诉又不停止侵权行为的，需要申请人民法院强制执行。至于赔偿问题，当事人只能请求知识产权主管部门调解，调解不成的，可以向人民法院起诉。由此可知，知识产权的行政保护不具有强制执行力。

3.时间成本是否能够承担

司法保护在程序上适用民事诉讼法和相关的司法解释，程序规定比较完善，各级法院在审理知识产权相关案件时按照相应规定执行。如果案件进入司法程序，当事人会有一个较为明确的审理期限的预期。但知识产权案件的审理较复杂，且程序较烦琐，因此，知识产权侵权诉讼一般都期限较长。而行政保护不需要经过完善的司法程序，只要证据确凿，知识产权主管部门认定侵权事实成立，即可以作出行政处理。

4. 裁决结果的执行力度

对于知识产权侵权请求，主管部门处理知识产权快捷，但行政机关的处理决定本身没有强制执行力。如果侵权人不接受处理决定的，只能由知识产权主管部门申请法院执行，还需要经由法院审查后才能裁定是否予以执行，而且对于经审查后人民法院作出的不予执行裁定，当事人没有救济途径。但是如果人民法院的裁定到期侵权人没有履行的，则权利人可以申请强制执行。

二、知识产权保护手段

（一）知识产权保护中的纠纷问题

知识产权保护是产权保护的重要内容，是国家核心竞争力的体现。近年来，我国将知识产权保护提高到了前所未有的高度。知识产权纠纷案件增长迅速，并进一步引入了惩罚性赔偿制度，知识产权案件诉讼金额不断增加，同时，越来越多的知识产权案件呈现出国际化的特点，这也使得传统的行政、司法解决路径面临巨大压力。在知识产权的管理保护中，知识产权权利人、使用人、管理机关以及其他主体之间会发生一些争议。以知识产权纠纷的性质为依据，可将知识产权纠纷分为知识产权行政争议、知识产权民事纠纷和知识产权刑事纠纷。三种纠纷适用的处理程序不同，有关当事人在处理程序中的权利义务也不同。知识产权行政争议可以通过行政复议或行政诉讼解决，不适用调解；知识产权民事纠纷可通过协商、调解、仲裁、诉讼等方式，可适用调解；刑事纠纷只能通过刑事诉讼程序解决。

（二）知识产权保护手段的选择

知识产权纠纷解决具有许多特殊性要求，例如，知识产权由于权利本身存续有期限，而且权利价值随着时间推移会逐渐降低，因此当事人对这类纠纷快速、高效解决的需求比其他类型案件更为迫切。在知识产权管理保护实践中，知识产权人面对最多的是民事纠纷。知识产权民事纠纷的专业技术性强，事实认定困难且审理难度大。世界各国在广泛采用诉讼程序解决该类纠纷的过程中，逐渐发现诉讼方式所暴露出的纠纷处理时间长、诉讼成本高、法官普遍缺乏认定知识产权案件事实的专门知识以及诉讼当事人难以通过交流改善关系等弊端，因而一些替代诉讼程序的非诉处理方式得以盛行。

1. 协商

知识产权纠纷的协商处理是指知识产权民事争议产生后，各方当事人在平等自愿的基础上，本着互谅互让、公平合理的原则，通过心平气和地摆事实、讲道理的友好方式分清是非，从而达成和解协议的纠纷处理办法。协商解决的优势在于其不像仲裁和诉讼程序那样有一套完整的程序性规定，简便易行，可以随时随地进行。协商具有较大的灵活性，节省费用，有利于纠纷的及时解决，实现双赢。知识产权人通过协商的方式可将纠纷消除在萌芽阶段，在避免纠纷扩大的同时，也省去了复杂的提交手续和昂贵的诉讼费用。

2. 调解

调解是双方当事人在自愿的基础上，由第三者居中调停，促使当事人达成和解协议的纠纷处理方式。调解方式有利于维护当事人的团结协作关系，便于协议执行，费用低廉，没有烦琐程序，是知识产权保护管理中的一种常见方式。

3. 仲裁

知识产权领域的争议，大致可以包括权属类纠纷、合同类纠纷、侵权类纠纷，其中后两种纠纷可通过仲裁的方式解决。知识产权合同纠纷可在合同中约定由仲裁处理相关争议，此类合同包括专利权、商标权、著作权、商业秘密的转让和使用许可合同，植物新品种合同，集成电路布图设计合同，技术开发合同，技术转让合同，技术咨询合同，技术服务合同，知识产权质押合同及其他知识产权类合同。在侵权发生后，当事人之间达成仲裁协议，可提交仲裁机构解决，由仲裁机构处理侵权是否成立、侵权损害赔偿等事宜，包括侵犯专利权、商标权、著作权、商业秘密等侵权纠纷。

三、知识产权保护策略

随着知识产权工作在国家经济社会发展中的作用日益凸显,企业作为创造和利用知识产权的主要力量,是国家能够顺利实施知识产权强国战略的基础之一。但在实践过程中,企业在知识产权保护管理工作中存在诸多问题。在国家"强保护、严打击"背景下,企业唯有把知识产权保护牢抓在手,不断增强抗风险能力,才能顺应政策与趋势,蓬勃向上。知识产权的保护策略与企业的经营战略息息相关,选择有效的知识产权保护策略对企业特别是处于创意产业赛道的高新技术企业的发展尤为重要,不同的保护策略对企业的竞争力与利润取得影响巨大。

(一)基于规模的策略选择

企业需转变知识产权保护管理模式,变被动为主动,建立企业知识产权管理制度,做好知识产权资产的管理与统计,重视知识产权登记,明确自身享有的知识产权权利,加强知识产权的法律保护,不同规模的企业对知识产权保护策略的制定与投入应当有所不同。

1.发展处于成熟期的大型企业资金较为充足,在市场内往往处于相对优势地位甚至市场支配地位,可以聘用更多的专业法律人才用于建设企业的知识产权部门,在预算富裕的情况下,大企业可以制定全面而细致的保护策略,对知识产权的核心部分以及相关部分进行前瞻性的布局,根据企业未来的发展方向拓展保护范围,对市场上的其他竞争者的优势进行分析与监控,不断优化保护手段。成熟的大企业对于自身掌握的大量知识产权,可运用知识产权的动态化、进攻型的保护策略,通过知识产权许可等交易方式将这些资产配置给需要的企业,在缩短盈利周期、实现利润最大化的同时完成优势互补,持续为知识产权相关智力成果的后续研发提供动力。

2.发展处于初期或上升期的中小企业数量更为普遍，其可用于保护知识产权的资金、人才都较为匮乏，因此中小企业在制定知识产权保护策略时需要更加谨慎、合理。中小企业要注重知识产权保护的防御策略，集中保护核心知识产权，必要时可借助外部力量，通过外购、合作开发、获得授权许可等方式不断积累、放大自身在市场竞争中的自主创新优势，优化资源配置。

（二）基于企业业务的策略选择

企业在制定知识产权保护策略时，要结合企业的主营业务等自身的知识产权所有情况有针对性地制定相应的知识产权保护策略和知识产权管理部门种类，因地制宜，针对产生主要营收的服务或产品来定制保护方案。在知识产权的申请上，不能一味地追求数量，而是要综合考虑企业的发展战略和市场竞争，作出适当的选择与取舍。在知识产权投入使用前企业应进行知识产权评审，以进一步确定保护方式并防止侵犯他人知识产权。如专利侵权诉讼常被拥有专利优势的企业用来作为市场竞争的策略之一，以专利诉讼来确保其商业利益及市场占有率。

1.对于品牌优于创新的企业来说，其本身的产品或服务不具有很高的技术难度或创新难度，其利润主要源自企业长期以来打造的品牌和商誉，例如一些知名的奢侈品箱包类企业。这类企业通常需要更加关注企业商标、商誉、域名以及产品的包装、装潢等知识产权的保护和维护。

2.对于技术创新型企业来说，企业的营收来源于其不断推出的新技术或新产品，例如手机、芯片等高科技产业。这类企业通常需要更加关注专利、商业秘密等知识产权的保护，并且需要根据技术的可视化程度选择以专利或商业秘密进行保护，如技术先进但不容易被模仿的技术宜采用商业秘密进行保护。

3.对于在市场上具有领先地位、较大份额与持续性创新能力的行业龙头企业，例如腾讯、阿里巴巴等具有强研发能力与高知名度的互联网企业，基于其竞争力与不断扩张的需求，可以选择从专利、商标、版权、商业秘密、域名等多个角度进行全方面的保护。

（三）侵权诉讼阶段的知识产权管理

1.作为权利人的知识产权管理

知识产权侵权诉讼是比较复杂的专业事务，无论是对知识产权侵权行为的打击，还是对侵权指控的应对，都充满大量的技巧、策略及变化。（1）被告的选择：知识产权侵权的主体具有多样性，如著作权侵权的主体可能包括擅自在网上上传他人作品的人、网络服务平台等；专利权侵权的主体可能包括制造商、使用者、许诺销售商、销售商、进口商等；商标权侵权的主体可能包括假冒产品的生产者、销售者，商标标识的制造者等。一般应从源头制止侵权行为。如当发生专利权侵权时，专利权人应直接起诉制造商，从源头切断侵权产品的来源；但是，专利产品的制造商可能不容易确定，或者不方便诉讼，这时，专利权人可以选择销售商作为第一被告、制造商作为第二被告，进而迫使制造商到专利权人选定的法院进行诉讼。另外，权利人应该向谁主张权利，首先应估算侵权行为对自身利益造成损害的程度，排出知识产权侵权诉讼对象的优先顺序，可以重点突破，逐个出击。比如，可以选择最需要打击的竞争对手或者最有赔偿能力或者名气大或者实力弱小且知识产权管理能力和水平弱的公司作为自己优先考虑的诉讼对象。（2）起诉地点的选择：选择一个合适的诉讼地点，可以节省诉讼成本，避免地方保护主义，是保障诉讼成功的因素之一。首先，根据地域管辖和级别管辖的相关规定进行选择。知识产权侵权案件由被告所在地或侵权行为地的省、自治区、直辖市人民政府所在地的中级人民法院或最高人民法院指定的中级人民法院管辖，其中，侵权行为地包括侵权行为发生地和侵权结果发生地。通常，权利人会选择自己所在地有管辖权的法院提起诉讼，方便自己的同时，给侵权人参与诉讼带来不便，增加其诉讼成本。其次，在选择起诉地点时还要考虑相关法院对类似案件的处理态度和标准。在实践中，不同法院对同样的事实可能存在不同的认定标准，权利人到法院起诉前，最好查找相关法院的判决书进行分析，如发现法院之前的类似判决的倾向性对其不利，则可向其他有管辖权的法院提起诉讼。（3）起诉时间的选择：权利人如果发现知识产权侵权行为的存在，应在法律规定的诉讼时效内向人民法院起诉。诉讼提起的时间应结合具体的诉讼目的来确定，并不是越早越好。如果知识产权人的主要目的是收取权利金并进行专利许可，那么，一般应当等被控侵权人投入生产并建立相应的销售渠道时，知识产权人再提起诉讼。这时，被控侵权人在生产环节投入了相关的设备、厂房和资金，在销售环节建立了相应的渠道，投入了大量的宣传推广，如果被判停止侵权行为，将会造成极大的损失。因此，被控侵权人容易接受权利人的赔偿金条件和实施许可条件。但是，如果被侵犯的是新产品制造方法专利，应在发现市场上出现侵权产品时尽快提起诉讼。根据专利法的规定，产品制造方法的专利保护范围延及根据专利方法直接获得的产品。在专利侵权诉讼中，新产品制造方法的举证责任倒置，由被诉侵权人提供证据证明自己的制造方法不同于专利方法，但是，需要专利权人提供证据证明，依据专利方法获得的产品是新产品。因此，如果不及时起诉，等市场上相同产品多了，被诉侵权人就可能以被诉侵权产品不属于新产品而拒绝提供产品制造方法的证据，从而使专利权人承担过重的举证责任，在侵权诉讼中处于不利的地位。（4）用什么起诉及诉讼请求的选择：对于拥有众多知识产权的企业而言，在面对侵犯自己多个知识产权的被告时，需要考虑用哪一个或哪几个知识产权发起诉讼。如果企业的目的是尽快把侵权者赶出市场，那么，只需要在尽可能短的时间攻击对手最明确的侵权行为。比如，实用新型专利和外观设计专利类侵权诉讼具有取证便利、审理快捷等优势，指控对方侵犯自身上述专利权的胜诉概率较大，可能取得出其不意的效果。此外，对于知识产权中的多个权利，还要明确主张被告侵犯了自己的哪一项或哪几项权利。侵犯商标权的形式具有多样性，既有可能在侵权商品上，也有可能在广告宣传、LOGO、公司网站、销售门店等，因此，在诉讼请求中必须明确停止侵权的载体内容及方式，防止漏缺，避免重复起诉或者单次诉讼不能解决类似侵权问题。为了确保证据的有效性，可考虑证据保全，提前收集相关的侵权证据，通过公证的形式保存下来，制作公证文书。

知识产权权利人的诉讼请求一般包括停止侵权、赔偿损失、赔礼道歉，应根据诉讼目的选择合适的诉讼请求。其中，赔偿损失的认定主要从以下几方面考虑：权利人受到的损失、侵权人的获利、参照合理的许可使用费、法定赔偿。目前多数知识产权侵权赔偿采用的是法定赔偿。权利人起诉如果是为了达到宣传企业的目的，并且被诉侵权人的赔偿能力有限，则可以在起诉时要求很低的赔偿数额；如果是以威慑和警告其他侵权者为目的，则应该在诉讼请求中提高赔偿数额。在专利和商标侵权情形下，侵权后果主要是权利人的市场受到侵占，造成经济损失，因此，相应的诉讼请求主要是停止侵权、赔偿损失。而著作权不仅包括财产权，还包括人身权，对著作权侵权案件，相应的诉讼请求不但包括停止侵权、赔偿损失，还包括赔礼道歉。

2.作为被诉侵权人的知识产权管理

在激烈的市场竞争中，知识产权是企业用于保护自己、限制竞争对手的有力武器，企业在积极主张权利、打击侵权行为的同时，也时刻会面临他人提出的侵权诉讼风险。知识产权诉讼已经成为市场竞争的手段之一。首先，企业要分析对方提起知识产权诉讼的目的，有针对性地采取应诉策略，如原告自己不生产专利产品，则其目的很可能是索取专利许可费。其次，企业应该熟悉知识产权诉讼和抗辩的相关法律知识，通过法律途径进行有效的反击。通常，企业在面临知识产权侵权指控时，可以从以下几方面进行侵权抗辩。

第一，分析自己的行为是否构成侵权。

企业在接到侵权起诉或指控后，应首先对自己的行为是否构成对对方权利的侵犯进行分析和调查，主要着手以下几项准备：（1）分析对方权利的有效性，如专利权和商标权是否在保护期限内，是否向主管部门按期缴纳了维持费或续展费。（2）评估涉案知识产权的有效地域范围。知识产权具有地域性，在一个国家或地区获得授权的权利只在该国或该地区才有效。（3）评估自身侵权的可能性，聘请专业技术人员就自己的行为是否构成侵权提出意见。对于专利权等涉及的专业技术领域，需要专业技术人员对涉案专利的权利要求书和自身产品的技术特征进行认真分析比对，看产品的技术特征是否落入专利权利要求的保护范围，根据全面覆盖原则和等同原则等就是否侵犯对方专利权作初步判断。对于被诉商标侵权的，就自己使用的商标标识是否与权利人的商标标识相同或相似、商标所使用的商品或服务是否相同或相似进行分析比较。由此，做到心中有数，为制定诉讼策略提供参考。

第二，充分利用各种抗辩事由。

经过对自身行为和对方权利的分析，如果存在侵权的可能，企业也不能消极应对，而应该根据法律的相关规定，确认是否属于合理使用或免责的情况，寻找未侵权的理由，制定相关应诉策略。

被诉企业一般可以提出的抗辩事由包括：对方不具有诉讼主体资格、对方的诉讼已超过诉讼时效、权利不稳定、受理法院不具有管辖权等。如在专利侵权诉讼中，一般被诉侵权的企业可采取的策略有两种。

首先，对案涉专利提出专利无效请求，特别是对于实用新型专利和外观设计专利，由于没有经过实质审查即予授权，专利权容易被宣告无效。即使申请宣告专利无效的理由和证据并不是很充分，但作为一种策略，向专利复审委员会提起宣告无效请求，由此向法院申请诉讼中止，将为企业寻找证据、制定应诉策略赢得时间。

其次，提出其他抗辩理由，如专利侵权抗辩的理由可以包括在先使用、权利用尽、善意侵权以及其他；商标侵权抗辩的理由主要有商标的合理使用、案涉商标是否成为商品通用名称、案涉商标及当事人的行为不会导致消费者对商品或服务来源的混淆和误认等；著作权侵权抗辩的理由主要有著作权保护的是作品的表达方式而非思想、合理使用、以学习为目的、是对原作的讽刺模仿、依据避风港原则而免责、计算机软件产品是不同的编程语言实现相同功能等。

第三，寻求和解。

被诉侵权的企业应该认真分析对方提起诉讼的目的，看是否有和解的可能性，并积极与权利人交流，采取有效措施促成和解，从而避免在诉讼中消耗漫长的时间和巨额的费用。如果提起诉讼的企业拥有知识产权的产品在市场上占有率不高，提出的赔偿额并不是特别高，那么该企业提起侵权诉讼的目的主要可能是要求被诉侵权方支付许可费，被诉侵权的企业可以积极与对方协商，如果能够在支付合理使用费的情况下获得许可，则应在合理条件下争取获得对方的授权许可，使用知识产权。如果权利人提出的赔偿数额较大，而且在该领域的市场占有率比较高，则其起诉的目的主要是逼迫对方退出相关市场，从而通过谈判达成和解、获得许可的可能性就非常小，被诉侵权的企业可以利用自己拥有的知识产权作为筹码与对方谈判，最好双方能够达成交叉实施许可。

科技创新需要激发全社会的创新活力，需要营造创新的社会氛围，而知识产权保护为创新撑起了一把保护伞。知识产权制度是尊重创造性劳动和激励创新的一项基本制度，是建设法治国家和诚信社会的重要内容。建设创新型国家，完善社会主义市场经济体制，就必须重视和坚定不移地保护知识产权。

📖 案例分析

1. 如何依法合规使用"冰墩墩"？

北京 2022 冬奥会上，除了赛场上选手们的表现备受关注，赛会吉祥物"冰墩墩"更是火爆出圈，成为冬奥会名副其实的顶流。一些商家开始打起歪主意，未经授权借冬奥和"冰墩墩"形象进行商业宣传。2022 年 2 月，北京快侦、快诉、快判一起制售盗版冬奥吉祥物冰墩墩、雪容融玩偶案，犯罪嫌疑人任某被判处有期徒刑 1 年，并处罚金 4 万元，成为全国首例侵犯北京冬奥吉祥物形象著作权刑事案件。

【答案要点】"冰墩墩"的形象作为美术作品，北京冬奥组委的著作权是受法律保护的，未经北京冬奥组委许可，其他任何单位或者个人不得使用该作品，更不得将"冰墩墩"的形象进行歪曲、篡改等不当使用，按照法律规定合理使用的除外。同时"冰墩墩"作为 2022 年北京冬季奥运会的吉祥物，是国家知识产权局公告的奥林匹克标志，北京冬奥组委对"冰墩墩"的形象和名称特别享有奥林匹克标志专有权。加强知识产权保护，同样要求企业增强知识产权意识和注意经营安全，在对知识产权进行利用时，企业需要及时了解知识产权的相关保护知识与保护情况，以免实施知识产权侵权行为。

2.跨国公司如何制定知识产权诉讼策略？

2003 年春节期间，在华为公司上市前，美国思科公司在美国得克萨斯州的联邦地方法院向华为公司提起诉讼，指控华为公司在多款路由器和交换机中盗用了其互联网操作系统源代码、对思科拥有的与路由协议相关的专利构成侵权等。

【答案要点】思科公司在这起诉华为公司知识产权侵权的诉讼中，在起诉时间、起诉地点、起诉内容等方面都是经过认真策划和考虑的。在起诉时间方面：一是选择中国农历年放假期间，华为公司管理层不能及时应对；二是选择华为公司上市之前，以需要避免诉讼的这一"软肋"逼迫华为让步，以求获得更大的利益。在起诉地点方面：思科公司选择向设在美国 Marshall 小镇的联邦地方法院提起诉讼。首先，利用自身对美国法律体系的熟悉提高诉讼成功率。其次，这个法院向来倾向于知识产权所有者，对知识产权诉讼判罚严格、结案快速，大多数被诉侵权的外国企业都在这里败诉。在起诉内容方面：思科公司针对华为公司的路由器和交换机操作系统的源代码提起专利侵权诉讼。一方面，在美国专利侵权诉讼金额巨大且耗时较长；另一方面，针对源代码的诉讼请求有可能会导致华为公司的商业秘密泄露，思科公司想以此逼迫华为公司以高额赔偿金和解。

问题与思考

1.知识产权保护模式选择的参考因素。

【答案要点】（1）救济途径是否方便；（2）权利人行使权利是否方便；（3）时间成本是否能够承担；（4）裁决结果的执行力度。

2.知识产权保护的非诉方式有哪些？

【答案要点】（1）协商；（2）调解；（3）仲裁。

课程思政

阅读材料：微软黑屏（Microsoftblack）事件

微软中国宣布从2008年10月20日开始同时推出两个重要通知：Windows正版增值计划通知和Office正版增值计划通知。根据通知，未通过正版验证的XP，电脑桌面背景将会变为纯黑色，用户可以重设背景，但每隔60分钟，电脑桌面背景仍会变为纯黑色。微软中国方面解释，电脑桌面背景变为纯黑色，并非一般意义上的"黑屏"，黑色桌面背景不会影响计算机的功能或导致关机。微软方面表示，此举旨在帮助用户甄别他们电脑中安装的微软Windows操作系统和Office应用软件是否是获得授权的正版软件，进而打击盗版。

这次微软黑屏（Microsoftblack）事件，在中国社会各界产生了极大的影响，社会各方面专家学者纷纷针对微软公司的此次行动表明观点。知名互联网专家，中科院研究生院管理学院教授、副院长吕本富表示，微软作出"黑屏"反盗版决定之前，肯定已经充分研究过中国法律，微软不存在违法行为，这是毋庸置疑的。但是微软需要长期在中国市场发展，应该更多考虑用户情感。中国人民大学法学院教授郭禾认为，著作权归属软件著作权人所有，用户不拥有这种著作权的确是符合法律规定。但现在这个软件是装在每个用户个人拥有物权的电脑里面，在用户自己电脑屏幕上的桌面，每隔一个小时就"黑"一回，这事实上对用户构成了干扰，是"入室涂鸦"。

知识产权保护是国家安全的战略屏障。关键核心技术是国之重器，也是战略安全力量。只有把关键核心技术掌握在自己手中，才能从根本上保障国家经济安全、科技安全和其他安全。推动创新发展，实现高水平的自立自强，都离不开知识产权保护。只有严格保护知识产权，才能有效保护我国自主研发的关键核心技术、有效突破产业瓶颈、防范化解重大风险。

后　记

　　2018年，为回应教育部关于"新工科"和"新文科"建设的要求，重庆邮电大学网络空间安全与信息法学院在多年开设"知识产权基础"和"知识产权经典案例评析"等公共课的基础上，以黄东东教授为负责人的教材编写组在中国人民大学出版社出版了《知识产权基础》。该教材以理工科大学生为主要阅读和教学对象，在内容安排和案例选择等方面充分体现了重庆邮电大学作为信息通信领域具有重要影响的高水平教学研究型大学的特色，并纳入"21世纪通用法学系列教材"。《知识产权基础》获得十几所高校的采用，并得到一致赞赏！

　　2019年以来，《商标法》《著作权法》《专利法》等相继修改。数字时代的全面到来不仅凸显了知识产权客体数字化的趋势，而且带来了与数字时代知识产权相关的一系列新问题。2021年重庆邮电大学获首批教育部"新文科研究与改革实践"项目，学校决定以"数字经济时代信息类高校经济管理法律领域新文科建设实践"为主题进行建设。在这样的背景下，我们决定对《知识产权基础》进行修订。新版教材以《数字时代知识产权概论》为书名，不仅体现了本书的特色，而且凸显了本教材编写组的学术追求。具体而言：首先，将知识产权国际保护部分融入知识产权管理部分，使得全书体例更为精简，更加符合作为基础性教材的特点；其次，根据最新科研成果和修订后的法律法规对相关内容进行修改；最后，增加了"课程思政"板块，在案例选择上更加凸显了信息通信行业的特点。

　　本书的写作框架和修订要求由黄东东教授提出并担任主编，郭亮副教授和赵长江副教授担任副主编并对全书进行统稿，最后由黄东东教授审阅定稿。各章节写作分工如下：黄东东（第一章）、畅君元（第二章）、白昌前（第三章）、赵长江（第四章）、黄薇君（第五章）、郭亮（第六章）。本书的编写得到重庆邮电大学李林书记的关心与支持，并在百忙之中撰写序言予以推荐；本书的顺利出版得到重庆市知识产权局、重庆市版权局、中国科技法学会重庆研究基地、重庆市网络空间安全法治研究基地、重庆邮电大学网络空间安全与信息法学院、重庆邮电大学数字经济法律治理研究中心、重庆邮电大学知识产权中心的大力支持，在此一并表示感谢！

本教材编写组

2023 年 3 月